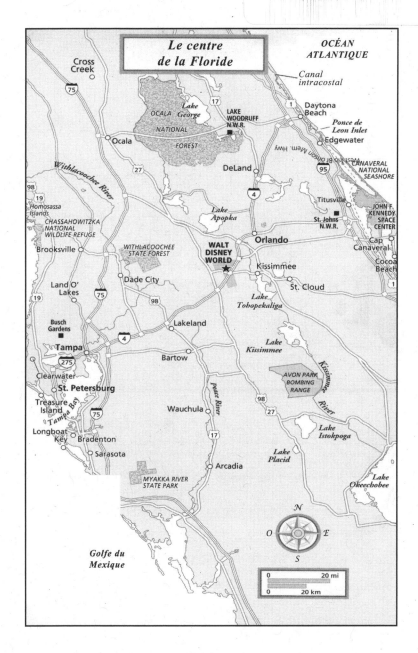

Le centre de la Floride

OCÉAN ATLANTIQUE

Cross Creek

75

OCALA
Lake George
NATIONAL
FOREST

17

LAKE WOODRUFF N.W.R.

Canal intracostal

1 Daytona Beach

Ponce de Leon Inlet
Edgewater

CANAVERAL NATIONAL SEASHORE

Ocala

27

DeLand

West Rd Nixon Mem. Hwy

95

4

98

19

Homosassa Islands

CHASSAHOWITZKA NATIONAL WILDLIFE REFUGE

WITHLACOOCHEE STATE FOREST

Withlacoochee River

Brooksville

Land O' Lakes

19

75

Dade City

98

Busch Gardens

4

Tampa

275

Clearwater

St. Petersburg

Treasure Island

Longboat Key

Bradenton

Sarasota

75

Lakeland

Bartow

Wauchula

Peace River

17

Arcadia

MYAKKA RIVER STATE PARK

Golfe du Mexique

Lake Apopka

WALT DISNEY WORLD ★

Orlando

Kissimmee

St. Cloud

Lake Tohopekaliga

Lake Kissimmee

AVON PARK BOMBING RANGE

98

27

Lake Placid

Titusville

St. Johns N.W.R.

JOHN F. KENNEDY SPACE CENTER

Cap Canaveral

Cocoa Beach

1

Kissimmee River

Lake Istokpoga

Lake Okeechobee

N
O   E
S

0   20 mi
0   20 km

Traduction : Nathalie Tremblay
Révision linguistique : Isabelle Ouellet
Révision : Nancy Coulombe
Typographie et mise en page : Sébastien Rougeau
Design de la page couverture : Michael J. Freeland
Graphisme de la page couverture : Sébastien Rougeau
ISBN 2-89565-196-5
Première impression : 2004
Dépôt légal : troisième trimestre 2004
Bibliothèque Nationale du Québec
Bibliothèque Nationale du Canada

Éditions AdA Inc.
1385, boul. Lionel-Boulet
Varennes, Québec, Canada, J3X 1P7
Téléphone :   450-929-0296
Télécopieur : 450-929-0220
www.ada-inc.com
info@ada-inc.COM

Diffusion

Canada :   Éditions AdA Inc.
France :   D.G. Diffusion
             Rue Max Planck, B. P. 734
             31683 Labege Cedex
             Téléphone : 05-61-00-09-99
Suisse :   Transat - 23.42.77.40
Belgique :   D.G. Diffusion - 05-61-00-09-99

Imprimé au Canada

Participation de la SODEC.
Nous reconnaissons l'aide financière du gouvernement du Canada par l'entremise du
Programme d'aide au développement de l'industrie de l'édition (PADIÉ) pour nos activités
d'édition.
Gouvernement du Québec - Programme de crédit d'impôt pour l'édition de livres - Gestion
SODEC.

Catalogage avant publication de la Bibliothèque nationale du Canada

Sehlinger, Bob, 1945-

 Guide non officiel de Walt Disney World avec les enfants : pour les voyageurs qui veulent
sortir des sentiers battus

 Traduction de l'éd. 2003 de : The unofficial guide to Walt Disney World.

 ISBN 2-89565-196-5

 1. Walt Disney World (Flor.) - Guides I. Titre.

GV1853.3.F62W3414 2004   791'.06'875924   C2004-940687-6

Le guide
non officiel de
Walt Disney World®*
avec les enfants

Bob Sehlinger

Traduit de l'anglais
par Nathalie Tremblay

*Le nom officiel de Walt Disney World est Walt Disney World® Resort

Veuillez noter que les prix fluctuent avec le temps et que les informations de voyage changent en fonction de divers facteurs qui influencent l'industrie. Lors de la planification de votre voyage, nous vous suggérons donc d'écrire ou de téléphoner à l'avance pour confirmer les renseignements. Tous les efforts ont été faits pour assurer l'exactitude des données de cet ouvrage; le contenu de cette publication est considéré juste au moment d'aller sous presse. Néanmoins, Les éditeurs ne peuvent être tenus responsables des erreurs, des omissions et des modifications de détails fournis dans ce guide, ou encore des conséquences de l'usage fait des informations s'y trouvant. L'évaluation des attractions et autres est fonction d'une expérience propre à l'auteur et, par conséquent, les descriptions de ce guide résultent forcément d'une opinion subjective, potentiellement différente de celle de l'éditeur ou de l'expérience d'un lecteur en une autre occasion. Les lecteurs sont invités à faire part à l'éditeur, par écrit, de leurs idées, de leurs commentaires et de leurs suggestions en vue d'éditions ultérieures.

Veuillez prendre note que tous les prix donnés dans ce livre sont en devise américaine.

Table des matières

Liste des cartes

Remerciements

Les psychologues Karen Turnbow, Gayle Janzen et Joan Burns nous ont permis de mieux comprendre l'expérience de Walt Disney World chez les jeunes enfants.

Un grand merci également à Nathan Lott pour la production et le travail d'édition de cet ouvrage. Annie Long et Steve Jones, qui ont su faire un travail soigné tout en respectant les délais en matière de typographie, méritent notre reconnaissance. Les cartes ont été fournies par Steve Jones et l'index a été réalisé par Donna Riggs.

Introduction

Pourquoi « non officiel » ?

La déclaration d'indépendance

Nous, auteur et recherchistes de ce guide, déclarons expressément et catégoriquement être totalement indépendants de Walt Disney Company, Inc., de Disneyland, Inc., de Walt Disney World Inc, ainsi que de tout autre membre de la grande famille Disney.

Nous croyons au plaisir et à l'exaltation qu'offre l'extraordinaire variété des attractions de Walt Disney World. Cependant, nous savons que Walt Disney World est une entreprise ayant les mêmes visées que toute autre entreprise de la planète. Cet ouvrage veut vous représenter et vous servir en tant que consommateur. Si la nourriture d'un restaurant est moins bonne, si le prix d'un souvenir est trop élevé ou si une attraction n'en vaut pas la peine, nous vous le dirons. Ainsi, nous espérons rendre votre séjour plus agréable, plus efficace et plus économique.

Pourquoi tant d'ouvrages ?

Nous rédigeons des ouvrages sur Walt Disney World depuis 20 ans. Au début, Walt Disney World se limitait à Magic Kingdom et à quelques hôtels. Depuis, le site a pris l'ampleur d'une ville, par sa taille et sa complexité. Notre très chargé *Unofficial Guide to Walt Disney World* compte plus de 800 pages offrant le survol le plus complet et le plus objectif parmi tous les guides connus sur le sujet.

Aussi exhaustif que soit notre *Unofficial Guide to Walt Disney World*, il nous était impossible d'y inclure tous les renseignements utiles à certains groupes de lecteurs. C'est pourquoi nous avons rédigé cinq autres guides complémentaires à celui que nous appelons couramment « le gros guide ». Chacun d'eux, y compris celui-ci s'adressant aux familles, offre des informations d'intérêt pour une catégorie particulière de visiteurs. Bien sûr, certains conseils du gros guide comme arriver tôt aux parcs thématiques) sont repris dans les pages de *Le guide non officiel de Walt Disney World*® *avec les enfants*, mais la majorité des données du guide que vous avez entre les mains y sont spécifiques. Tout autant que le gros guide ne pourrait couvrir tout le matériel familial présenté dans ces pages, ce guide ne pourrait reprendre toute l'information comprise dans *The Unofficial Guide to Walt Disney World*. Les deux sont donc complémentaires.

Voici les autres ouvrages complétant *The Unofficial Guide to Walt Disney World* rédigé par Bob Sehlinger (816 pages, 16,99 $) :

- *Mini-Mickey : The Pocket-Sized Unofficial Guide to Walt Disney World* (Bob Sehlinger, 320 pages, 10,99 $)
- *Inside Disney : The Incredible Story of Walt Disney World and the Man Behind the Mouse* (Eve Zibart, 192 pages, 10,99 $)

- *The Unofficial Guide to Walt Disney for Grown-Ups*
(Eve Zibart, 192 pages, 10,99 $)
- *Beyond Disney : The Unofficial Guide to Universal, Sea World and the Best of Central Florida* (Bob Sehlinger et Chris Mohney, 240 pages, 10,99 $)

Mini-Mickey est une version condensée du *Unofficial Guide to Walt Disney World*. Mis à jour annuellement, ce guide de poche permet au visiteur pressé par le temps de planifier rapidement ses quelques heures de voyage à Walt Disney World. L'ouvrage non autorisé *Inside Disney* raconte les dessous de Walt Disney World. Vous y découvrirez des faits étonnants et d'amusantes anecdotes qui ne figurent pas dans le gros guide. *The Unofficial Guide to Walt Disney for Grown-Ups* permet aux adultes voyageant sans enfant de profiter pleinement de leur séjour. *Beyond Disney* est, quant à lui, un guide complet des autres attractions, restaurants et activités d'Orlando et du centre de la Floride. (**Tous ces ouvrages sont publiés chez Wiley et ne sont présentement qu'en anglais uniquement.**)

La musicalité de la vie

Dans notre culture, l'existence est couramment perçue comme un parcours allant du berceau au caveau. Alan Watts, philosophe réputé de notre siècle, propose pour sa part une vision relativement différente. Il ne voit pas la vie comme un trajet, mais bien une danse. Lorsque vous suivez une trajectoire, dit-il, vous tentez d'atteindre un but et, par conséquent, vous regardez toujours en avant. Vous anticipez les différentes escales et vous concentrez votre attention sur le point d'arrivée. Cette conception largement répandue, particulièrement en Occident, se traduit habituellement par une mentalité fixée sur les objectifs à atteindre ; une façon d'être qui empêche souvent les tenants de cette vision de profiter pleinement de chaque moment de la vie.

Par contre, lorsque vous dansez, vous écoutez la musique et vous en suivez le rythme. La danse a, comme la vie, un début et une fin, mais contrairement au parcours, son objectif n'est pas d'atteindre la fin, mais d'être appréciée tant que la musique dure. Vous profitez pleinement du moment présent et ne vous souciez guère de la position dans laquelle se retrouveront vos pieds lorsque vous aurez fini de danser.

Tandis que vous planifiez vos vacances à Walt Disney World, vous n'avez pas de temps à perdre avec ces préoccupations philosophiques sur les parcours et la danse. Pourtant, voyez-vous, elles méritent notre attention. Si, comme la majorité des lecteurs de guides de voyage, vous avez tendance à planifier et à organiser, à prévoir et à contrôler, vous aimez que les choses aillent rondement. Vous êtes probablement de ceux qui regardent en avant, se préoccupant principalement du résultat. Et ces vacances vous stressent peut-être un peu ; après tout, les voyages sont des événements spéciaux et onéreux. Vous travaillez donc ardemment afin d'en tirer le meilleur profit.

Nous sommes également d'avis que la planification et l'organisation de vos vacances représentent une tâche importante, voire essentielle, surtout lorsqu'il s'agit de visiter Walt Disney World. Cependant, si cela devient votre unique préoccupation, vous ne serez plus sensible à la musique et ne prendrez pas part à la danse. Bien qu'elle soit de plus en plus libre et créative, il fut un temps où chaque type de danse comportait une série de pas à mémoriser. Au début, vous étiez hésitant, maladroit, mais avec le temps les pas se sont enchaînés d'eux-mêmes, tout naturellement.

Symboliquement, c'est ce que nous vous souhaitons pour votre séjour à Walt Disney World. Nous voulons que vous mémorisiez les pas à l'avance afin que vous puissiez suivre le rythme en famille, en dansant avec grâce et aisance tout au long de vos vacances.

Vos entraîneurs particuliers

Nous sommes vos entraîneurs personnels et nous vous aiderons à planifier et à apprécier votre séjour à Walt Disney World. Ensemble, nous verrons à faire de ce séjour de véritables vacances pour toute la famille et non une épreuve de force ou une façon plutôt coûteuse d'attraper une insolation. Notre objectif est simple : faire en sorte que vous et vos enfants vous amusiez.

Puisque ce guide est spécialement conçu pour vous, adultes voyageant avec des enfants, il se concentrera sur vos défis particuliers et vos besoins spécifiques. Vous y trouverez nos propres conseils, en plus des secrets et des trucs de plus de 18 000 familles interrogées au fil des ans. Pour plus de détails, sur le site lui-même, consultez *The Unofficial Guide to Walt Disney World*.

Oui, vous le pouvez !

Nous aimerions affirmer d'emblée qu'il est possible de s'amuser et de survivre à Walt Disney World. Si des millions de parents et de grands-parents y sont parvenus, vous le pouvez également. Par contre, nous vous déconseillons de vous y précipiter aveuglément. Pour que vos vacances soient réussies, vous devez d'abord comprendre le défi que représente la visite de Walt Disney World avec des enfants.

À propos de ce guide

Après plus de 20 années à parcourir Walt Disney World, nous en connaissons tous les aspects. Au cours de ces décennies, nous avons observé des milliers de parents et de grands-parents qui tentaient de s'amuser – certains ont réussi, d'autres moins – à Walt Disney World. L'aventure de quelques-uns, ayant une piètre dynamique familiale, était vouée à l'échec. D'autres étaient tout simplement dépassés par la taille et la complexité du site. D'autres encore avaient manqué de prévoyance, de planification et d'organisation.

Walt Disney World est une destination vacances qui convient davantage à certaines familles qu'à d'autres. En outre, il y a des familles qui, à la base s'entendent mieux que d'autres lorsqu'elles voyagent. La possibilité de vivre une expérience mémorable à Walt Disney World transcende les parcs thématiques et les différentes attractions. En fait, ces derniers sont la seule constante de l'équation. Les variables qui déterminent la réussite ou l'échec d'une telle expérience sont inhérentes à votre dynamique familiale : ce sont l'attitude, le sens de l'humour, la cohésion, la résistance, la souplesse, la résolution de conflits, etc.

En vérité, visiter Walt Disney World représentera un véritable test pour votre famille. Vous serez dépassé par les choix offerts et vous devrez prendre des décisions concernant vos dépenses de temps et d'argent. Vous serez physiquement épuisé de parcourir tous ces kilomètres à pied et d'attendre en file pour visiter les différents parcs thématiques. Vous devrez faire face aux imprévus (bons ou mauvais), négocier avec les stimulations fusant de toutes parts autant qu'avec les déceptions, tout en ayant à faire le point sur votre expérience en regard d'attentes parfois irréalistes.

Grâce à ce guide, vous serez avisé et préparé. Nous vous aiderons à décider si des vacances à Walt Disney World vous conviennent en observant la dynamique interne et les différentes attitudes de votre famille qui pourraient contrecarrer vos plans. Nous voulons ainsi vous permettre de développer cette confiance qui découle d'une bonne autoévaluation associée à une planification adéquate et à des attentes réalistes.

Des commentaires de nos lecteurs

Nombreux sont ceux qui, après avoir utilisé *The Unofficial Guide to Walt Disney World,* nous ont fait part de leurs commentaires et de leurs stratégies de visite. Nous apprécions vos réactions, favorables ou critiques, et nous encourageons à continuer de nous écrire. Vos observations sont intégrées aux éditions révisées de nos guides et ils contribuent à leur amélioration.

Notre politique de confidentialité

Si vous nous écrivez ou que vous nous retournez le sondage complété, soyez assuré que vos coordonnées ne seront transmises à aucun tiers. Cependant, à moins d'avis contraire de votre part, nous considérerons que vous ne vous objectez pas à ce que nous vous citions dans une édition ultérieure.

Pour écrire à l'auteur :

Bob Sehlinger
The Unofficial Guide to Walt Disney World with Kids
C.P. 43673
Birmingham, AL 35243

Lorsque vous nous écrivez, assurez-vous d'inscrire votre adresse sur la lettre ainsi que sur l'enveloppe (les deux sont parfois séparées). Inclure votre numéro de téléphone peut également être utile.

Vous pouvez aussi nous faire parvenir un courriel à l'adresse électronique suivante : **UnofficialGuides @MenashaRidge.com**. Sachez toutefois que le courrier et les courriels ne nous sont pas acheminés lorsque nous sommes en déplacement. Aussi, veuillez nous pardonner si nous ne vous répondons pas rapidement, nous le ferons dès que possible.

Aperçu d'un univers grandiose

Walt Disney World couvre environ 12 000 hectares, une aire deux fois plus grande que Manhattan, soit approximativement la taille de la ville de Boston. Stratégiquement situés à l'intérieur de ce territoire, vous trouverez les parcs thématiques Magic Kingdom, Epcot, Disney-MGM Studios et Animal Kingdom ; deux parcs aquatiques ; deux zones de divertissements nocturnes ; un complexe sportif ; de nombreux terrains de golf ; des hôtels ; des terrains de camping ; une centaine de restaurants ; quatre grands lacs reliés entre eux ; un centre commercial ; trois centres de congrès ; une réserve naturelle et un réseau de transport constitué d'une autoroute à quatre voies, d'un monorail aérien et de voies d'eau.

Les principaux parcs thématiques

Magic Kingdom

Walt Disney World, c'est d'abord et avant tout Magic Kingdom, qui comprend le château de Cendrillon et toute une série d'aventures, de manèges et de spectacles à l'effigie des personnages animés de Disney. Bien que Magic Kingdom ne soit qu'un des éléments de Walt Disney World, il en est très certainement le cœur. Ce parc est divisé en sept zones ou « contrées », regroupées en étoile autour d'une zone centrale. La première, Main Street U.S.A., relie l'entrée du royaume à son centre. Dans le sens des aiguilles d'une montre, autour du centre se trouvent ensuite Adventureland, FrontierLand, Liberty Square, Fantasyland et Tomorrowland. Mickey's Toontown Fair, la toute première contrée à voir le jour après l'ouverture du parc, occupe 12 kilomètres carrés le long du chemin de fer entre Fantasyland et Tomorrowland. On y accède par Fantasyland, par Tomorrowland ou par le chemin de fer. Trois hôtels (le Contemporary, le Polynesian et le Grand Floridian) sont situés à proximité du parc et sont accessibles par monorail ou par traversier. Deux autres hôtels, le Shades of Green (exploité par le Département de la défense des États-Unis) et le centre de villégiature Wilderness Lodge Resort sont situés tout près, mais ne sont pas reliés par monorail.

Epcot

Epcot a ouvert ses portes en octobre 1982. Ce parc compte deux vastes contrées : Future World et World Showcase. Il est deux fois plus grand que le Magic Kingdom et d'intérêt comparable. Future World comprend des pavillons futuristes thématiques sur la créativité et l'avancement technologique de l'humanité. World Showcase, campé autour d'un lagon d'environ 16 hectares, explore pour sa part l'héritage architectural, social et culturel d'une douzaine de nations. Chaque pays est représenté par des reproductions de monuments célèbres et de paysages locaux que le voyageur averti peut aisément reconnaître. Epcot, de tendance plus éducative que Magic Kingdom, est plutôt perçu comme une exposition universelle permanente.

Les cinq hôtels de villégiature d'Epcot (le Beach Club & Villas, le Yacht Club, le BoardWalk, le Swan et le Dolphin) sont situés à moins de 15 minutes de marche de « l'entrée arrière » d'Epcot par l'International Gateway. Ils sont également reliés au parc par voies d'eau. Epcot est relié au Magic Kingdom et à ses hôtels par monorail.

Disney-MGM Studios

Ce parc thématique de 45 hectares ayant ouvert ses portes en 1989 est divisé en deux grandes sections. La première est constituée d'un parc thématique portant sur le passé, le présent et l'avenir des industries du cinéma et de la télévision. Cette zone qui propose des manèges et des spectacles ayant trait au cinéma couvre environ la moitié du territoire du complexe Disney-MGM Studios. Ses principales attractions sont les répliques d'Hollywood et du Sunset Boulevard d'antan, les spectacles interactifs sur la production et les effets spéciaux d'émissions de télévision, les démonstrations de cascades de cinéma, l'aire jeu pour les enfants ; ainsi que quatre manèges *high-tech* : le Twilight Zone Tower of Terror, le Star Tours, le Rock'n Roller Coaster et le Great Movie Ride.

L'autre section de Disney-MGM Studios accueille les studios de production de cinéma et de télévision comprenant trois salles d'enregistrement, un lot de rues et de plateaux, ainsi qu'un service de soutien à la création. L'accès public à cette zone est limité aux visites guidées des studios, lesquelles entraînent les touristes dans les coulisses du septième art en leur offrant un cours accéléré sur l'animation et la production cinématographiques. Les visiteurs peuvent parfois assister à l'enregistrement d'un film, d'une émission de télévision ou d'une publicité.

Disney-MGM Studios est relié aux autres territoires de Walt Disney World par autoroute et par voie d'eau, mais non par monorail. Les visiteurs peuvent garer leur voiture dans le stationnement payant des Studios ou s'y rendre en autobus. Les clients des hôtels d'Epcot peuvent également y accéder par bateau.

Animal Kingdom

Au moins cinq fois plus vaste que Magic Kingdom, Animal Kingdom offre une combinaison d'habitats naturels, de manèges et de spectacles. Le parc est conçu en étoile, à l'image du Magic Kingdom. Une forêt tropicale, nommée The Oasis, sert de rue principale menant les visiteurs vers Discovery Island, au cœur du parc. Dominé par l'emblème central du parc, le Tree of Life, haut de 14 étages et entièrement sculpté à la main, Discovery Island rassemble tous les services, boutiques et restaurants. De là, les visiteurs peuvent accéder aux diverses contrées thématiques, soit Africa, Asia, DinoLand U.S.A. et le Camp Minnie-Mickey. Africa est la plus vaste d'entre elles. Elle compte 40 hectares de Plaines du Serengeti où les animaux peuvent errer en toute liberté tandis que les visiteurs parcourent la savane à bord de véhicules de type safari.

Le parc Animal Kingdom possède son propre stationnement payant et est relié aux autres destinations de Disney World par le réseau d'autobus. Il n'y a pas d'hôtel sur place, mais l'hôtel Animal Kingdom, le All-Star et le Coronado Springs sont situés tout près.

Les parcs aquatiques

Il existe deux grands parcs aquatiques à Walt Disney World : Typhoon Lagoon et Blizzard Beach. Typhoon Lagoon se distingue par sa piscine à vagues, lesquelles peuvent atteindre deux mètres de hauteur. Blizzard Beach est le plus récent parc aquatique de Disney et compte plus de glissades d'eau que Typhoon Lagoon. Les deux parcs sont superbement aménagés ; une attention particulière a été apportée à l'esthétisme et à l'ambiance. Typhoon Lagoon et Blizzard Beach disposent d'un stationnement pour les visiteurs.

D'autres sites à Walt Disney World

Downtown Disney (Downtown Disney Marketplace, Pleasure Island et Disney's West Side)

Downtown Disney est un vaste complexe commercial (boutiques, restaurants et divertissements) incluant Downtown Disney Marketplace à l'est ; Pleasure Island avec ses boîtes de nuit au centre (coût d'entrée) et Disney's West Side à l'ouest. Downtown Disney Marketplace abrite le plus grand magasin de marchandises Disney au monde, des boutiques de vêtements de villégiature haut de gamme, des commerces spécialisés et de nombreux restaurants dont le « pluvieux » et populaire Rainforest Cafe.

Une partie de Downtown Disney, Pleasure Island, est le paradis des noctambules avec plus de 2 hectares d'activités. Le droit d'entrée fixe donne accès à huit boîtes de nuit thématiques offrant un éventail de spectacles et de divertissements. En matière de musique, on y retrouve de tout : du pop rock au country et au western, en passant par le jazz. Un complexe cinématographique de 24 salles plaira aux sédentaires (ou aux épuisés !). Quant aux affamés, ils trouveront là de nombreux restaurants, dont le célèbre Planet Hollywood.

Le West Side compte des boîtes de nuit, des boutiques, des restaurants et des salles de spectacle. Le House of Blues de Dan Aykroyd sert des mets cajuns et créoles dans son aire de restauration, et présente des spectacles de blues électrisant dans sa salle de spectacle. Bongos, le café-boîte de nuit cubain créé par Gloria et Emilio Estefan, propose saveurs et rythmes des Caraïbes. Le Wolfgang Puck Cafe, coincé entre des boutiques de luxe (dont un magasin Virgin Records géant, haut de trois étages), est le resto branché du West Side. Côté divertissement, on y trouve un complexe cinématographique de 24 écrans, un lieu de spectacle permanent pour l'extraordinaire Cirque du Soleil et ses 70 artistes, ainsi qu'une salle *high-tech* de jeux électroniques et de réalité virtuelle, le DisneyQuest. On peut se rendre à Downtown Disney par autobus à partir de la plupart des sites de Walt Disney World.

Disney's BoardWalk

Situé près d'Epcot, le BoardWalk est une réplique idéalisée d'une promenade riveraine de la côte Est au tournant du 19ᵉ siècle. Ouvert toute la journée, le BoardWalk propose des restaurants, des boutiques et des galeries de haut de gamme, un bistro-brasserie, un bar sportif, une boîte de nuit offrant des duels de pianos (dans la plus pure tradition louisianaise de Pat O'Brien) et une discothèque branchée. L'accès au BoardWalk est libre, mais les boîtes de nuit exigent un droit d'entrée en soirée. Outre ces infrastructures publiques, le BoardWalk abrite un hôtel de luxe de 378 chambres ainsi qu'un lotissement de 532 multipropriétés. Le BoardWalk est à distance de marche des hôtels et de l'entrée (International Gateway) d'Epcot. On y accède par traversier à partir de Disney-MGM Studios et par autobus à partir des autres sites de Walt Disney World.

Disney's Wide World of Sports

D'une superficie de 80 hectares, le Wide World of Sports est un complexe sportif de pointe pour la compétition et l'entraînement. On y trouve un stade de 7 500 places, un centre sportif et des terrains de baseball, de balle molle, de tennis, d'athlétisme, de volley-ball de plage, ainsi que les installations nécessaires à la pratique de 27 autres sports. En plus d'accueillir le camp d'entraînement des Braves d'Atlanta, le complexe propose un impressionnant calendrier d'événements sportifs amateurs et professionnels. Les visiteurs de Walt Disney World peuvent assister à des événements en tant que spectateurs payants, mais n'ont pas accès aux installations, à moins de participer à l'une des compétitions sportives inscrites au calendrier.

Le traducteur de poche

Cela peut en surprendre plus d'un, mais Walt Disney World possède son propre langage vernaculaire. Voici quelques termes en anglais et en français qui pourraient vous être utiles :

ANGLAIS	FRANÇAIS	DÉSIGNATION
Adventure	Aventure	Manège
Attraction	Attraction	Manège ou spectacle
Attraction Host	Hôte d'attraction	Opérateur de manège
Audience	Auditoire	Spectateurs
Backstage	Coulisses	Arrière-scène, interdit aux clients
Bull Pen	Box	Espace réservé à la file d'attente
Cast Member	Employé Disney	Employé
Character	Personnage	Personnage Disney personnifié par un employé
Costume	Costume	Uniforme ou vêtement de travail
Dark Ride	Manège dans l'obscurité	Manège intérieur
Day Guest	Visiteur d'un jour	Tout visiteur ne résidant pas sur place
Face Character	Personnage « à figure »	Personnage qui ne porte pas de masque (Blanche-Neige, Cendrillon, Jasmine, etc.)
General Public	Grand public	Même définition que visiteur d'un jour
Greeter	Préposé à l'accueil	Préposé à l'accueil d'une attraction
Guest	Visiteur	Client
Hidden Mickeys	Mickeys cachés	Silhouettes de Mickey dissimulées sur les édifices, les véhicules, les terrains de golf, les attractions, etc.
In Rehearsal	En répétition	En fonction, sans être officiellement ouvert
Lead	Chef	Gérant ou responsable de l'attraction
On Stage	En scène	Prestation en cours
Preshow	Avant-spectacle	Tout divertissement précédant la présentation principale
Resort Guest	Villégiateur	Visiteur résidant sur place

ANGLAIS	FRANÇAIS	DÉSIGNATION
Role	Rôle	Poste d'un employé
Security Host	Gardien	Agent de sécurité
Soft Opening	Ouverture officieuse	Ouverture d'un parc ou d'une attraction avant l'heure officielle
Transitional Experience	Expérience d'introduction	Élément de la file d'attente ou de l'avant-spectacle offrant de l'information pertinente sur l'attraction

Première partie

Ce qu'il faut savoir

Est-ce pour vous ?

La plupart des visiteurs de Walt Disney World apprécient leur séjour, y trouvant quelque chose d'intéressant à voir ou à faire. En fait, pour nombre d'entre eux, les attractions du parc thématique ne représentent que la pointe de l'iceberg. La question de base, puisqu'il s'agit de vacances familiales, est de savoir si tous les membres de votre famille aiment essentiellement les mêmes choses. Si c'est le cas, tant mieux. Sinon, comment réussirez-vous à concilier le tout ?

Une mère de Toronto nous a écrit il y a quelques années pour nous faire part du dégoût de son mari envers Walt Disney World, qu'il qualifiait de « version artificielle, plastique et idéalisée de la vie ». Il visitait les parcs thématiques avec cynisme, minant ainsi l'expérience de tous les membres de la famille. Par contre, cette répulsion ne semblait pas s'étendre aux terrains de golf de Walt Disney World ! La mère l'a donc aussitôt équipé pour qu'il aille jouer au golf tandis que le reste de la famille visitait les différents parcs.

Si un membre de votre famille n'aime pas les parcs thématiques de Disney, pour quelque raison que ce soit, il est essentiel que les choses soient claires dès le départ. Nous recommandons d'aborder directement le problème avec la personne concernée. Maquiller ou ignorer la situation, en espérant que « Tom changera d'idée dès qu'il sera sur place », est une approche naïve et irréaliste. Soit vous laissez Tom à la maison, soit vous l'aidez à trouver et à planifier des activités qui lui plairont, vous résignant à l'idée que la famille ne sera peut-être pas toujours réunie.

Différentes personnes, différentes approches

Il nous paraît évident qu'une bonne planification est la clé de vacances réussies à Walt Disney World. Il est également clair que ce type de préparation ne convient pas à tout le monde. La sœur de l'auteur et son mari, par exemple, sont des gens spontanés qui n'apprécient pas la planification serrée ni même l'idée de suivre un de nos plans de visite des parcs thématiques. Pour eux, il est plus important de relaxer en prenant les choses comme elles viennent et d'apprécier le moment présent. Ils arrivent parfois à Epcot vers 10 h 30 (beaucoup trop tard pour les tenants des *Guides non officiels*), se baladent pour découvrir l'aménagement et l'architecture, prennent ensuite le temps de siroter un expresso en observant nos lecteurs courir fébrilement de gauche à droite. Ils affirmeront volontiers qu'ils n'ont pas vu beaucoup d'attractions, mais cela n'a pas beaucoup d'importance à leurs yeux.

Vous ne serez pas étonné d'apprendre que la majorité de nos lecteurs sont des planificateurs avertis. Lorsqu'ils visitent les parcs thématiques, ils veulent essayer maintes attractions, aussi préféreront-ils les files d'attente les plus courtes. Bref, ils sont prêts à sacrifier un peu de spontanéité au profit d'une visite optimale.

Nous voulons que vos vacances soient agréables, peu importe ce que cela signifie pour vous, alors planifiez-les (ou non) à votre goût. La majorité des familles (contrairement à ma sœur et à son mari) ne sont pas toujours sur la même longueur d'onde en ce qui concerne la planification et la spontanéité. Si vous êtes un organisateur rigoureux et que votre aînée et votre conjoint sont plus décontractés, il pourrait y avoir des étincelles. Dans la pratique, ce type de scénario se traduit habituellement par la prise en charge par l'organisateur (souvent la personne la plus déterminée). Parfois, l'aînée et le mari suivent docilement et tout se passe pour le mieux, mais ils peuvent aussi éprouver un certain ressentiment. Il existe autant de façons d'élaborer des compromis sans perdants qu'il y a de gens bien intentionnés. La façon dont vous réglerez ces différends ne tient qu'à vous. Nous vous suggérons simplement d'examiner le problème et de trouver une solution *avant* de partir en vacances.

Les différents types de parents et d'enfants

En matière d'éducation, tous les parents tentent de faire de leur mieux. Pourtant, après avoir observé la file d'attente du manège Dumbo pendant environ dix minutes, il nous paraît évident que certains parents sont plus doués que d'autres.

Certains parents sont, faute d'un meilleur vocable, des « naturels ». Chaque moment passé en compagnie de leur enfant est précieux et agréable. Ces optimistes considèrent qu'être parents est merveilleux. Leurs enfants sont leurs meilleurs amis et ils apprécient leur compagnie. Les « naturels » acceptent le fait que leurs enfants ont changé leur vie et considèrent cette transformation comme une bonification et non pas comme une punition ou un sacrifice. Pour ces parents, la relation parent-enfant est la pierre angulaire de leur existence et la routine familiale en est le fonctionnement logique.

À l'autre extrémité du spectre, on retrouve ces parents pour qui toute action requiert un effort, qui se sentent oppressés par leurs responsabilités et leurs obligations parentales et qui doivent travailler à être parents. C'est le style de parents qui émettent une opinion en commençant systématiquement par : « Je n'échangerais mes enfants pour rien au monde, sauf que… » Habituellement, ces parents qui ne sont pas à l'aise avec les enfants (les leurs comme ceux des autres) reconnaissent que leurs enfants ont changé leur vie, mais ne s'y sont jamais vraiment habitués. En général, ils sont efficaces dans ce rôle parental qu'ils prennent très au sérieux, mais semblent en tirer bien peu de plaisir. Ils préfèrent fréquenter des adultes et cherchent à faire le plein d'énergie loin des enfants. Pour ces parents, la relation parent-enfant est quelque peu ténue et l'interaction familiale se structure autour d'une série de règles. Pour les besoins de l'illustration, nous appellerons ces parents les « structuraux ».

Les deux parents d'une famille peuvent présenter des polarités identiques ou opposées, mais le plus souvent chacun d'eux se situe quelque part sur le continuum parental. En règle générale, les deux styles fusionnent en s'ajustant l'un à l'autre.

Évidemment, les enfants ont également leur personnalité propre. D'ailleurs, j'ai toujours trouvé fascinant que la personnalité fondamentale d'un enfant puisse se manifester si tôt dans l'enfance. Même ceux qui soutiennent qu'« il n'existe pas de mauvais enfants, mais seulement de mauvais parents » reconnaissent que le tempérament a une dimension innée qui, malgré les comportements acquis, fait en sorte que certains enfants sont de nature plus joyeuse et plus conciliante, alors que d'autres ont un tempérament plus capricieux.

Dans une perspective de vacances à Walt Disney World, définir votre style parental, celui de votre partenaire, votre style fusionné sur le continuum de même que les traits de personnalité de vos enfants pourrait vous rendre de fiers services.

STYLE PARENTAL – PERSONNALITÉ DE L'ENFANT

Continuum parental
Naturel _____/_____Structural

Continuum de l'enfant
Conciliant_____/_____Capricieux

Si vous et votre partenaire êtes des naturels et que votre enfant est conciliant, vous pourriez visiter la planète Mars et bien vous amuser. Au cours de votre séjour à Walt Disney World, lieu de vacances le plus convivial qui soit pour les enfants, vous ne rencontrerez pas d'obstacles significatifs. Si vos enfants ne sont pas tous de cette nature, un peu de planification et une attention à votre horaire sur place (se reposer suffisamment, ne pas surcharger l'itinéraire, etc.) aideront à ce que les choses se déroulent plus aisément.

Par contre, si vous et votre partenaire êtes des structuraux, votre famille devra planifier plus en profondeur et travailler davantage pour que vos vacances soient réussies. Les règles de la maison n'étant pas toujours pertinentes ou aisément applicables dans un contexte de voyage, les parents structuraux ont donc plus de difficulté à s'adapter à de tels changements. Si vous avez des enfants conciliants, Walt Disney World serait un lieu de vacances pratiquement parfait pour vous puisque ses parcs thématiques présentent une structure et une organisation similaires à celles de la maison. Vous n'aurez pas à vous inquiéter, par exemple, de n'avoir rien à faire. Remplir vos journées sera on ne peut plus aisé. Vous découvrirez aussi que Disney encadre plus ou moins subtilement le séjour de ses visiteurs, vous dégageant ainsi d'une bonne part du fardeau consistant à élaborer une structure adaptée à ce nouvel environnement.

Si vous êtes structural et que vos enfants sont parfois capricieux, vous devriez peut-être attendre quelques années avant de visiter Walt Disney World. Les enfants plus grands, même capricieux, s'adaptent plus aisément que les petits. Étant plus âgés, ils sont également plus indépendants et s'intègrent mieux à l'univers des parents structuraux.

Évidemment, la majorité des parents ne sont ni tout à fait naturels, ni tout à fait structuraux : ils se situent quelque part entre les deux. L'analyse de vos tendances et de votre style parental vous permettra toutefois de vous faire une idée assez juste de ce qui peut fonctionner en vacances selon la personnalité de vos enfants.

Si vous vous demandez si l'auteur est un naturel, sachez qu'il n'en est rien. Même avec des enfants extraordinaires, il a eu de la difficulté… et il en a encore. Un jour, pourtant, dans un moment de lucidité extrême, il a émis une hypothèse qui est depuis devenue la « loi de Sehlinger ». Vous n'en avez sûrement jamais entendu parler, mais gageons que l'expérience vous est familière. La loi de Sehlinger stipule que « le nombre d'adultes requis pour prendre soin d'un bambin énergique équivaut au nombre d'adultes présents plus un. »

La nature de la bête

Nombre de parents semblent ignorer qu'aucune loi ne dicte d'emmener vos enfants à Walt Disney World. De même, il n'existe aucune garantie que vous allez vous y amuser. Bien que nous ferons tout ce qui est en notre pouvoir pour que vous appréciiez au maximum votre visite, nous ne pouvons pas changer la vraie nature de la bête... pardon, de la souris ! Parcourir Walt Disney World est une entreprise physique des plus exigeantes. Suivre des règles, se lever tôt, marcher beaucoup, attendre en file, combattre la foule et (bien souvent) supporter la chaleur combinée à l'humidité sont des traits aussi caractéristiques d'une visite à Walt Disney World que les rayures le sont au zèbre. Vous aurez besoin d'un solide sens de l'humour, d'une bonne dose de patience et d'une grande souplesse, particulièrement si vous voyagez avec des enfants.

Cela dit, nous ne cherchons pas à vous dissuader de visiter Walt Disney World avec vos enfants, nous voulons simplement que vous sachiez ce qui vous y attend. En bref, vous pouvez faire un merveilleux séjour à Disney si vous êtes réaliste, organisé et fin prêt.

« Connais-toi toi-même » et « De la mesure en toutes choses »

Ces sages conseils ont été prodigués aux Grecs de l'Antiquité par l'oracle de Delphes, qui nous a autorisés à vous les transmettre. Tout d'abord, en ce qui a trait au « Connais-toi toi-même », nous vous conseillons de réfléchir sérieusement à ce que vous attendez de vos vacances. Nous voulons aussi que vous gardiez à l'esprit que tirer plaisir de son séjour n'est pas nécessairement synonyme d'en faire ou d'en voir le plus possible.

Puisque Walt Disney World est dispendieux, beaucoup de familles confondent « tout voir afin d'en avoir pour son argent » avec le fait de s'amuser. Les deux notions sont parfois compatibles, mais pas toujours. Alors, s'il est important pour vous de faire la grasse matinée, de relaxer en feuilletant les journaux tout en savourant une tasse de café, de vous dorer au soleil au bord de la piscine ou de faire une sieste pour réussir vos vacances, vous devez vous accorder du temps pour ces activités lors de votre visite à Walt Disney World, même si cela signifie que vous ne verrez pas toutes les attractions.

Ceci nous mène à notre deuxième conseil : « De la mesure en toutes choses ». À Walt Disney World, et plus spécialement si vous y allez avec des enfants, « moins » est définitivement mieux. Faites-nous confiance, vous ne pouvez pas y aller à fond de train, de l'aube au crépuscule, jour après jour. D'abord vous vous épuiserez, ensuite vous deviendrez morose, puis vous adopterez un plan de productivité : « Encore trois manèges et nous pourrons rentrer à l'hôtel ». Finalement, vous frapperez un mur puisque vous ne pourrez tout simplement pas tenir le rythme. Alors, déterminez vos besoins et vos préférences avant de partir et faites en sorte que votre itinéraire puisse les satisfaire.

Prévoyez visiter Walt Disney World à petits pas en prenant soin de vous reposer, de nager, de faire la sieste et de relaxer entre les promenades. Demandez-vous régulièrement, tant lors de votre planification qu'une fois sur place, ce qui vous procurerait le plus de contentement, de satisfaction et d'harmonie. Fiez-vous à votre instinct. Si vous préférez déguster une glace ou retourner à l'hôtel faire saucette plutôt que de visiter une attraction de plus, faites-le, même si vous devez renoncer aux dernières heures d'accès d'un laissez-passer coûteux.

L'âge idéal

Les parents et les grands-parents se demandent souvent quel est l'âge approprié pour visiter Walt Disney World. La réponse n'est pas si évidente, puisqu'elle dépend à la fois de la maturité et de la personnalité de l'enfant, ainsi que du style parental des adultes.

Walt Disney World pour les nourrissons et les bambins

Nous croyons qu'il est formidable de voyager avec des bébés et des tout-petits. Sur le plan de la croissance, le voyage est une expérience enrichissante et stimulante même pour les jeunes enfants. Les nourrissons ne différencieront pas Mickey Mouse d'un cheval, mais ils réagiront à la lumière, à la musique, aux couleurs vives et à l'attention que vous leur porterez. Durant la période d'exploration, des premiers pas à l'âge de trois ans, le bambin sera sensible à l'agitation ambiante et au spectacle qu'est Walt Disney World. Le tout-petit préférera s'amuser dans l'eau des fontaines ou escalader les murets et les bancs plutôt que de visiter les attractions mais, peu importe, il aura beaucoup de plaisir.

Entre quatre et six ans, votre enfant fera l'expérience des toutes premières vacances dont il se souviendra à l'âge adulte. Bien qu'il se rappellera probablement davantage la chambre d'hôtel que les parcs thématiques, l'enfant pourra visiter et comprendre de nombreuses attractions, participant ainsi plus activement aux vacances familiales. Malgré tout, il préférera peut-être encore patauger dans la piscine de l'hôtel.

En ce qui concerne les nourrissons et les bambins, il existe de bonnes et de mauvaises raisons de les emmener à Walt Disney World. L'une des bonnes raisons est que vous désirez y aller, mais que vous ne trouvez personne pour garder le petit dernier durant votre absence. Philoso-phiquement, nous sommes contre le fait de mettre votre vie en veilleuse (y compris vos vacances) jusqu'à ce que les enfants soient assez âgés. Voyager avec des nourrissons et des bambins aiguise vos aptitudes parentales et accroît la mobilité et la souplesse de toute la famille, créant ainsi une vie plus riche et plus active pour tous.

Si vous avez des enfants d'âges variés (ou si vous prévoyez en avoir), n'attendez pas que le plus jeune ait atteint l'âge supposément idéal pour de telles vacances. Si votre famille compte un bébé ou un tout-petit, vous trouverez à Disney tout le nécessaire pour en prendre soin, des salles privées pour l'allaitement aux tables à langer dans les toilettes publiques pour hommes comme pour femmes. Votre famille pourra s'amuser sans plus de difficulté qu'à l'occasion d'un pique-nique familial.

Une mauvaise raison serait de croire qu'un séjour à Walt Disney World représente les vacances idéales pour votre rejeton. C'est une grave erreur, croyez-nous. Si vous envisagez ce voyage pour le bénéfice du petit, pensez-y à deux fois. Tout d'abord, les attractions s'adressent généralement aux enfants plus âgés et aux adultes. Même les aires de jeu comme Tom Sawyer Island à Magic Kingdom sont conçus pour des enfants plus grands.

À titre de comparaison, un de mes amis avait acheté un caméscope à la naissance de son premier enfant et prenait plaisir à filmer la réaction de fiston lors de nouvelles expériences. Lorsque bébé était âgé d'environ 18 mois, son père l'a filmé en train de découvrir différents aliments qu'il n'avait jamais goûtés auparavant (allant de la crème fouettée jusqu'aux cornichons à l'aneth). Ces nouvelles saveurs provoquaient des expressions étonnantes et de vives réactions, ce qui était beaucoup plus amusant pour papa que pour fiston. Pareillement, Walt Disney World peut vous fournir quelques superbes photos qui rempliront votre album-souvenir (avec votre enfant réagissant au bruit, à la foule ou aux attractions), mais n'allez pas croire que votre bambin puisse tirer un si grand plaisir de sa visite.

Dans le même ordre d'idée, pensez à ce train électrique que vous avez reçu pour Noël quand vous étiez petit, celui avec lequel votre père vous défendait de jouer. Vous êtes-vous déjà demandé à qui était réellement destiné ce train ? Posez-vous la même question au sujet de vos vacances à Walt Disney World. Quel rêve cherchez-vous à réaliser : le vôtre ou celui de votre enfant ?

Si vous choisissez de partir avec votre nourrisson ou votre bambin à Walt Disney World, soyez assuré que tout a été prévu pour répondre à vos besoins. Les principaux parcs thématiques disposent d'aires de soins pour bébés et tout-petits. Vous y trouverez tout le nécessaire pour changer une couche, concocter le lait maternisé, réchauffer une bouteille ou nourrir bébé. Il est même possible de s'y procurer, entre autres, des couches jetables, du lait maternisé et de la nourriture pour bébé. Il y a également des berceuses et des chaises adaptées pour l'allaitement. À Magic Kingdom, ces services sont situés à côté de Crystal Palace, au bout de Main Street. À Epcot, ils sont tout près de l'Odyssey Center de Future World, à la droite de Test Track. À Disney-MGM Studios, vous les trouverez à gauche de l'entrée, dans l'édifice des services à la clientèle (Guest Relations). Au parc Animal Kingdom, le centre de soins pour bébé est à Discovery Island, au cœur même du parc. Les papas en charge des petits y sont les bienvenus et peuvent utiliser la majorité des services offerts par ces centres de soins. Des tables à langer sont même installées dans bon nombre de toilettes publiques pour hommes des principaux parcs thématiques.

Les nourrissons et les bambins ont accès à toutes les attractions qui ne spécifient pas de restriction de taille ou d'âge. Par contre, comme le faisait remarquer cette mère de Minneapolis, certaines attractions sont plus appropriées que d'autres pour les bébés :

Les salles de spectacles et les promenades en bateau sont préférables pour les bébés (le nôtre avait à peu près un an et ne marchait pas encore). Les manèges où il y a une barre de sécurité à descendre sont accessibles, mais difficilement praticables. Notre première expérience du genre fut le manège Peter Pan. Nous venions tout juste de nous installer lorsque je me suis rendu compte que je pourrais avoir de la difficulté à retenir bébé. Les salles de cinéma debout étaient trop exigeantes : le niveau sonore est assourdissant et les images sont incontournables. Vous n'avez pas de système de classification pour les bébés et je ne m'attends pas à ce qu'il y en ait, mais je me suis dit que vous aimeriez peut-être savoir ce qu'en pense un bébé (d'après ses réactions) :

À Magic Kingdom. Jungle Cruise : Il n'a pas été emballé. Pirates : Il a dormi. Riverboat : Le klaxon l'a fait pleurer. Aunt Polly's : Il a mangé du poulet en regardant tranquillement les oiseaux. Small World : Il avait les yeux écarquillés, il a adoré. Peter Pan : Ce n'est pas vraiment accessible, voire un brin dangereux. Il n'a pas apprécié. Carousel of Progress : Il y avait beaucoup de dialogues. C'était difficile de le garder tranquille. Il a dansé durant la chanson. The Timekeeper : C'était trop bruyant. Le dinosaure du début l'a effrayé. Walt Disney World Railroad : Il a apprécié le mouvement et les paysages. Tiki Birds : Il a adoré. Il a dansé, tapé des mains et chanté.

À Epcot. Honey, I Shrunk the Audience : Nous n'y sommes pas allés suivant la recommandation d'un préposé qui affirmait qu'il y avait beaucoup de bruit et que les adultes criaient tout au long de la présentation. Journey into Imagination : Il a adoré. Il a tenté de tout attraper. Il a sauté partout et ri aux éclats. The Land : Il observait tranquillement la présentation. Food Rocks : Il a adoré et il a dansé. El Rio del Tiempo : Il a adoré.

La même maman a offert le conseil suivant :

Nous avons utilisé un porte-bébé pendant notre séjour et c'était parfait pour attendre en file – bien mieux qu'une poussette que vous devez garer avant de prendre place dans la file (sans parler d'avoir à naviguer à travers la foule). J'allaitais encore lorsque nous sommes allés à Walt Disney World. Le seul endroit agréable que j'ai trouvé pour allaiter à Magic Kingdom était un banc tranquille à l'ombre dans Adventureland, entre le kiosque de glaces (près de Tiki Birds) et les petites boutiques. Il n'est pas pratique de se rendre chaque fois au centre de soins, aussi est-il préférable que la mère soit à l'aise pour allaiter dans les lieux publics.

Deux points méritent ici d'être développés davantage. D'abord, les poussettes de location que l'on trouve dans les principaux parcs thématiques sont conçues pour les bambins de trois ou quatre ans et ne sont pas adaptées pour les nourrissons. Par contre, si vous les munissez d'oreillers ou de coussins, ces poussettes peuvent très bien faire l'affaire. En plus d'éviter que vous ayez toujours bébé dans les bras, la poussette vous permet de transporter le sac à couches, les bouteilles d'eau et tout ce dont vous avez besoin. Vous pouvez utiliser votre propre poussette si c'est un modèle pliant car sinon vous ne pourrez pas monter à bord des tramways, des autobus et des traversiers.

Si vous optez pour la poussette (la vôtre ou un modèle de location), nous vous recommandons tout de même de vous munir d'un porte-bébé traditionnel ou dorsal. Malheureusement, dans les parcs thématiques vous devrez régulièrement garer votre poussette et transporter bébé. D'ailleurs, si vous n'êtes pas très au fait des nouveaux modèles de porte-bébés, vous serez étonné de l'avancée technologique de ces produits.

L'autre point soulevé par notre lectrice est qu'il n'existe pas beaucoup d'endroits pour allaiter dans les parcs thématiques, à moins d'avoir l'habitude de le faire en public. De nombreuses mamans recommandent d'allaiter durant un spectacle, pour autant que la présentation soit suffisamment longue pour permettre à bébé de se rassasier. Hall of Presidents de Magic Kingdom ainsi que American Adventure d'Epcot durent respectivement 23 et 29 minutes. De plus, ces deux productions ne sont pas trop bruyantes et ne comportent pas d'effets spéciaux susceptibles d'effrayer bébé. Par contre, il faut s'attendre à ce que le niveau sonore soit élevé lors des séquences narratives et musicales. Impressions de France, dans le pavillon français du World Showcase d'Epcot, ne dure que 18 minutes, mais l'ambiance y est calme et relaxante. Pour l'instant, il n'y a malheureusement pas de présentation au parc Animal Kingdom qui soit assez tranquille ou assez longue pour allaiter bébé. À Disney-MGM Studios, vous pouvez assister au Voyage of the Little Mermaid si vous êtes en mesure de nourrir votre enfant en moins de 15 minutes.

De nombreux spectacles de Disney sont présentés en continu avec quelques minutes d'intervalle entre les changements d'audience. Si vous désirez allaiter et que vous avez besoin de plus de temps que la durée du spectacle, demandez aux préposés à l'entrée si vous pouvez assister à deux présentations consécutives, le temps de nourrir bébé.

Si vous êtes à l'aise pour allaiter en public, en couvrant votre poitrine et la tête de bébé d'un châle, les choses seront encore plus simples. Même lorsqu'il y a foule, vous pouvez toujours trouver un endroit en retrait dans un restaurant ou un banc de parc à l'écart pour nourrir bébé. Finalement, les centres de soins pour bébés disposent de salles d'allaitement privées, et sont stratégiquement situés au cœur de chacun des parcs, excepté Disney-MGM Studios.

Walt Disney World pour les petits de quatre à six ans

La manière dont les enfants de quatre à six ans perçoivent et apprécient Walt Disney World est très variable. Décider si un enfant de ce groupe d'âge devrait y aller ou non est une question de jugement. Si votre enfant est hardi, conciliant, aventureux et suffisamment indépendant, ça vaut le coût. Par contre, si votre enfant se fatigue rapidement, est capricieux, timide ou réticent face à la nouveauté, attendez encore quelques années. Tandis que les problèmes des bébés et des bambins en voyage peuvent se régler rapidement, un jeune enfant mécontent risque de mettre abruptement fin au plaisir familial, tel que l'atteste cette mère de trois enfants de la région de Cape May au New Jersey :

Ma fille de cinq ans a eu tellement peur en visitant Snow White (et nous n'en étions qu'à notre premier jour !) que pour le reste du séjour nous avons dû l'encourager et la rassurer avant chaque manège. Une vraie séance d'arrachage de dents !

Si un enfant de 4 à 6 ans, effacé, gêné ou difficile fera partie de votre groupe, vous pouvez atténuer certains problèmes potentiels avec un peu de préparation avant le départ. Si votre enfant d'âge préscolaire est décidé et volontaire, le même type de préparation (décrit plus loin) optimisera son expérience et vous facilitera la vie, à vous et à votre famille.

L'âge idéal

Bien que nombre de lecteurs nous aient fait part du succès aussi bien que de l'échec de leurs vacances avec des enfants de tous les âges, le consensus veut que l'âge idéal des enfants pour un séjour familial des plus agréables à Walt Disney World soit de 8 à 12 ans. Les jeunes de cette tranche d'âge sont assez grands et suffisamment ouverts d'esprit pour visiter, comprendre et apprécier la majorité des attractions Disney. De plus, ils ont suffisamment d'énergie pour parcourir les parcs par eux-mêmes, sans avoir besoin d'être transportés ou sans tomber de fatigue. De surcroît, ils sont encore assez petits pour apprécier la compagnie de papa et maman. Par expérience, l'âge de 10 à 12 ans est préférable, bien que le gain en maturité soit au détriment de cet irrésistible émerveillement des enfants de 8 et 9 ans.

Walt Disney World pour les adolescents

Les adolescents adorent Walt Disney World. Pour les parents, cet univers représente des vacances quasi parfaites, même si elles sont dispendieuses. Bien que les adolescents ne soient pas aussi impressionnables que leurs jeunes frères et sœurs, ils sont en âge d'expérimenter, de comprendre et d'apprécier à peu près tout ce que Walt Disney World a à offrir. Les ados, par exemple, prendront plaisir à jouer aux adultes à Pleasure Island, le complexe de Walt Disney World pour les noctambules, allant de boîte en boîte (les ados et les enfants sont les bienvenus dans la plupart des boîtes de nuit, mais ne peuvent pas acheter d'alcool).

Walt Disney World est une destination vacances où, en tant que parent, vous pouvez permettre à votre ado une plus grande indépendance. Les activités sont amusantes, les lieux sécuritaires et tout le complexe d'hôtels, de parcs thématiques, de restaurants et de centres commerciaux est accessible grâce au réseau de transport de Walt Disney World. Ce dernier vous permet, par exemple, de savourer un dîner aux chandelles et de vous coucher tôt, tandis que vos ados s'émerveillent devant les feux d'artifice à l'un des parcs thématiques. Après les feux, l'autobus, le traversier ou le monorail les ramènera à l'hôtel sains et saufs.

Comme les adolescents prisent la liberté, il vous sera peut-être ardu de garder votre ado auprès du reste de la famille. Par conséquent, si l'un de vos objectifs est de passer du temps avec lui à Walt Disney World, vous devrez établir des règles claires à ce sujet. Permettez à votre ado de prendre part à la discussion et décidez avec lui d'une solution convenant à tous et à chacun. Pour lui, visiter Walt Disney World de manière indépendante équivaut à se balader dans une grande ville en toute liberté. C'est pour le moins grisant et cela peut-être une excellente occasion d'acquérir de l'expérience, un peu comme un rite de passage. En fait, nous ne vous suggérons aucunement de laisser les ados à eux-mêmes, nous tentons simplement de vous sensibiliser au fait que cette expérience prendra peut-être une tout autre dimension pour eux.

En règle générale, ces derniers aiment se retrouver entre eux. Si vous n'avez qu'un seul ado dans la famille, ne soyez pas surpris s'il désire inviter un ami. Si vous cherchez à partager un brin d'intimité avec votre ado, la compagnie d'un ami rendra ce projet difficile, voire impossible. Par contre, si vous lui interdisez d'inviter un ami, soyez prêt à déployer les efforts nécessaires pour devenir son compagnon de voyage. Autrement dit, Space Mountain est bien plus amusant pour lui si l'expérience est partagée.

Il est par ailleurs essentiel de faire le point sur ce que vous attendez de votre ado en matière de supervision des enfants avant de partir. Ici encore, tentez de trouver un compromis qui conviendra à tout le monde. Considérez l'histoire de cette mère de l'Indiana qui avait une adolescente d'un premier mariage et deux jeunes de moins de dix ans d'un second. Après quelques voyages où l'adolescente réticente devait s'occuper de ses deux jeunes sœurs, elle s'est mise à boycotter les vacances en famille.

Beaucoup de parents nous ont demandé s'il y avait des endroits à Walt Disney World que nous ne trouvions pas sûrs ou recommandables pour les adolescents. Bien que cela dépende davantage de vos valeurs familiales et de la maturité de vos jeunes que de la nature de Walt Disney World, nous répondons par la négative. Il est vrai que les ados (voire les adultes) qui cherchent des ennuis sauront en trouver, mais il n'y a rien de particulier à Walt Disney World qui puisse inciter au méfait. Il faut cependant se rappeler que les adultes peuvent consommer de l'alcool dans la majorité des restaurants Disney et que la consommation d'alcool est chose courante dans les boîtes de nuit de Pleasure Island. De plus, les films présentés aux salles de cinéma du West Side de Downtown Disney requièrent le même contrôle parental qu'à la maison.

Finalement, si vous permettez à votre adolescent une plus grande autonomie et qu'il se déplace grâce au réseau de transport Disney, attendez-vous à ce que cela occasionne quelques retards. Les services de transport n'ont pas d'horaire fixe ; ils font simplement la navette du matin au soir. Pour prendre l'autobus, vous n'avez qu'à vous rendre à un arrêt et attendre le prochain car en direction de votre destination Disney. Si vous venez tout juste de le manquer, il se peut que vous attendiez jusqu'à 45 minutes (généralement entre 15 et 20 minutes). Si la ponctualité est essentielle, avisez votre ado de se présenter à l'arrêt une heure avant l'heure de rencontre prévue afin d'allouer suffisamment de temps à la navette.

Les amis

Vos enfants voudront peut-être inviter des amis à se joindre à eux. Si c'est le cas, pensez-y bien. Cela implique beaucoup plus que vous ne le croyez. D'abord, considérez la logistique numérique. Y a-t-il assez de sièges dans la voiture ? Devrez-vous laisser des trucs à la maison pour faire place aux bagages supplémentaires ? Aurez-vous besoin d'une chambre d'hôtel additionnelle ou d'un condo plus grand ? Est-ce que la taille du groupe compliquera les réservations au restaurant ?

Si vous déterminez que vous pouvez aisément accommoder un ou plusieurs amis, la prochaine étape consiste à examiner comment leur inclusion affectera votre dynamique de groupe. En général, la présence d'un ami rendra le contact avec votre jeune plus difficile. Alors, si l'un de vos buts est de vous rapprocher de vos enfants, la venue d'un ami bousculera probablement vos plans.

Cette option peut par contre vous faciliter la vie si le rapprochement familial ne fait pas partie de vos priorités. C'est habituellement le cas avec un enfant unique qui autrement compterait exclusivement sur vous pour le divertir. La présence d'un ami peut vous décharger d'une certaine pression et vous permettre de souffler un peu.

Si vous avez décidé d'inviter un ami, choisissez-en un parmi ceux que vous connaissez bien et dont vous connaissez les parents. Dans un contexte de vacances à Walt Disney World, ce n'est pas le moment d'inviter « Édouard, mon ami d'école » que vous n'avez jamais rencontré. Les amis de vos enfants qui viennent régulièrement à la maison connaissent votre style parental. Vous avez aussi une bonne idée de leur personnalité, de leur comportement et de leur degré de compatibilité avec votre famille. Évaluez l'ami potentiel. Est-il poli, présentable, d'agréable compagnie et suffisamment mature ? S'entend-t-il bien avec vous et avec les autres membres de la famille ? Puisqu'un séjour à Walt Disney World n'est habituellement pas une décision de dernière minute, vous devriez avoir suffisamment de temps pour évaluer les candidats. Une visite au centre commercial comprenant un repas au restaurant vous en apprendra beaucoup sur l'ami en question. Une invitation à dîner en famille et à coucher à la maison vous en dira davantage sur cet ami. Idéalement, cette investigation devrait se faire dans le cadre d'activités familiales régulières, avant même de discuter avec votre enfant de la possibilité d'inviter un ami. Faites-la préférablement à son insu (ou du moins à l'insu de l'ami en question).

En prenant l'initiative, vous contrôlerez la situation. Prenez l'exemple d'Ann, de Springfield en Ohio, qui avait prévu que son fils lui demanderait la permission d'inviter un ami en vacances. En réfléchissant aux différents amis que son fils pourrait proposer, elle en a sélectionné quatre. L'un d'eux, un très gentil garçon, avait des problèmes de santé et Ann ne se sentait pas apte à en prendre soin. Un autre était agressif avec les jeunes enfants et avait parfois des comportements inappropriés pour son âge. Les deux derniers, Chuck et Marty, avec lesquels elle avait eu de bonnes expériences, étaient de bons candidats. Après avoir organisé quelques activités dans le but de côtoyer chacun des garçons, elle a fait son choix et a demandé à son fils : « Aimerais-tu inviter Marty à Walt Disney avec nous ? » Son fils était aux anges et Ann avait trouvé une façon d'éviter le rejet de certains amis qu'il aurait pu proposer.

Nous vous suggérons de faire vous-même l'invitation, plutôt que d'attendre la demande de votre enfant, et que l'invitation soit également faite de parent à parent. Ainsi, vous pourrez vous renseigner sur les préférences alimentaires et l'état de santé de l'enfant, le style de discipline de la maisonnée, ce que les parents pensent de votre style disciplinaire et leurs attentes quant à l'observation d'un quelconque rite religieux tandis que l'enfant sera sous votre supervision.

Avant de faire l'invitation, réfléchissez sérieusement au financement. Proposez un plan précis dès le début. Par exemple : « Il y a suffisamment d'espace dans la chambre d'hôtel et dans la voiture. Vous n'aurez qu'à débourser les repas, les entrées aux parcs et l'argent de poche de Marty. » Nous vous suggérons de régler les comptes au retour plutôt que d'essayer de balancer le tout au fur et à mesure. C'est beaucoup plus simple.

Les parents seuls

Puisqu'une famille monoparentale signifie souvent que le parent travaille à temps plein, l'organisation de vacances avec les enfants peut être la solution idéale pour passer du temps en famille. Par contre, n'oubliez pas que les vacances ne sont pas seulement destinées aux enfants ; ce sont aussi les vôtres. Vous pourriez inviter un grand-parent, un oncle ou une tante que vous aimez bien : vous seriez ainsi en agréable compagnie tandis que les enfants bénéficieraient de la présence d'un membre de la famille.

Ne tentez pas de passer chaque moment avec vos enfants. Prévoyez plutôt des activités en compagnie d'autres jeunes. Les programmes éducatifs sont une option intéressante. Vous pouvez profiter alors de ce moment de liberté pour vous occuper de vous : lisez un livre, faites-vous masser, allez vous balader ou faites une sieste bien méritée.

Les grands-parents

Les personnes âgées se retrouvent parfois dans de drôles de situations en voyageant avec leurs petits-enfants. Épuisés et forcés de suivre un rythme effréné, de nombreux aînés se contentent simplement de survivre à Walt Disney World plutôt que faire en sorte d'apprécier leur séjour. Les parcs thématiques ont autant à offrir aux personnes âgées qu'aux enfants, et les aînés doivent soit marquer le rythme, soit envoyer les jeunes se balader par eux-mêmes. Un lecteur âgé de l'Alabama nous a écrit ceci :

Je tiens à souligner que les personnes âgées ne doivent pas être des-mauviettes. À Walt Disney World, tout particulièrement, il faut être courageux et déterminé. Ce qui vous semblait aisé vous demandera beaucoup d'effort et votre tête devra parfois laisser le temps à votre corps de s'adapter. La moitié du temps, votre petit-enfant vous traitera comme une vieille ruine puis se jouera de vous en vous entraînant dans des montagnes russes dans l'obscurité. Prévenez les aînés de ne faire confiance à personne, pas plus à leurs enfants qu'aux employés de Disney... et encore moins à leurs petits-enfants. Lorsque votre petit-enfant veut que vous embarquiez dans un manège, soyez plus méfiant qu'un mouton allant à l'abattoir. Renseignez-vous sur le manège en question. Affirmez votre position et n'en délogez pas. Qui hésite s'engage !

Si vous voyez rarement vos petits-enfants, un séjour à Walt Disney World pourrait vous sembler tout indiqué pour renouer et passer du temps avec eux. Détrompez-vous ! Walt Disney World surcharge les batteries des enfants et engendre ainsi des comportements parfois difficiles à gérer même pour des parents aimants..., imaginez alors pour des grands-parents ! Pour les mêmes raisons que vous n'offririez pas à votre fils de 16 ans une Ferrari, vous ne devriez pas amener sans préparation vos petits-enfants à Walt Disney World : manœuvrer avec contrôle et prudence requiert une grande expérience.

Passez d'abord du temps avec eux dans un environnement qui vous permet d'avoir le contrôle. Invitez-les à souper et à coucher. Voyez comment ils répondent à votre supervision et à votre style disciplinaire. Surtout, vérifiez votre degré de compatibilité : appréciez-vous la compagnie l'un de l'autre ? Vous amusez-vous lorsque vous êtes ensemble ? Assurez-vous de pouvoir établir des limites et de les faire respecter. Prévoyez ensuite quelques activités : une visite au zoo, au cinéma, au centre commercial ou à la foire. Soyez attentif à ce que vos petits-enfants exigent de vous lorsque vous êtes à l'extérieur de chez vous. Mangez une fois ou deux au restaurant pour prendre le pouls de leur comportement en société. Se conduisent-ils comme il le faut ? Ne vous attendez pas à la perfection et soyez réceptif à l'idée d'adapter un peu votre propre comportement. Tel qu'une amie âgée le faisait remarquer à son mari (assez crûment) : « Tu ne peux pas visiter Walt Disney World avec un bâton planté dans le derrière. »

Si vous vous entendez bien avec vos petits-enfants et que tout va pour le mieux lorsque vous êtes seuls avec eux, vous pouvez rêver d'un séjour à Walt Disney World. Nous avons alors deux conseils à vous offrir. En premier lieu, visitez Walt Disney World sans eux pour avoir une idée de ce qui vous attend. Une visite de reconnaissance vous donnera l'occasion de profiter des attractions qui ne feront pas partie de l'itinéraire quand vous y retournerez avec les petits. Ensuite, si vous envisagez un voyage d'une semaine, considérez les forfaits qui incluent quatre jours à Walt Disney World et une croisière de trois jours sur le *Disney Magic* ou le *Disney Wonder*. En plus d'offrir une expérience mémorable aux enfants, la croisière propose de nombreuses activités pour tous les âges, vous permettant à la fois d'être avec eux et de profiter de moments de détente. Appelez Disney Cruise Line au (800) 951-3532 ou visitez le site **www.disneycruise.com**.

Douze conseils aux grands-parents

1. Il est préférable d'amener un enfant à la fois, deux tout au plus. Les cousins s'entendent mieux entre eux que les frères et sœurs.

2. Demandez à vos petits-enfants de vous aider à préparer le voyage et faites en sorte que le premier soit de courte durée. Soyez souple et ne planifiez pas à outrance.

3. Discutez des heures de repas et de coucher. Heureusement, beaucoup de grands-parents ont sensiblement le même horaire de repas que les enfants. Si vous prévoyez un repas spécial, placez vos réservations le plus tôt possible.

4. Planifiez en fonction de l'âge de vos petits-enfants parce que s'ils sont insatisfaits, vous le serez également.

5. Établissez un itinéraire qui prévoit des activités supervisées au cas où vous auriez besoin de repos.

6. Si vous voyagez en voiture, nous vous recommandons fortement de munir les enfants de casques d'écoute. Les goûts musicaux des enfants sont très différents de ceux de la majorité des grands-parents. Il est simplement beaucoup plus agréable pour tous que chacun écoute sa propre musique, du moins pour cette partie du voyage.

7. Apportez une veilleuse.

8. Gardez sur vous une autorisation parentale écrite pour les soins médicaux d'urgence. Assurez-vous

également d'avoir les informations pertinentes au sujet des assurances et une copie des ordonnances médicales pour les prescriptions des enfants (idem pour les lunettes).

9. Prévenez vos petits-enfants de vos problèmes de santé afin qu'ils puissent réagir adéquatement en cas d'urgence.

10. Beaucoup d'attractions et d'hôtels offrent des rabais aux aînés. Prenez-vous à l'avance pour chercher les meilleurs tarifs.

11. Prévoyez manger tôt pour éviter les files d'attente. Si vous voulez souper dans un endroit populaire, prenez la peine de réserver même si vous soupez tôt. Pensez à apporter des crayons et du papier pour occuper les enfants.

12. Si vous êtes débordé par la planification d'un séjour familial, essayez Grandtravel, un voyagiste et agent de voyage qui se spécialise dans les séjours en compagnie des petits-enfants (Composez le (800) 247-7651 ou visitez le site **www. grandtrvl.com**).

Dix conseils supplémentaires de Molly Staub

La chroniqueuse touristique Molly Arost Staub est l'ultime référence en matière de voyage avec les petits-enfants. Voici ses conseils pour des vacances réussies à Walt Disney World en compagnie des petits-enfants :

Prudence est mère de sûreté. Les temps ne sont plus ce qu'ils étaient lorsque vos enfants étaient petits. De nos jours, il faut être constamment aux aguets en plus de tenir la main des tout-petits. Ce n'est plus l'univers naïf de notre enfance ou de celle de nos enfants. Ayez un téléphone cellulaire en cas de pépin et assurez-vous d'en bien connaître le fonctionnement.

En avant la musique. Si vous voyagez en voiture, empruntez à vos enfants de la musique appropriée pour vos petits-enfants afin d'éviter la sempiternelle question : « Est-ce qu'on arrive bientôt ? »

Quand se lève le soleil. N'oubliez surtout pas les chapeaux, les lunettes de soleil, l'écran solaire et les bouteilles d'eau.

Dormir comme une bûche. Laissez la tente et les sacs à dos à l'autre génération ; vous méritez bien un peu de confort. Optez pour un hôtel Disney afin de pouvoir vous déplacer en autobus ou par monorail. Vous pourrez également avoir accès aux parcs thématiques avant l'ouverture officielle grâce au programme d'entrée anticipée. De plus, cela vous permettra de rentrer à l'hôtel faire une sieste « intergénérationnelle » ou une saucette dans la piscine. Si votre budget vous le permet, choisissez un hôtel près du monorail afin d'apprécier les feux d'artifice de Magic Kingdom, de l'autre côté du lac (plutôt que de faire l'aller-retour au parc après une journée épuisante). Un bon choix budgétaire est le Port Orleans. Le chic Polynesian propose un luau hawaïen où les enfants sont invités sur la scène pour danser le hula. À l'hôtel Animal Kingdom, les enfants passeront des heures à observer les girafes et les zèbres par la fenêtre plutôt qu'à regarder la télévision.

La mer qu'on voit danser. Pour les nostalgiques, le BoardWalk Inn est également intéressant. Son décor élaboré vous remémorera la promenade de votre enfance, que ce soit celle d'Atlantic City, de Coney Island ou de Wildwood. Vous longerez, « comme avant » la promenade, humerez l'odeur de la barbe à papa, vous promènerez en vélo tandem et jurerez entendre le cri des goélands.

Parcourir la planète. Le World Showcase d'Epcot est devenu beaucoup plus convivial pour les jeunes grâce à ses nouvelles activités interactives. Les saveurs du monde et les spectacles variés proposent une fascinante introduction aux différentes cultures et inciteront peut-être au voyage... en des contrées exotiques en compagnie des grands-parents. **Festoyer avec Mickey.** Gâtez-les avec un déjeuner en compagnie de personnages. Même les plus allumés des petits délaisseront leurs jeux électroniques pour une accolade de Blanche-Neige ou de Dingo (Goofy) et vous remercieront en vous disant que vous êtes les meilleurs grands-parents du monde. **Un voyage personnalisé.** Profitez des moments passés aux parcs thématiques pour partager des souvenirs familiaux. Les petits adorent entendre les histoires d'enfance de leurs parents et de leurs grands-parents. À Disney-MGM Studios, les aînés se remémoreront avec nostalgie les années 1940 et 1950. Au Prime Time Cafe d'Hollywood Boulevard, vous expliquerez aux jeunes que vous n'êtes pas nés à l'époque des calèches. En regardant la petite télévision en noir et blanc, attablé à un comptoir chromé, vous leur raconterez la première fois que vous avez vu *Mary Poppins* et tenterez de fredonner le fameux « Supercalifragilisticexpidélilicieux ». Peut-être étiez-vous les premiers du quartier à posséder une télévision couleur ou peut-être étiez-vous vraiment défavorisés et n'aviez que trois postes à la maison. **Sur les chapeaux de roue.** Si un membre de votre groupe – grand-parent ou petit-enfant – a tendance à se fatiguer rapidement, emportez ou louez un fauteuil roulant. Non seulement éviterez-vous les jambes et les pieds ankylosés, mais vous recevrez sûrement un traitement de faveur de la part des préposés. **Des souvenirs à partager.** Il est amusant de visiter avec vos petits-enfants des attractions qui ont jadis su plaire à leurs parents. Voyez si elles ont beaucoup changé, si la musique et les décors sont au goût de la jeunesse d'aujourd'hui. Par exemple, au pavillon Land, nous sommes de nouveau tombés sous le charme des légumes animés de Food Rocks

qui font une amusante promotion de la saine alimentation –
une leçon mémorable que nos enfants ont pu apprendre
autrefois.

L'ordre et la discipline en voyage

Bon, bon, effacez ce sourire moqueur de votre visage.
L'ordre, la discipline et le voyage peuvent sembler
incompatibles, mais vous n'êtes certainement pas très chaud
à l'idée que votre gamin de cinq ans s'époumone de colère
au beau milieu de Fantasyland. La considération accordée à
ce sujet avant le départ sera sans doute l'élément le plus
fondamental de votre préparation.

La discipline et le maintien de l'ordre sont beaucoup
plus difficiles en voyage qu'à la maison puisque tout le
monde est, comme le dit si bien cette mère de Boston, « sens
dessus dessous » dans un environnement étranger, loin de la
routine quotidienne. Pour les enfants, il est difficile de
contenir l'excitation et l'anticipation qui se transforment
rapidement en hyperactivité les incitant parfois aux bêtises.
Le fait d'être confiné dans une voiture, un avion ou une
chambre d'hôtel galvanise la situation et les enfants seront
souvent plus bruyants qu'à l'habitude, plus agressifs envers
leurs frères et sœurs et auront tendance à tester vos limites
de patience et de contrôle. Aux parcs thématiques, cela
risque d'empirer. Il y a plus d'espace pour bouger, mais il y
a également la foule, les divers stimuli, la chaleur et les
kilomètres à parcourir à pied. Le tout jumelé à un repos
marginal et inadéquat peut réduire en miettes l'harmonie
d'une famille.

Des normes disciplinaires établies et mises en pratique
avec constance permettront de garder le contrôle de la
plupart des situations. Par contre, il est primordial de savoir
à quoi vous attendre. Tout d'abord, hormis la montée

d'adrénaline et l'excitation, vos enfants pourraient croire que les règles de la maison ne s'appliquent pas en voyage. Les parents encouragent cette fausse croyance en étant anormalement permissifs dans le but d'acheter la paix familiale. Bien que certains de vos protocoles habituels (finir ce qu'il y a dans l'assiette, se coucher à heure fixe, etc.) puissent faire relâche en vacances, trop vous éloigner de la discipline coutumière pourrait engendrer des quiproquos et des drames.

Les enfants pourraient évidemment croire que les vacances (particulièrement à Walt Disney World) ne sont que pour eux. Cela centre l'intérêt sur leurs propres besoins au détriment des vôtres, exacerbant leur frustration et leur déception lorsque vous les réprimandez ou que vous leur refusez quelque chose. Lors d'un voyage, un incident normalement anodin peut se transformer en crise de larmes et en provocation lors d'un voyage. Il est donc primordial de discuter de vos besoins avec vos enfants et de reconnaître leurs désirs et leurs attentes bien avant le départ.

En vacances, les enjeux sont élevés pour tout le monde. Pour vous, il s'agit d'un investissement de temps et d'argent dans une rare occasion de ressourcement. Pour les enfants, la glorification du voyage génère d'incroyables attentes. Discuter du voyage à l'avance permet de ramener ces attentes à un niveau plus réaliste, même si l'imagination des enfants triomphera éventuellement. La bonne nouvelle, c'est que vous pouvez profiter de l'état émotif de vos enfants pour établir des règles de conduite. Puisque vos enfants désirent si ardemment ce voyage, ils seront conciliants et volontaires.

Selon la pédopsychologue Karen Turnbow, bien réagir aux problèmes de comportement en voyage (ou les éviter) commence par une politique disciplinaire ferme et formelle. À la maison comme sur la route, l'approche doit demeurer la même et être basée sur les concepts suivants :

1. Clarifier les attentes. Discutez avec vos enfants de ce que vous attendez d'eux, sans tenter d'envisager toutes les situations possibles. Parlez de vos attentes en regard des directives parentales, du comportement entre frères et sœurs, du règlement des différends, de l'horaire (entre autres du lever et du coucher), de la politesse, du comportement, du fait de rester ensemble et du qui paie quoi.

2. Expliquer les conséquences. Expliquez en détail, de façon directe et sans ambiguïté, les conséquences du non-respect des règles. « Si vous faites ceci (ou ne faites pas ceci), voici ce qui arrivera ».

3. Émettre un avertissement. Vous traitez avec des enfants excités et trépignants, pas avec des machines. Il est donc préférable d'émettre un avertissement avant de sévir. Cependant, il doit s'agir d'un avertissement unique et sans équivoque plutôt que d'avertissements à répétition ou de harcèlement. Ces derniers minent votre crédibilité et vos règles perdent leur importance et leur sérieux. Des avertissements à répétition ou du harcèlement transfèrent également le contrôle de vous à vos enfants. La stratégie du passage à l'acte pour attirer votre attention pourrait donc devenir plus fréquente.

4. Être conséquent. Si vous dites que vous allez sévir, faites-le, un point c'est tout. Les enfants doivent sentir votre sérieux et votre engagement.

5. Être cohérent. L'instabilité rend la discipline conditionnelle aux yeux des enfants. Une discipline flottante encourage un comportement du même genre, ce qui se traduit par une perte de contrôle parental. À long terme, à la maison comme en vacances, votre réaction à une situation donnée ou à une transgression doit être parfaitement prévisible. La structure et la répétition, essentielles à l'éducation des enfants, ne peuvent être efficaces sans cohérence.

Bien que les cinq notions précédentes soient les plus importantes, d'autres concepts et techniques sont à considérer en parallèle.

Tout d'abord, il faut comprendre que les pleurnicheries, les caprices et les colères, la provocation, les altercations entre frères et sœurs et même le fait de paralyser le groupe sont autant de façons pour l'enfant de s'exprimer. Habituellement, ce qui déclenche la situation a peu ou pas du tout à voir avec le comportement inacceptable. Une crème glacée refusée à Robert peut être la raison apparente de sa colère, mais il y a pratiquement toujours une cause plus profonde en-dessous. C'est pourquoi ce type de comportement perdure souvent, et ce, même si vous pliez à la demande de l'enfant. Plus souvent qu'autrement, l'enfant ne cherche qu'à obtenir votre attention. Ce désir est parfois si fort que certains enfants iront jusqu'à s'attirer volontairement des punitions afin d'obtenir cette attention dont ils ont tant besoin.

Remonter jusqu'aux racines de ce problème comportemental requiert une écoute active et la responsabilisation de votre enfant par l'utilisation d'un « vocabulaire des sentiments ». L'écoute active est un vieux concept. Elle implique d'être à l'écoute non seulement de ce que l'enfant a à dire, mais également du contexte dans lequel il s'exprime, des mots qu'il utilise, de son état émotif, son langage corporel, de même que des non-dits. Cela semble compliqué ? Pas vraiment, il s'agit de porter attention au portrait d'ensemble en sachant lire entre les lignes, ou plus précisément, en prenant conscience de la situation dans sa globalité.

Aider votre enfant à développer un vocabulaire des sentiments consiste à lui enseigner les mots qui décrivent ce qui se passe. L'idée est de lui montrer à verbaliser ce qu'il ressent, à identifier et à exprimer par le langage ses émotions et ses états d'âme. Bien sûr, apprendre à communiquer ses sentiments peut prendre toute une vie, mais vous en favorisez l'apprentissage en lui fournissant d'ores et déjà les outils dont il a besoin pour s'exprimer tout en l'encourageant à les utiliser plutôt que de vous en remettre au développement « naturel » ou inné de ces habiletés.

Commencez par convaincre votre enfant que vous êtes prêt à l'écouter attentivement et à le prendre au sérieux. Écoutez-le et aidez-le à transcender le sujet en orientant la conversation de manière à faire surgir les émotions sous-jacentes. Le fait que son frère l'ait frappé a peut-être déclenché son état émotif, mais l'incident lui-même n'est en réalité qu'anecdotique. Votre objectif est d'aider votre enfant à exprimer ce qu'il ressent, à verbaliser ses émotions. En ramenant l'incident (la querelle) à une émotion (la colère, la tristesse, le rejet, etc.), vous lui permettez de développer des stratégies d'adaptation positives essentielles à son bien-être émotionnel qui, à leur tour, auront des répercussions bénéfiques sur le plan comportemental. Un enfant qui est en mesure de verbaliser sa détresse a découvert une stratégie d'adaptation beaucoup plus efficace (et beaucoup plus facile à vivre pour ceux qui sont concernés) qu'un accès de colère.

Les enfants ne sont jamais trop jeunes pour apprendre le vocabulaire des sentiments. De plus, l'aider à prendre contact avec ses émotions et à les exprimer vous encouragera sans doute à faire de même.

Deuxième partie

L'organisation

L'information nécessaire

En plus de ce guide, nous vous suggérons de vous procurer les outils suivants :

1. La *Walt Disney World Vacation Video*. Cette vidéocassette fait une description exhaustive de Walt Disney World. Vous pouvez en faire la demande à votre agence de voyages ou en appelant Walt Disney Travel Company au (407) 828-8101 ou au (407) 934-7639. Soyez patient, l'attente peut être longue.

2. Le *Walt Disney World Guidebook for Guests with Disabilities*. Si vous voyagez avec une personne à mobilité réduite, malvoyante ou malentendante, ce petit guide vous sera d'un grand secours. Pour en obtenir un exemplaire, composez le (407) 824-4321. Prévoyez environ 15 jours ouvrables pour la livraison. L'information contenue dans le guide est également disponible sur le site **www.waltdisney-world.com**.

3. La carte *MagicCard* d'Orlando. Si vous pensez loger à l'extérieur de Walt Disney World ou si vous prévoyez visiter des attractions et des restaurants hors site, il serait avantageux de vous procurer la carte *MagicCard* d'Orlando, un planificateur de vacances, ainsi que le *Orlando Official Accomodations Guide* tous deux gratuits auprès du centre des congrès et du tourisme de Orlando – Orange County. La *MagicCard* vous donne droit à des rabais dans des hôtels, des restaurants et des attractions à l'extérieur de Walt Disney World. Pour commander le guide des sites d'hébergement, composez le (800) 255-5786. Pour toute autre information, composez le (407) 363-5874 pendant les heures normales de bureau ou visitez le site **www.go2orlando.com**. Prévoyez environ quatre semaines pour la livraison.

4. L'Internet. Le site offrant les meilleurs forfaits et rabais pour les hôtels Disney est le **www.mousesavers.com**. Pour l'hébergement à l'extérieur de Disney, visitez le site **www.travelaxe.com**, d'où vous pourrez télécharger un logiciel gratuit qui navigue sur les principaux sites de voyage en sélectionnant parmi plus de 100 hôtels de la région, ceux qui offrent les meilleurs prix. Prenez note que TravelAxe indique le tarif pour la durée du séjour et non par nuitée.

5. Le *Florida Traveler Discount Guide*. Ce guide édité par Exit Information Guide renferme de nombreux rabais en matière d'hébergement, de restaurants et d'attractions en Floride. Le guide est gratuit, mais vous devrez débourser 4,00 $ (6,75 $ pour le Canada) pour les frais de port et de manutention. Composez le (352) 371-3948, du lundi au vendredi, entre 8 h et 17 h (HNA). Des guides similaires pour différents États sont disponibles au même numéro. À noter qu'il est parfois difficile d'obtenir la communication.

6. Le guide *Kissimmee – St. Cloud Tour & Travel Sales Guide.* Ce guide tout en couleurs est l'un des répertoires d'hôtels et d'attractions les plus complets que vous puissiez trouver. Il est particulièrement intéressant pour ceux qui cherchent à se loger à l'extérieur de Walt Disney World. En plus des hôtels et des motels, il présente une liste de maisons, multipropriétés et condominiums à louer. Pour en obtenir un exemplaire, communiquez avec le centre de congrès et de tourisme de Kissimmee – St. Cloud au (800) 327-9159, ou visitez le site **www.floridakiss.com** .

LES ADRESSES IMPORTANTES
DE WALT DISNEY WORLD

Informations, compliments, plaintes, suggestions – lettres de visiteurs – lettres pour Mickey
P.O. Box 10040
Lake Buena Vista, Florida, 32830-1000

Walt Disney World Central Reservations
P.O. Box 10100
Lake Buena Vista, FL, 32830-0100

Programmes éducatifs
Walt Disney World Educational Programs
P.O. Box 10000
Lake Buena Vista, FL, 32830-1000

Commandes postales/Billetterie
Walt Disney World Ticket Mail Order
P.O. Box 10100
Lake Buena Vista, FL, 32830-0140

Prenez de l'avance

Envoyez vos demandes d'informations aussi tôt que possible et prévoyez jusqu'à quatre semaines pour la livraison. Dressez une liste à cocher des réponses reçues et effectuez un suivi du matériel manquant après six semaines d'attente.

Naviguez sur le Web

En planifiant vos vacances à Walt Disney World, vous trouverez sur Internet tous vos personnages préférés. Mais en plus de Mickey, Minnie, Donald, Pluto et Dingo (Goofy), vous trouverez aussi Delta, American, Hertz, Hyatt et Hilton. Rechercher de l'information concernant Walt Disney World sur Internet, c'est comme parcourir un immense labyrinthe en quête d'une épingle. Évidemment, on peut trouver une foule d'informations en ligne, mais vous aurez peut-être à défiler liste après liste avant de dénicher les sites utiles. Une fois ceux-ci trouvés, mettre la main sur l'information pertinente peut également s'avérer ardue.

Le site officiel de Disney propose sensiblement les mêmes informations que le guide de vacances de la Walt Disney Travel Company, bien qu'il n'offre pas d'aussi belles photographies. Par contre, le site mis à jour quotidiennement contient d'autres données intéressantes et propose différents services. Vous pouvez maintenant y acheter les laissez-passer pour les parcs thématiques et faire des réservations au restaurant ou à l'hôtel. Le site présente également un service d'achat en ligne, des prévisions météorologiques, ainsi que de l'information sur les rénovations et les événements spéciaux. L'adresse de la page d'accueil du site officiel est **www.waltdisneyworld.com**. Si Universal Studios vous intéresse aussi, allez à **www.universalorlando.com**.

Si vous avez besoin d'informations complémentaires, visitez les nombreux sites personnels élaborés autour de Disney. Certains animent même des forums de clavardage susceptibles de vous fournir à la fois de bonnes et de mauvaises informations dépendamment des gens qui y participent. Des maniaques de Disney de partout à travers le monde tiennent des listes sur à peu près tout : les Mickey cachés, des classifications d'attractions, les organisations qui dénigrent Disney, les différents personnages et plus encore. Vous pourriez naviguer sur le Web pendant des semaines et recueillir un nombre infini d'informations, provenant de particuliers. Bon nombre de ces informations sont intéressantes, amusantes et même utiles, mais la meilleure façon d'obtenir des données fiables et précises est de composer sans tarder le numéro de Disney, c'est-à-dire le (407) 824-4321. D'autre part, si vous recherchez des divertissements en soirée, consultez le Web.

Les choix de Len

Len Testa, gourou de l'Internet et recherchiste occasionnel pour le *Unofficial Guide*, a fouillé le Web à la recherche des meilleurs sites sur Disney. Voici sa sélection :

« Le site que je consulte régulièrement pour connaître les nouveautés et les rumeurs est le **www.wdwmagic.com**. Il est mis à jour presque quotidiennement. En plus des nouvelles, le site comprend des pages consacrées aux principaux manèges de chaque parc thématique de Walt Disney World, ainsi qu'aux défilés et aux spectacles.

Le meilleur site général est le guide d'information sur Walt Disney World, l'ancien Deb's Disney Digest. Son adresse est le **www.wdwig.com**. Vous y trouverez les menus de la majorité des restaurants de Walt Disney World, la description des hôtels avec photos à l'appui et de nombreux autres renseignements. Ce site gagnerait à être mieux organisé, mais il remplit bien sa fonction. Il existe aussi en version Disneyland. Un autre site offrant des informations détaillées tant sur Walt Disney World que Disneyland est le **www.mouseplanet.com.**

Honnêtement, ce n'est pas très « grand public », mais les gens du site **home.cfl.rr.com/omniluxe/wyw.htm** ont érigé un monument virtuel aux manèges disparus de Walt Disney World. Vous y découvrirez ce que vous avez toujours voulu savoir sur la défunte attraction intitulée « If You Had Wings » de Magic Kingdom. Il y a une section sur la Veranda de Adventureland, qui était mon endroit préféré pour casser la croûte à Magic Kingdom. Ne manquez pas l'hommage à Horizons. Le site de ces fanatiques est génial, mais soyons francs : c'est le genre de personnes pour qui on a édicté les lois sur la filature !

Il existe en vérité des centaines d'autres sites consacrés à Disney, de même que des sites qui listent et classifient les manèges des parcs thématiques américains et du monde entier. Commencez par les sites énumérés ci-dessus et suivez les liens.

Les numéros de téléphone importants

En composant le numéro principal de Walt Disney World, vous aurez un menu d'options préenregistrées sur les heures d'ouvertures des parcs, les zones récréatives, le magasinage, les complexes de divertissements, le coût des différents billets, les réservations dans les hôtels de villégiature ainsi que les indications pour accéder au site par les autoroutes ou en provenance de l'aéroport. Si vous utilisez un téléphone à cadran, votre appel sera transféré à un représentant Disney. Si vous utilisez un téléphone à clavier, mais que votre question n'est pas couverte par le menu, faites le huit pour parler à un représentant Disney.

LES NUMÉROS DE TÉLÉPHONES IMPORTANTS

Information générale	(407) 824-4321
Hébergement – réservations	(407) 934-7639
Restauration – réservations	(407) 939-3463
Programmes du Disney Institute	(407) 827-1100
Disney's Wide World of Sports	(407) 939-4263
Golf – réservations et information	(407) WDW-GOLF
Visite guidée – information	(407) 939-TOUR
Objets perdus :	
Hier ou plus tôt (pour tous les parcs)	(407) 824-4245
Aujourd'hui à Magic Kingdom	(407) 824-4245
Aujourd'hui à Epcot	(407) 560-7500
Aujourd'hui à Disney-MGM	(407) 560-3764
Aujourd'hui à Animal Kingdom	(407) 938-2265
Clinique médicale Centra Care	(407) 239-7777
Agence de voyage Walt Disney Travel Company	(407) 828-3232
Information météorologique	(407) 827-4545
Service de secours	(407) 824-0976

Le temps requis

Au cours de la première décennie d'existence de Walt Disney World, une famille en vacances pour une semaine pouvait visiter Magic Kingdom, le défunt River Country et disposer de suffisamment de temps pour aller à la plage et apprécier les autres attractions du coin. Par contre, après l'ouverture d'Epcot en 1982, Disney World pouvait aisément monopoliser une semaine entière de vacances. Aujourd'hui, avec l'ajout de Blizzard Beach, Typhoon Lagoon, Disney-MGM Studios, Animal Kingdom et

Downtown Disney, il faut compter au moins six jours pour une tournée rapide (et sept à dix jours si vous avez la vieille habitude de vous reposer un peu en vacances). Si vous ne disposez pas d'au moins dix jours ou si vous prévoyez vous aventurer à l'extérieur du Royaume, vous aurez des décisions difficiles à prendre.

De nombreuses familles semblent oublier que Walt Disney World n'est pas menacé de disparition. Il n'y a aucun danger qu'il soit bientôt mis en boîte et expédié en Islande. Ce qui signifie que vous avez la possibilité de revenir si vous n'avez pas tout vu cette année. Bien sûr, c'est ainsi que Disney l'a prévu, mais qu'importe ? Il est beaucoup plus sain de se résigner à ne pas tout voir d'un seul coup. Nous vous recommandons donc d'aborder Walt Disney World comme si c'était un banquet italien à huit services : avec plaisir et en prenant le temps de respirer entre les plats. Le meilleur moyen de ne pas apprécier est de vouloir en faire trop en trop peu de temps.

Quand visiter Walt Disney World ?

Allons droit au but : visiter Walt Disney World entre le 12 juin et le 18 août n'est pas une sinécure. Les foules estivales et les incontournables chaleur et humidité floridiennes seront au rendez-vous. Évitez cette période si vous le pouvez. Même chose pour les fins de semaine du jour du Souvenir et de la fête du Travail, respectivement au début et à la fin de l'été. Les autres congés fériés (l'Action de grâces américaine, Noël, Pâques, la relâche scolaire, etc.) sont également fort achalandés, mais la chaleur n'est pas aussi intense.

Le meilleur temps de l'année pour visiter Walt Disney World est l'automne, en novembre particulièrement, avant l'Action de grâces américaine, et en décembre, avant Noël. En évitant le Nouvel an et les autres jours fériés, les mois de janvier et de février sont également recommandables, bien que le temps ne soit pas aussi favorable qu'à l'automne. Les mois de mars et d'avril accueillent les foules de la relâche scolaire et de Pâques, mais il y a parfois moyen (selon l'école et les calendriers liturgiques) de trouver des semaines moins achalandées au cours de cette période. Côté foules, c'est à partir de la fin du mois d'avril jusqu'au début du mois de juin qu'elles sont le plus tolérables, mais le temps est parfois chaud et pluvieux. À la fin du moins d'août, les foules sont plus faciles à endurer que la chaleur.

Alors, que faire ? Si vos enfants sont d'âge préscolaire, allez-y en période fraîche et en l'absence des foules. Si vous avez des enfants d'âge scolaire, cherchez l'anomalie dans le calendrier scolaire : autrement dit, une période où l'école de vos enfants offre un congé qui ne soit pas partagé par la majorité des écoles. Ces particularités se trouvent habituellement en début ou en fin d'année scolaire (par exemple, l'école commence plus tard ou se termine plus tôt), à Noël ou à l'occasion de la relâche scolaire. S'il n'y a aucune exception, mais que vos enfants sont assez doués en classe, nous vous recommandons de demander l'autorisation de retirer vos enfants de l'école juste avant ou après les vacances de l'Action de grâces américaine. Les enseignants peuvent leurs assigner des devoirs qu'ils feront durant le congé.

Si aucune de ces options n'est réalisable, allez-y durant la semaine qui précède immédiatement le retour en classe (sauf la fin de semaine de la fête du Travail) ou celle qui suit immédiatement la fin de l'école (à l'exclusion de la fin de semaine du jour du Souvenir). Cette stratégie vous évitera les plus grosses foules à une semaine de décalage près.

Soit dit en passant, retirer vos enfants de l'école plus de quelques jours peut causer des problèmes. Nous avons reçu des lettres de parents et de professeurs bien intentionnés qui ne sont pas d'accord avec l'idée de retirer les enfants de l'école. Voici ce qu'en pense un père de Fairfax en Virginie :

> *Ma femme et moi n'encourageons pas les familles à retirer les enfants de l'école pour éviter les foules estivales à Walt Disney World. Ma femme est professeure de chimie et de physique en deuxième secondaire. Elle a vécu l'expérience de parents qui retirent leurs enfants – des enfants doués, de l'école pour partir en vacances. En règle générale, ils ont beaucoup de difficulté à suivre par la suite. Nombres d'élèves sont si en retard qu'ils demandent à être exemptés des examens. Les parents devraient se questionner sur l'importance accordée à l'éducation de leurs enfants lorsqu'ils s'attendent à ce que six heures de cours par jour puissent être rattrapés par moins d'une heure de devoirs par soir.*

De même, un professeur de niveau secondaire de Louiseville au Kentucky n'a pas mâché ses mots :

> *Les professeurs détestent qu'un enfant manque l'école toute une semaine, d'abord parce que les parents s'attendent à recevoir un petit « colis éducatif » bien ficelé à emmener avec eux, comme si chaque minute pouvait être planifiée – ce qui est impossible. Ensuite, à son retour, l'enfant aura pris du retard sur le reste de la classe et il lui sera difficile de rattraper le temps perdu.*
>
> *Si un parent me demande mon avis, je lui dis crûment que c'est son choix. Si les résultats de l'élève s'en ressentent, ils doivent accepter que cela fait partie de leur décision. J'ai une élève absente cette semaine ; elle skie au Colorado. Elle ne pourra pas rattraper le temps perdu (et c'est exactement ce que j'ai dit à sa mère).*

Si vous avez le choix d'y aller durant les périodes achalandées des chauds mois d'été ou pas du tout, pensez-y bien. Vous vous amuserez, mais vous visiterez moins d'attractions et vous serez plus fatigués au retour. Combattre et la foule et la chaleur à Walt Disney World, c'est guerroyer sur les deux fronts. Si vous choisissez cette option, préférez le début du mois de juin ou la fin du mois d'août ; évitez le mois de juillet. Dans votre itinéraire, planifiez la visite des parcs thématiques en début de journée et en soirée ; insérez une sieste ou une baignade entre les deux. Réduisez votre séjour d'une journée ou deux afin d'avoir quelques jours de repos à la maison avant la fin des vacances.

Bien que nous conseillions fortement de visiter Walt Disney World en dehors des périodes de pointe, sachez que cela comporte tout de même certains inconvénients. Les parcs ouvrent plus tard le matin et ferment plus tôt le soir à l'automne, à l'hiver et au printemps. Lorsqu'ils ouvrent vers 10 h, tout le monde arrive à peu près en même temps et il est alors plus difficile d'éviter la foule. Qui plus est, cet horaire « allégé » réduit considérablement le nombre d'heures allouées à la visite. Même lorsqu'il n'y a pas cohue, il est difficile de visiter en entier des grands parcs comme Magic Kingdom ou Epcot entre 10 h et 18 h. De plus, il se peut que la fermeture hâtive (avant 20 h) entraîne l'annulation des défilés de nuit comme des feux d'artifice. Puisque c'est la période creuse, certaines attractions pourraient être fermées pour cause d'entretien ou de rénovation. Finalement, la température du centre de la Floride est extrêmement variable à la fin de l'automne, en hiver et au début du printemps ; le thermomètre oscille souvent entre 5 et 10 degrés Celsius le jour.

Le bon jour de visite

La seule façon de devancer la foule est de commencer votre journée plus tôt. Ça semble évident, mais il y a des complications : Disney permet à ses villégiateurs d'accéder à un parc spécifique une demi-heure plus tôt que l'ouverture officielle, chaque jour. Si vous n'êtes pas logés chez Disney, téléphonez au (407) 824-4321 pour connaître le parc qui ouvre plus tôt, que vous évitez (visitez-en plutôt un autre). Si vous logez dans un hôtel Disney, vous pouvez profiter de cette entrée anticipée, mais sachez que ce parc sera également le plus achalandé de la journée. Si vous avez ce privilège d'accès, allez-y tôt le matin puis changez de parc lorsqu'il devient trop achalandé (autour de 10 h). Autrement, évitez les parcs où il y a entrée anticipée. C'est au cours de la basse saison, tandis que les parcs opèrent selon des horaires réduits, qu'il est plus avantageux de se prévaloir d'une entrée anticipée. Vous pourrez alors ajouter quelques heures de visite à l'horaire réduit du parc.

LES JOURS DE FAIBLE ACHALANDAGE

À l'exclusion des jours de congé, voici les journées où les parcs sont moins achalandés :

	Été	Automne, hiver et printemps
Magic Kingdom	vendredi et samedi	mercredi et vendredi
Epcot	samedi et dimanche	lundi, mercredi et jeudi
Animal Kingdom	mardi, jeudi et samedi	mardi, jeudi et samedi
Disney-MGM Studios	lundi et vendredi	jeudi et vendredi

LES JOURS D'ENTRÉE ANTICIPÉE

Les jours où les visiteurs logeant sur place ont un accès prioritaire aux parcs sont :

Magic Kingdom	jeudi et dimanche
Epcot	mercredi
Animal Kingdom	lundi et vendredi
Disney-MGM Studios	mardi et samedi

Le budget à prévoir pour vos vacances

Le total de votre facture dépend de la durée de votre séjour à Walt Disney World. Par contre, même si vous ne prévoyez qu'une courte visite en après-midi, soyez prêt à payer le gros prix. Nous vous expliquerons comment économiser sur l'hébergement un peu plus tard. La présente section donnera une bonne idée de ce à quoi vous devez vous attendre en matière de coûts pour les droits d'accès et la nourriture. Cela vous aidera à déterminer quel type de billet vous convient le mieux.

Les options de droits d'accès

Il existe présentement dix options courantes de droits d'accès à Walt Disney World, aux noms des plus étranges, (nombre d'entre elles sont appelées à disparaître) :

TYPE DE BILLET	Prix – adulte taxes incl.	Prix – enfant (3 à 9 ans) taxes incl.
Billet une journée – un parc	55,00 $	45,00 $
Billet une journée – *Park Bounce-Back*	48,00 $	38,00 $
Billet quatre jours – *Park Hopper*	222,00 $	178,00 $
Billet cinq jours – *Park Hopper*	255,00 $	205,00 $
Billet cinq jours – *Park Hopper Plus*	287,00 $	231,00 $
Billet six jours – *Park Hopper Plus*	319,00 $	256,00 $
Billet sept jours – *Park Hopper Plus*	350,00 $	281,00 $
Laissez-passer annuel*	393,00 $	335,00 $
Billet saisonnier – résident de la Floride	201,00 $	177,00 $

* Des laissez-passer annuels plus dispendieux donnent accès aux parcs aquatiques, à Pleasure Island, etc.

L'option qui vous convient

Si vous n'avez qu'une journée à consacrer à Walt Disney World, choisissez le parc thématique qui vous intéresse le plus et procurez-vous un billet une journée – un parc. Si vous n'avez que deux jours et ne prévoyez pas revenir en Floride de si tôt, achetez deux billets d'une journée (ou un billet magique illimité si vous êtes un villégiateur Disney). Si vous prévoyez revenir d'ici un an ou deux, choisissez plutôt le billet de quatre, cinq, six ou sept jours. Prenez deux jours pour visiter le plus d'attractions possible et gardez le reste pour un autre voyage.

Si vous prévoyez passer au moins trois jours à Walt Disney World, optez pour un billet de quatre ou cinq jours. Si vous résidez en Floride ou que vous prévoyez passer plus d'une semaine dans les différents parcs thématiques, le laissez-passer annuel est une excellente option. Si vous êtes résident et que cela ne vous dérange pas d'être restreint aux périodes creuses, le billet saisonnier est idéal. Si vous visitez Walt Disney World chaque année, voici comment économiser. Supposons que vous avez l'habitude de partir en vacances l'été. Cette année, planifiez vos vacances à Disney en juillet et procurez-vous un laissez-passer annuel. L'an prochain, allez-y en juin. Puisque le laissez-passer est valide un an à partir de la date d'achat, il sera encore valide l'an prochain si vous y allez un mois plus tôt ! Si vous passez quatre jours par année à Disney World (donc huit jours en tout), votre entrée revient à environ 40 $ par jour. Évidemment, plus vous passez de temps à Disney, plus vous économisez avec le laissez-passer annuel. Si vous visitez les parcs thématiques sept jours par année, votre entrée vous coûtera moins de 30 $ par jour. De surcroît, les laissez-passer annuels donnent droit à des rabais substantiels dans les hôtels Disney.

Les rabais d'entrée

À Disney World, comme chez Wal-Mart, c'est le volume qui importe. Si vous achetez un billet de cinq jours, votre entrée quotidienne vous revient moins cher que si vous achetez des billets de un à quatre jours. Des rabais d'entrée allant de 3 % à 5 % sont offerts aux membres de la AAA (American Automobile Association) et aux détenteurs de multi-propriétés Disney.

La nourriture

Chaque fois que vous achèterez une boisson gazeuse dans l'un des parcs thématiques, votre budget sera amputé d'environ 2,50 US $. Tout le reste, du hot-dog à la salade, est aussi onéreux. Vous pouvez vous dire : « Bof, nous sommes en vacances ! » et débourser ces sommes exorbitantes, ou bien choisir de planifier un peu pour économiser beaucoup. À des fins de comparaison, supposons qu'une famille de deux adultes et de deux jeunes adolescents arrive à Walt Disney World le dimanche après-midi et en repart le samedi suivant après le déjeuner. Au cours de cette période, la famille engloutit six déjeuners, cinq dîners et six soupers. Évidemment, le coût de ces repas dépend de l'endroit et du menu. La famille pourrait louer un condo et préparer tous ses repas, mais les membres de la famille ne sont pas venus à Walt Disney World pour cuisiner. Soyons donc réalistes et présumons qu'ils prendront le repas du soir à l'extérieur (ce que font la plupart des gens puisqu'ils sont trop fatigués pour cuisiner). Peut-être s'en tiendront-ils aux burgers et à la pizza, mais ils iront tout de même au restaurant.

Restent les déjeuners et les dîners. C'est certainement ici qu'on a le plus d'options. Il va sans dire qu'il existe des dizaines de combinaisons possibles. Ils pourraient, par exemple, prendre tous leurs repas dans des restaurants à service complet, mais ce n'est pas ce que font les gens habituellement. Simplifions-nous les choses et comparons quelques options de base.

1. Ils peuvent prendre le déjeuner dans leur chambre avec des aliments qu'ils conservent dans une glacière ou dans le réfrigérateur, et préparer des sandwiches, des collations et des bouteilles d'eau qu'ils apporteront au parc dans leurs sacs à dos. Coût : 114 $ pour une famille de quatre personnes durant six jours (sans compter les soupers ou la nourriture sur la route).

2. Ils peuvent prendre le déjeuner dans leur chambre avec des aliments qu'ils conservent dans une glacière ou dans le réfrigérateur, apporter des collations dans leurs sacs à dos. Coût : 258 $ pour une famille de quatre durant six jours (sans compter les soupers ou la nourriture sur la route).

3. Ils peuvent déjeuner au restaurant de l'hôtel, acheter des collations sur place et dîner aux comptoirs de restauration rapide du site. Coût : 474 $ pour une famille de quatre durant six jours (sans compter les soupers ou la nourriture sur la route).

Au cas où cela vous intéresserait, voici ce que contenait la liste d'épicerie servant à établir le coût des options avec repas ou collations préparés à l'hôtel :

Le déjeuner : Céréales froides (deux variétés), viennoiseries, bananes, jus d'orange, lait et café.
Le dîner : Sandwiches aux viandes froides ou au beurre d'arachide et confitures, condiments (mayonnaise, moutarde, etc.), boîtes à boire et pommes.

La collation : Emballages de fromage, biscuits au beurre d'arachide, boîtes à boire et mélanges de noix et fruits (mélange de bonbons, de noix, de raisins secs, etc.).

Si vous choisissez de faire votre épicerie, vous pouvez faire le plein au supermarché Publix, à l'angle de la FL 535 et de Vineland Road. Il y a un autre magasin un peu plus fin (et plus dispendieux), le supermarché Goodings, situé au centre commercial Crossroads de Disney, sur la FL 535 devant l'entrée de l'hôtel Plaza et de Downtown Disney. Finalement, il y a un Winn Dixie à environ un kilomètre et demi du centre commercial Crossroads, sur la FL 535.

Les coûts projetés des collations achetées sur place correspondent à deux boissons (café ou boisson gazeuse) et à une portion de maïs soufflé par jour. Les dîners aux comptoirs de restauration rapide sont composés des aliments habituels (hot-dogs, burgers, frites et boissons gazeuses ou café). Les déjeuners à l'hôtel comprennent des œufs, du bacon et des rôties, ou bien des crêpes avec bacon, tous accompagnés de jus, de lait et de café.

Le coût d'une journée à Walt Disney World

Une journée type coûte environ 406,40 $, sans compter l'hébergement et le transport, pour une famille de quatre personnes (maman, papa, un garçon de douze ans et une fillette de huit ans) qui ont leur voiture et se logent à l'extérieur de Walt Disney World. Ils prévoient rester dans la région pour une semaine, et se procurent donc un billet cinq jours – *Park Hopper*. Voici les détails :

COÛT D'UNE JOURNÉE À WALT DISNEY WORLD

Déjeuner pour quatre chez Denny's, taxes et pourboire inclus	26,00 $
Frais de stationnement à Epcot	6,00 $
Coût d'entrée d'une journée basé sur un billet cinq jours – *Park Hopper*	
Papa : billet pour adulte + taxe = 253,00 $ divisé par cinq jours	50,60 $
Maman : billet pour adulte + taxe = 253,00 $ divisé par cinq jours	50,60 $
Garçon : billet pour adulte + taxe = 253,00 $ divisé par cinq jours	50,60 $
Fillette : billet pour enfant + taxe = 204,00 $ divisé par cinq jours	40,80 $
Pause matinale (boissons gazeuses et cafés)	12,50 $
Dîner – restauration rapide (sans pourboire)	35,00 $
Pause en après-midi (boissons gazeuses et maïs soufflé)	18,00 $
Souper chez Italy (sans alcool), taxes et pourboire inclus	110,00 $
Souvenirs (chandails à l'effigie de Mickey pour les enfants) + taxe*	39,00 $
Total de la journée :	**440,10 $**

(Sans compter l'hébergement et le transport)

*Souriez et ne vous en faites pas, vous n'aurez pas à acheter des souvenirs tous les jours.

Les services de garde

Si vous désirez un peu de temps libre sans les enfants, voici quelques-unes de vos options :

Les garderies de soirée. Il n'y a pas de garderie à l'intérieur des parcs thématiques, mais les hôtels de villégiature du Magic Kingdom, reliés par monorail, (le BoardWalk Inn & Villas, le Yacht Club, Beach Club, de même que l'hôtel Animal Kingdom et le Wilderness Lodge) ont des garderies pour les enfants propres de plus de trois ans. Les services varient, mais les enfants peuvent généralement être gardés entre 16 h et minuit. On offre aux enfants du lait et des biscuits. De plus, des couvertures sont mises à leur disposition. Les temps de jeu sont supervisés, mais non organisés. Il y a suffisamment de jouets, de jeux et de jeux vidéos. Les hôtes des hôtels de villégiature et des sites de camping Disney peuvent utiliser ces services de gardiennage.

La plus importante des garderies (aussi appelées « clubs » ou « camps »), est le Neverland Club de l'hôtel Polynesian. Cette garderie et celle du Wilderness Lodge sont les deux seules à offrir un repas sous forme de buffet. Dans les autres, vous pouvez demander que le service à l'étage fournisse le repas de vos enfants. Le tarif pour un enfant de 4 à 12 ans est de 10 $ l'heure pour le premier enfant, et de 8 $ par enfant supplémentaire.

Nous recevons beaucoup de courrier encensant le Neverland Club. Un père de Snohomish, à Washington, écrit ceci :

Les garçons ont adoré ! Le choix offert par le buffet était varié. C'était éducatif (un préposé de Discovery Island avait emmené des animaux qu'il présentait aux enfants) et amusant. Il y en avait pour tous les âges : jouets, jeux et salle de jeux électroniques. Les garçons ont aussi reçu une photographie polaroïd avec Dingo (Goofy) ... le sourire des enfants témoigne du plaisir qu'ils ont eu. Le superviseur semblait très gentil et attentionné. Comme vous vous y attendez, tout est très professionnel, bien fait et les téléavertisseurs qu'ils nous ont prêtés nous ont complètement rassurés.

Un papa de Houston ajoute :

Il y a eu de formidables surprises au cours de notre séjour. L'une d'entre elles fut la garderie de l'hôtel Polynesian, le Neverland Club. Je peux vous assurer que nos enfants ont adoré le Neverland Club tout autant que Walt Disney World.

LES GARDERIES*

Hôtel	Programme	Âges	No de téléphone
Animal Kingdom	Simba's Clubhouse	4 à 12	(407) 938-4760
BoardWalk Inn &	Harbor Club	4 à 12	(407) 939-5100
Villas	Mouseketeer	4 à 12	(407) 824-3038
Contemporary	Clubhouse		
Grand Floridian	Mouseketeer Club	4 à 12	(407) 824-2985
The Hilton	Vacation Station	4 à 12	(407) 827-4000
Polynesian	Neverland Club	4 à 12	(407) 824-2000
Wilderness Lodge	Cub's Den	4 à 12	(407) 824-1083
Wyndham Palace	All about Kids	Tous	(407) 812-9300
Yacht Club et	Sandcastle Club	4 à 12	(407) 934-8000
Beach Club			

* Les garderies sont ouvertes en après-midi et en soirée. Il faut réserver.

Si vous logez à un hôtel de villégiature Disney qui n'offre pas de services de gardiennage et que n'avez pas de voiture, vous auriez intérêt à engager une gardienne à la chambre. Si vous désirez inscrire votre enfant au club d'un autre hôtel, sachez que le trajet par le réseau de transport Disney vous prendra de 45 à 90 minutes à l'aller comme au retour. Le temps de déposer le petit, il faudra déjà aller le chercher. Sachez que les garderies ferment à minuit ou même avant. Si vous avez l'intention de rentrer tard, le service de garde d'enfant à la chambre est la meilleure option.

Les garderies de jour. Kids Nite Out exploite également des garderies à Walt Disney World. Mises sur pied à l'origine pour les employés Disney, ces centres accueillent maintenant les enfants des visiteurs selon le nombre de places disponibles. Kids Nite Out offre principalement le même service qu'un club sauf que son programme éducatif est plus structuré. Pour faire garder vos enfants en matinée ou en début d'après-midi, Kids Nite Out est la seule option disponible. Par contre, le service fait relâche le samedi et le dimanche. Les enfants d'un an (marchant et mangeant comme les grands) à 12 ans sont les bienvenus. Pour réserver, composez le (407) 827-5444.

Les services de garde à la chambre. Trois entreprises proposent le service de garde à la chambre à Walt Disney World et dans les zones touristiques avoisinantes, dont la région du centre de congrès International Drive – Orange County, celle de Universal Studios en Floride et celle du Lake Buena Vista : Kids Nite Out (une entreprise KinderCare), All About Kids et Fairy Godmothers (oui, oui, les bonnes fées !). Kids Nite Out dessert également les hôtels du grand Orlando et même du centre-ville. Chaque entreprise propose les services de gardiens de plus de 18 ans, assurés, certifiés et formés en réanimation cardio-respiratoire. Certains gardiens ont une formation plus approfondie en santé et en premiers soins ou possèdent une formation en éducation. Tous les gardiens ont été évalués, leurs références et leur dossier judiciaire ont été vérifiés. En plus de prendre soin de votre enfant dans votre chambre d'hôtel, le gardien peut, si vous le désirez, amener votre enfant aux parcs thématiques ou l'amener participer à à d'autres activités de votre choix. Plusieurs gardiens se présentent équipés de livres de lecture, de cahiers à colorier et de jeux. Les trois entreprises proposent les services de gardiens bilingues.

LES SERVICES DE GARDE D'ENFANT

Service	Hôtels desservis	Gardiens	Frais minimum	Tarif horaire de base
Kid's Nite Out (407) 827-5444 kidsniteout.com	Tous les hôtels de la région d'Orlando, de Disney et de la région de WDW	Homme ou femme	4 heures	**1 enfant = 13,50** 2 enfants = 15,50 3 enfants = 17,50 4 enfants = 19,50
All About Kids (407) 812-9300 all-about-kids.com	Tous les hôtels de Disney et quelques-uns de la région de WDW	Homme ou femme	4 heures	**1 enfant = 11,00** 2 enfants = 12,00 3 enfants = 13,00 4 enfants = 14,00
Fairy Godmothers (407) 277-3724	Tous les hôtels de Disney et de la région de WDW	Mères ou grands-mères	4 heures	**1 enfant = 12,00** 2 enfants = 12,00 3 enfants = 12,00 4 enfants = 14,00

Les programmes spéciaux pour enfants

Lorsque le Disney Institute a supprimé tous ses programmes, mis à part ceux destinés aux groupes organisés, la majorité des programmes éducatifs pour enfants ont été abandonnés. De nombreux nouveaux programmes pour enfants sont maintenant disponibles, mais ils n'ont pas la teneur éducative de l'ancien curriculum.

Jouer aux pirates. Ce programme mis sur pied au Grand Floridian est offert à tous les villégiateurs de Walt Disney World âgés entre 4 et 10 ans. Les enfants portent des mouchoirs de tête et naviguent jusqu'aux autres hôtels situés le long de Bay Lake et du Seven Seas Lagoon en suivant une carte au trésor, découvrant des indices tout au long du parcours. Au port d'arrivée, les enfants engloutissent un goûter et découvrent le trésor enfoui (des piécettes, des perles et des insectes en caoutchouc !). La croisière de deux heures opère le lundi, le mercredi et le jeudi au tarif de

Frais additionnels	Délai d'annulation	Modes de paiement	Ce que les gardiens ne font pas
5,00 $: frais de transport 7,00 $ par heure supp. après 21 h, 9,00 $ de frais d'enregistrement en ligne	4 heures avant le service	Visa, MC, AmEx, D ; pourboire en argent comptant	Transport, baignade ou bain
5,00 $: frais de transport 7,00 $ par heure supplémentaire après 21 h	3 heures avant le service	Réservation par carte de crédit ; paiement comptant ou chèque de voyage ; pourboire en argent	Transport ou bain
8,00 $: frais de transport 7,00 $ par heure supplémentaire après 22 h	3 heures avant le service	Paiement comptant ou par chèque de voyage	Transport ou bain ; baignade à la discrétion du gardien

23,00 $ par enfant. Les réservations peuvent être faites jusqu'à 120 jours à l'avance en appelant au (407) WDW-DINE.

Prendre le thé à Wonderland. Bien que le nom de cette soirée magique suffise à donner des boutons aux garçons, tous les enfants de 3 à 10 ans sont invités au Grand Floridian du lundi au samedi à 13 h 30, moyennant 25,00 $ par enfant. Le programme propose de cuisiner des petits gâteaux, de préparer des arrangements floraux et de prendre le goûter et le thé avec les personnages d'Alice au Pays des Merveilles. Les réservations peuvent être faites jusqu'à 120 jours à l'avance en composant le (407) WDW-DINE.

Déguster une glace avec Mickey. À 15 h, le Garden Grill du pavillon Land, à Epcot, propose une pause glacée. Il en coûte 6,99 $, taxe et pourboire en sus, par personne, petits ou grands. On peut se sucrer le bec en compagnie de Mickey (et les livrets d'autographes se retrouvent gommés de glace au chocolat !). Il n'y a habituellement pas foule, et c'est une pause rafraîchissante qui donne l'occasion de rencontrer Mickey.

Pêcher en haute mer. Il existe des excursions de pêche d'une heure sur Bay Lake et Lake Buena Vista pour les enfants de 6 à 12 ans. Il en coûte 80,00 $ par enfant. Des activités du même genre sont offertes aux enfants de 6 à 12 ans, au coût de 30,00 $ aux hôtels suivants : le BoardWalk, le Yacht Club et le Beach Club. Des rafraîchissements sont servis et l'équipement de pêche est fourni. Les parents ne sont pas admis. Pour réserver ou obtenir de plus amples informations, composez le (407) WDW-PLAY.

À notre avis, les excursions sont beaucoup trop courtes pour ce prix. Le temps que les enfants montent à bord, que le bateau se rende à l'endroit désigné, que les instructions soient données et que les lignes de pêche soient bien appâtées, il ne reste que peu de temps pour pêcher. Si vous désirez pêcher avec votre enfant, louez un canot et des cannes à pêche au Bike Barn du site de camping de Fort Wilderness ; ce service est offert tous les jours.

Visiter Magic Kingdom. Le MagicTour est une visite guidée du parc Magic Kingdom d'une durée de deux heures, et s'adresse à toute la famille. Les enfants en poussette sont également les bienvenus. La visite, en plus de permettre la découverte de Magic Kingdom, entraîne les visiteurs sur la piste d'un personnage qu'ils découvriront à la fin du tour. Attention, vous aurez à vous promener d'une contrée à l'autre en sautant à la corde, en bondissant et en marchant en crabe ! Il y a habituellement une intrigue à dénouer, par exemple sauver Wendy des mains du Capitaine Crochet, qui oriente les visiteurs vers un personnage-clé (en l'occurrence Wendy). Vous voyez un peu le principe ? La visite débute à

10 h chaque matin. En plus du coût d'entrée au parc, vous devrez débourser 25,00 $ par personne. Le groupe peut accueillir jusqu'à 18 participants. Les réservations peuvent être faites jusqu'à un an à l'avance en appelant au (407) WDW-TOUR.

Monter « en voiture ! ». Il faut être âgé d'au moins 10 ans pour participer à la visite guidée de deux heures des trains de Disney le lundi, le jeudi et le samedi. Dès 7 h 30, vous vous joindrez à l'équipage du Walt Disney World Railroad pour la préparation matinale des trains à vapeur. En plus de l'entrée au Magic Kingdom, comptez 30 $ par personne. Pour de plus amples informations ou pour réserver, composez le (407) WDW-TOUR.

Troisième partie
L'hébergement

Lorsque vous voyagez avec des enfants, l'hôtel est votre chez-vous loin de la maison, votre port d'attache, votre havre de paix. Séjourner à l'hôtel, une activité habituellement réservée aux adultes, représente une aventure extraordinaire pour les enfants. Ils apprécient chaque petit détail : patauger à volonté dans la piscine ou aller chercher des glaçons dans une distributrice bruyante. Bien sûr, il est primordial que vos enfants se sentent en sécurité. Toutefois, un hôtel qu'ils apprécient est une valeur ajoutée au voyage.

En vérité, vu leur jeune âge et leur inexpérience, les enfants sont beaucoup moins exigeants que les adultes quant au choix de l'hôtel. Une chambre exiguë et la petite piscine d'un motel modeste rendront les enfants aussi heureux qu'un chien devant une côtelette. Par contre, les enfants ont une mémoire d'éléphant et la norme hôtelière établie risque fort de devenir leur standard comparatif. Une famille de Gary en Indiana a séjourné au chic Yacht Club de Walt Disney World après avoir entendu parler de son superbe complexe aquatique (en effet !). Deux années plus tard, cette même famille a opté pour l'hôtel All-Star de Disney qui coûte environ un tiers du prix. Résultat : leur jeune de 10 ans a fait la gueule toute la semaine. Si vous avez un budget à respecter, choisissez d'abord des établissements plus modestes. Il sera plus facile de gravir les échelons par la suite selon ce que vos finances vous permettront.

Le jeu en vaut-il la chandelle ?

En voulant faire des économies de bout de chandelle, vous risquez de brûler cette dernière par les deux extrémités ! Il est bien évident qu'il est impossible de s'amuser à Walt Disney World en étant mort de fatigue. Croyez-nous, Walt Disney World est l'endroit tout indiqué pour faire de fausses économies. De nombreuses familles cherchant à couper dans les dépenses réservent un hôtel économique et se retrouvent si loin de Walt Disney World qu'il devient quasi impossible de retourner à l'hôtel en après-midi pour une baignade ou une sieste. En tentant de passer toute la journée aux parcs thématiques, les membres de la famille se fatiguent si vite que leurs vacances de rêve se transforment en sautes d'humeur et en épuisement. À notre avis, si vous voyagez avec un enfant de 12 ans ou moins, il est préférable d'opter pour un hôtel à proximité des parcs. Pour rester sain d'esprit, pour vous amuser et ne pas « brûler » votre investissement de vacances, il est essentiel de prendre un moment de repos en après-midi. N'allez pas croire que nous faisons de la publicité gratuite pour les hôtels Disney. Il y a, vous le constaterez, des douzaines d'hôtels à l'extérieur de Walt Disney World qui sont aussi près, sinon plus, de certains parcs thématiques que les hôtels de villégiature de Disney. Tout ce qui compte, c'est que vous puissiez rentrer à l'hôtel quand le besoin s'en fait sentir.

Quelques considérations de base

Les coûts

Une nuit dans un hôtel de Walt Disney World ou des environs peut coûter de 30 $ à 500 $. Honnêtement, si vous êtes prêt à vous passer d'un peu de luxe et que 10 à 25 minutes de déplacement ne vous gênent pas, vous pouvez réduire considérablement vos frais d'hébergement en séjournant dans un hôtel à l'extérieur du site. Les hôtels Disney tendent à être plus dispendieux, bien qu'ils soient généralement de grande qualité et qu'ils offrent aux villégiateurs des avantages indéniables.

Le coût d'un séjour dans un hôtel Disney

Grand Floridian	de 339 $ à 2 010 $
Polynesian Resort	de 299 $ à 2 490 $
Animal Kingdom Lodge	de 239 $ à 1 575 $
Swan (Westin)	de 325 $ à 519 $
Dolphin (Sheraton)	de 325 $ à 519 $
Beach Club Resort and Villas	de 289 $ à 2 110 $
Yacht Club Resort	de 289 $ à 2 110 $
BoardWalk Inn	de 289 $ à 2 045 $
BoardWalk Villas	de 289 $ à 449 $ (studio)
Contemporary Resort	de 239 $ à 1 115 $
Wilderness Lodge & Villas	de 279 $ à 955 $
Old Key West Resort	de 254 $ à 369 $ (studio)
Coronado Springs Resort	de 133 $ à 1 105 $
Caribbean Beach Resort	de 133 $ à 209 $
Port Orleans Resort	de 133 $ à 209 $
All-Star Resorts	de 77 $ à 124 $
Pop Century Resorts	de 77 $ à 124 $

Le coût d'un séjour dans un hôtel du Disney Village Hotel Plaza	
DoubleTree Guest Suites Resort	de 200 $ à 300 $
Le Hilton Resort	de 195 $ à 659 $
Wyndham Palace	de 170 $ à 210 $
Hotel Royal Plaza	de 170 $ à 210 $
Courtyard (Marriott)	de 160 $ à 180 $
Grosvenor Resort	de 135 $ à 220 $
Best Western Hotel	de 120 $ à 140 $

L'emplacement et le transport

Une fois le budget établi, il faut tracer l'itinéraire des vacances. Visiterez-vous les quatre parcs thématiques ou vous contenterez-vous d'un seul ou encore de deux ? Si vous comptez utiliser votre propre voiture, l'emplacement de votre hôtel importe peu, sauf si vous prévoyez passer la majorité de votre temps à Magic Kingdom. Dans ce cas, le réseau de transport Disney est plus efficace puisqu'il vous évitera de passer par le *Transportation and Ticket Center* (TTC) et vous déposera directement à l'entrée du parc.

Les hôtels à proximité du monorail, le Grand Floridian, le Contemporary et le Polynesian, sont idéaux pour visiter Magic Kingdom, tandis que le Wilderness y est directement relié par traversier.

Pour Epcot et Disney-MGM Studios, le BoardWalk Inn, le BoardWalk Villas, le Yacht Club et le Beach Club, le Swan et le Dolphin sont parfaits. Bien qu'ils soient tous situés à distance de marche de l'entrée International Gateway (l'entrée secondaire) d'Epcot, vous pouvez vous y rendre par bateau. Des traversiers relient également les hôtels d'Epcot à Disney-MGM Studios. Les hôtels d'Epcot sont géniaux pour les visiteurs qui désirent partager leur temps entre Epcot et Disney-MGM Studios. Soulignons que les hôtels de villégiature à distance de marche de l'entrée secondaire d'Epcot sont dispendieux et qu'il vous faudra marcher longtemps pour vous rendre à Future World, la section plus familiale d'Epcot.

Si vous prévoyez utiliser le réseau de transport pour visiter les quatre parcs thématiques principaux et au moins un parc aquatique, réservez un hôtel central bien desservi par ce réseau. Les hôtels d'Epcot, le Polynesian, le Caribbean Beach, le Old Key West ou le Port Orleans répondent à ce critère.

Quoiqu'ils ne soient pas aussi centraux, le All-Star, Animal Kingdom, et le Coronado Springs, tous situés à proximité d'Animal Kingdom, sont toutefois très bien desservis par le réseau d'autobus couvrant tout le territoire Disney. Des hôtels indépendants le long de la route US 192, près de l'entrée de Walt Disney World, se trouvent également à quelques minutes d'Animal Kingdom. L'hôtel Wilderness et le camping Fort Wilderness sont très mal desservis par le réseau de transport. Les autobus sont aussi moins fréquents au Old Key West qu'aux autres hôtels Disney.

L'aller-retour aux parcs thématiques

Pour les visiteurs séjournant à Walt Disney World. À trois exceptions près, la façon la plus rapide de vous rendre aux parcs depuis votre hôtel est d'y aller en voiture. Bien que de nombreux villégiateurs optent pour le réseau de transport Disney et apprécient ne pas avoir à conduire, vous gagnerez du temps à vous déplacer en voiture, sauf dans les cas suivants : 1) Si vous pouvez prendre le monorail à proximité de votre hôtel (le Grand Floridian, le Polynesian ou le Contemporary) en direction du Magic Kingdom ; 2) si vous prenez l'autobus ou le traversier à partir de n'importe quel hôtel Disney en direction de Magic Kingdom ; ou 3) si vous vous rendez à Epcot en monorail à partir du Polynesian en passant par le TTC.

Si vous séjournez au Polynesian, vous pouvez prendre le monorail se rendant directement au Magic Kingdom ou bien marcher (une centaine de mètres) jusqu'au TTC pour prendre celui en direction d'Epcot. À la croisée du réseau, le Polynesian est sans contredit l'hôtel le mieux situé. Que vous soyez à Magic Kingdom ou à Epcot, vous pouvez rapidement et aisément retourner à votre hôtel au besoin. Intéressant ? Certes, mais il en coûte 300 $ à 400 $ la nuit. Au second rang en terme de commodité, on retrouve le Grand Floridian et le Contemporary, qui sont également situés à proximité du monorail, mais qui sont tout aussi onéreux, sinon plus, que le Polynesian. Des hôtels Disney plus abordables vous permettent d'accéder à Magic Kingdom par autobus ou par traversier, préférables dans ce cas à l'utilisation de la voiture.

Le temps de déplacement en voiture pour ceux qui logent à l'extérieur de Disney. Pour les vacanciers qui séjournent en dehors du site, nous avons évalué le temps de déplacement à partir de différentes zones d'hébergement vers les principaux parcs thématiques. Ajoutez-y tout de même quelques minutes pour régler les frais de stationnement. Une fois votre voiture garée au TTC (le stationnement de Magic Kingdom), calculez de 20 à 30 minutes pour vous rendre au parc. Pour accéder à Epcot à partir de son stationnement, ajoutez de 7 à 10 minutes. À Disney-MGM Studios et à Animal Kingdom, il faut compter de 5 à 10 minutes pour vous rendre à l'entrée. Si vous ne vous êtes pas procuré vos laissez-passer à l'avance, comptez 10 à 20 minutes de plus.

EN VOITURE AUX PARCS THÉMATIQUES

Durée du trajet en minutes vers le :	Stationnement de Magic Kingdom	Stationnement d'Epcot	Stationnement de Disney-MGM Studios	Stationnement d'Animal Kingdom
à partir de :				
Centre-ville d'Orlando	35	31	33	37
North International Dr. et Universal Studios	24	21	22	26
Central International Dr.-Sand Lake Road	26	23	24	27
South International Dr. et Sea World	18	15	16	20
La FL 535	12	9	10	13
La FL 192, au nord de la I-4	10-15	7-12	5-10	5-10
La FL 192, au sud de la I-4	10-18	7-15	5-13	5-12

Le service de navette externe. Beaucoup d'hôtels de la région de Walt Disney World offrent un service de navette vers les parcs thématiques. Ce service vous libère du souci de faire l'aller-retour jusqu'aux parcs ; les navettes vous déposent tout près de l'entrée (sauf à Magic Kingdom), et vous économisez ainsi les frais de stationnement. En contrepoint, il faut vous attendre à ce que la navette ne vous y conduise pas nécessairement très tôt (ce qui est essentiel si vous suivez nos conseils) et ne vous ramène pas précisément à l'heure désirée. Sachez également qu'il n'y a pas de navettes additionnelles aux heures d'ouverture et de fermeture. Le matin, vous ne trouverez peut-être pas de place assise. De même, à la fermeture ou en cas de pluie abondante, vous aurez à jouer du coude pour monter à bord. S'il n'y a pas assez de place, vous devrez attendre la prochaine navette pendant 30 à 60 minutes.

La commodité. Il peut sembler évident qu'un hôtel situé à proximité soit plus pratique qu'un autre plus éloigné. Pourtant, rien n'est aussi simple à Walt Disney World. Si vous séjournez dans un hôtel Disney et que vous utilisez le réseau de transport Disney, vous devrez marcher de 5 à 10 minutes vers l'arrêt d'autobus, la station de monorail ou le quai du traversier, selon le cas. Une fois arrivé, la fréquence de passage des autobus, des monorails et des traversiers varie entre 10 et 20 minutes. Il y aura donc un temps d'attente. Ensuite, le véhicule devra sûrement faire divers arrêts avant d'arriver à bon port et il est fort probable que le trajet ne soit pas direct. Par contre, à l'arrivée, il vous déposera près de l'entrée du parc thématique. Le retour à l'hôtel s'effectue de la même façon et la durée du parcours demeure sensiblement la même.

Que vous séjourniez à un hôtel Disney ou non, si vous vous déplacez en voiture, voici le topo. Une marche d'une à deux minutes vous conduira de votre chambre à la voiture. Vous vous rendrez alors directement au parc thématique où vous réglerez les frais de stationnement ou présenterez votre carte d'identité Disney pour garer votre voiture gratuitement (si vous êtes un villégiateur Disney). Le personnel Disney vous indiquera un espace de stationnement. Si vous arrivez tôt, vous pourrez peut-être garer votre voiture près de l'entrée (sauf à Magic Kingdom). Si votre voiture est garée à bonne distance, un tramway menant à l'entrée du parc passera vous prendre dans les cinq minutes.

À Magic Kingdom, l'entrée du parc thématique est séparée du stationnement par le TTC et le lagon. Après avoir garé votre voiture, vous prenez le tramway jusqu'au TTC pour ensuite prendre le traversier ou le monorail (à votre guise) qui vous permettra de traverser le lagon et d'accéder au parc, ce qui occasionne une sérieuse perte de temps. Cela dit, la seule façon d'éviter ce contretemps est de séjourner dans un hôtel Disney et de se rendre à Magic Kingdom par autobus, traversier ou monorail. Heureusement, tous les autres parcs thématiques sont adjacents à leur aire de stationnement.

Puisque les familles passent généralement plus de temps à Magic Kingdom qu'aux autres parcs et qu'il est primordial de pouvoir rentrer à l'hôtel pour se reposer, le fait d'avoir à traverser le lagon peut influencer votre choix d'hébergement. Traverser le lagon à l'aller et au retour est une embûche de taille. Le parcours d'une demi-heure pour se rendre en voiture de votre hôtel à Animal Kingdom, Disney-MGM Studios ou Epcot se transforme en un trajet de plus d'une heure dans le cas du Magic Kingdom. Si vous séjournez dans un hôtel Disney et que vous utilisez le réseau de transport, hormis l'attente de 5 à 10 minutes pour l'autobus, le monorail ou le traversier, celui-ci vous mènera directement de l'entrée de Magic Kingdom à votre hôtel en évitant le lagon et le TTC.

Les repas

Si vous n'avez pas de voiture, il faut penser aux repas au moment de choisir l'hébergement idéal. Autrement, vous pourrez aller où bon vous semble. Si vous prévoyez utiliser le réseau de transport Disney (pour les villégiateurs) ou les navettes des autres hôtels, vous devrez soit manger aux parcs thématiques, à l'hôtel ou dans des restaurants situés à proximité. Si votre hôtel propose différents choix ou s'il y a des restaurants à distance de marche, il n'y a pas de problème. Cependant, si votre hôtel est plutôt isolé et n'offre qu'un choix de repas limité, vous aurez l'impression d'être en voyage de pêche et de n'attraper que du brochet (ce qui est déjà arrivé à certains amis) !

À Walt Disney World, bien qu'il soit relativement aisé et rapide de se rendre d'un hôtel Disney ou du site de camping aux parcs thématiques, le déplacement d'un hôtel à l'autre est beaucoup plus complexe. Les hôtels Disney suivants sont plus isolés et le choix de repas y est restreint : le Old Key West, le Caribbean Beach, le All-Star, le Pop Century, l'hôtel Animal Kingdom, le Coronado Springs et le Wilderness Lodge, de même que le camping Fort Wilderness.

Si vous cherchez un hébergement de style condo afin de préparer des repas plus élaborés que ce que permet votre glacière, les meilleures options de Walt Disney World demeurent les autocaravanes et les cabanes en bois rond du site de camping Fort Wilderness. D'autres appartements avec cuisinette sont disponibles à BoardWalk Villas, Old Key West et Beach Club Villas, mais le coût y est beaucoup plus élevé. À l'extérieur de Walt Disney World, il y a de plus en plus de condos à louer, dont certains à très bon prix. Consultez la rubrique sur l'hébergement à l'extérieur de Walt Disney World, un peu plus loin dans ce chapitre.

La taille du groupe

Les grandes familles et les groupes voudront sans doute connaître le nombre maximal de personnes pouvant séjourner dans une chambre d'hôtel Disney. Sachez cependant qu'il faudrait être Lilliputien pour être confortable dans une chambre occupée à pleine capacité. Les groupes nécessitant deux chambres ou plus devraient plutôt penser aux condos, aux suites et aux villas. Les deux choix d'hébergement Disney les plus avantageux pour les groupes de cinq à six personnes sont les autocaravanes et les cabanes en bois rond du site de camping Fort Wilderness. Chacun de ces endroits peut héberger six personnes, plus un enfant ou un bébé au berceau. Si vous êtes plus de six, vous aurez besoin de deux chambres d'hôtel, d'une suite (voir l'hôtel Wilderness ci-dessous) ou d'un condo.

Hôtel	Occupation par chambre
All-Star	4 personnes + 1 enfant au berceau
Animal Kingdom Lodge	4 personnes + 1 enfant au berceau
Beach Club Resort	5 personnes + 1 enfant au berceau
BoardWalk Inn	4 ou 5 personnes + 1 enfant au berceau
BoardWalk Villas	8 personnes + 1 enfant au berceau
Caribbean Beach Resort	4 personnes + 1 enfant au berceau
Contemporary Resort	5 personnes + 1 enfant au berceau
Coronado Springs Resort	4 personnes + 1 enfant au berceau
Port Orleans Riverside Resort	4 personnes + 1 enfant au berceau ou en lit gigogne
Dolphin (Sheraton)	4 personnes
Fort Wilderness Homes	6 personnes + 1 enfant au berceau
Grand Floridian Beach Resort	4 ou 5 personnes + 1 enfant au berceau
Old Key West Resort	8 personnes + 1 enfant au berceau
Polynesian Resort	5 personnes + 1 enfant au berceau
Pop Century Resort	4 personnes + 1 enfant au berceau
Port Orleans FrenchQuarter Resort	4 personnes + 1 enfant au berceau
Swan (Westin)	4 personnes
Wilderness Lodge	4 personnes + 1 enfant au berceau ; suites avec lits superposés accueillant 6 personnes
Yacht Club Resort	5 personnes + 1 enfant au berceau

La chambre à partager. Si vous partagez une chambre avec vos enfants, ne vous attendez pas à ce qu'ils s'endorment si la lampe ou le téléviseur est allumé. En règle générale, vous devez vous coucher tous en même temps. Nous vous recommandons de convenir d'un compromis, soit un peu plus tôt pour vous mais un peu plus tard que l'heure permise la fin de semaine pour les enfants. Conformez-vous à vos rituels de coucher, comme celui de lire une histoire avant d'éteindre la lampe.

À l'intérieur ou à l'extérieur du royaume : les avantages et les inconvénients

1. Le coût. Si l'argent est votre principale préoccupation, il est moins dispendieux de loger à l'extérieur de Walt Disney World.

2. La facilité d'accès. Même si vous séjournez à l'intérieur de Walt Disney World, vous êtes dépendant d'un moyen de transport. Il est peut-être plus aisé d'utiliser le réseau de transport Disney, mais (sauf si vous vous rendez au Magic Kingdom votre voiture reste le moyen le plus rapide, le plus efficace et le plus souple pour vos déplacements). Par exemple, si vous êtes à Epcot et que vous désirez retourner au Grand Floridian avec les enfants pour faire une sieste, oubliez le monorail. Ce sera beaucoup plus rapide en voiture.

Un lecteur de Raynham au Massachussetts ayant séjourné au Caribbean Beach (qu'il a grandement apprécié) nous a écrit :

Malgré le fait que l'hôtel soit desservi par le réseau d'autobus, je vous conseille de louer une voiture si votre budget le permet. Les autobus ne vous amènent pas directement à destination et vous devez souvent faire un transfert au TTC. Trouver une place dans l'autobus du matin ne pose pas de problème puisqu'il est permis de rester debout. Par contre, prendre l'autobus pour rentrer après une journée épuisante implique parfois une longue période d'attente.

Il est important de souligner que le réseau de transport Disney est aussi efficace que possible. Peu importe où vous allez, vous aurez rarement plus que 15 ou 20 minutes à attendre l'autobus, le monorail ou le traversier. Le réseau dessert uniquement les villégiateurs Disney et les voyageurs doivent s'attendre aux inconvénients propres à tout réseau de transport en commun : les horaires ne correspondent pas nécessairement aux vôtres ; des transferts sont parfois nécessaires ; les arrêts sont fréquents ; et vous perdez du temps à l'embarquement et au débarquement des nombreux passagers, en plus d'avoir à relever le défi de comprendre le fonctionnement d'un réseau complexe.

3. Le scindement du groupe. Si vous pensez vous séparer pour visiter (ce qui se produit régulièrement dans le cas de familles dont les groupes d'âges varient), séjourner à Disney offre davantage de possibilités de transport et permet une plus grande indépendance. Par exemple, maman et papa peuvent utiliser la voiture et revenir à l'hôtel pour un souper tranquille et se coucher tôt tandis que les ados restent au parc pour assister au défilé et aux feux d'artifice.

4. L'alimentation. Si votre groupe engloutit des tonnes de nourriture, vaut mieux séjourner à l'extérieur de Disney, où il sera moins cher de gaver la marmaille.

5. Les autres attractions de la région d'Orlando. Si vous prévoyez visiter Sea World, Kennedy Space Center, les parcs thématiques de Universal ou d'autres attractions, il serait plus pratique de séjourner hors du site. Par contre, si vous pensez ne faire qu'une seule escapade à Universal ou à Orlando, ne réservez pas un hôtel à mi-chemin entre Disney et Orlando. N'oubliez pas la règle d'or : « Séjourner à proximité pour permettre un repos en mi-journée ».

L'hébergement à Walt Disney World

Les avantages de séjourner à Walt Disney World

En plus de la proximité des parcs – et de l'accessibilité au Magic Kingdom plus spécialement –, les hôtes des hôtels et des sites de camping Disney obtiennent différents privilèges dont ne peuvent profiter les visiteurs d'un jour. Bien que certains d'entre eux ne soient que des attrapes publicitaires, d'autres s'avèrent fort rentables. Voici les différents avantages :

1. L'entrée anticipée aux parcs thématiques. Les villégiateurs (sauf les hôtes des hôtels indépendants de Disney Village Hotel Plaza) peuvent chaque jour accéder à un parc donné une heure avant l'ouverture officielle. Les villégiateurs obtiennent également certains privilèges sur les droits d'accès dont un passeport pour le même nombre de jours que leur séjour de même que des rabais pour les parcs aquatiques. Ces derniers avantages peuvent changer sans préavis, mais le programme d'entrée anticipée est bien ancré.

L'entrée anticipée pourrait vous rendre service en haute saison tandis que les parcs sont envahis de touristes. Si vous acceptez de vous lever avant le soleil et d'arriver au parc dès 6 h 30, vous profiterez de la visite la moins achalandée et la moins stressante de vos vacances. Elle est également appréciable hors-saison lorsque les parcs ferment plus tôt. Bien que la foule soit moins dense en cette période, ajouter une heure de visite à l'horaire abrégé d'hors-saison augmente sensiblement le nombre d'attractions que vous pourrez voir.

2. Les hôtels à thème. Tous les hôtels Disney se distinguent des hôtels réguliers par leur thématique. Chaque hôtel Disney propose un décor conçu pour vous sortir de l'ordinaire ou pour vous faire rêver. Vous trouverez à la page 100 la liste des différents hôtels avec leurs thèmes respectifs.

Les thématiques plaisent aux enfants ; elles stimulent leur imagination et transforment l'hôtel en un lieu d'aventure mémorable. Certains de ces hôtels sont mieux réussis que d'autres. Le Wilderness, par exemple, est extraordinaire. Le hall d'entrée de huit étages découvre un plafond boisé soutenu par des colonnes géantes faites de troncs d'arbres regroupés. Un seul regard vous donne la sensation de grands espaces. Romantique et recluse, l'auberge est idéale pour les enfants.

L'hôtel Animal Kingdom est une réplique des pavillons utilisés pour les grands safaris du Kenya et de la Tanzanie, abritant sa propre réserve faunique africaine. C'est de loin l'hôtel Disney le plus exotique. Il est parfait pour les familles avec des enfants.

Le Polynesian, tout aussi haut en couleur, vous transporte dans les îles du Pacifique. C'est génial pour les familles. Les chambres en bordure du plan d'eau de l'édifice Moorea offrent une vue imprenable sur le château de Cendrillon et les feux d'artifice de Magic Kingdom situé de l'autre côté du lagon. Le mot « Polynésie » ne signifie peut-être rien pour eux, mais les enfants adorent l'ambiance et le style de cette auberge éclairée par de nombreux flambeaux.

Grandeur, nostalgie et privilège priment au Grand Floridian, au Yacht Club, au Beach Club et au BoardWalk Inn & Villas. Bien qu'ils soient construits selon différents plans d'hôtels de bord de mer de la côte Est, ces pavillons se ressemblent beaucoup. Leurs particularités thématiques sont si subtiles que le visiteur ne les distingue habituellement pas. Les enfants apprécient davantage l'originalité des installations de baignade de ces hôtels que les thèmes eux-mêmes.

L'hôtel Port Orleans n'a peut-être pas réussi à recréer la magie et la volupté du quartier français de la Nouvelle-Orléans, mais avouons qu'il serait difficile de reproduire cette atmosphère en version « édulcorée » Disney. Toutefois, la promenade riveraine du Port Orléans rend bien le Mississippi d'antan. Le Old Key West, lui, baigne dans les bayous du détroit de la Floride. Le thème du Caribbean Beach est beaucoup plus convaincant de nuit grâce à son éclairage original. De jour, il a plutôt l'air d'un complexe de condominiums tout droit sorti de Miami. Les enfants aiment bien tous ces hôtels, même si la thématique présentée leur est totalement étrangère. Ces quatre hôtels de villégiature sont plus étendus et les édifices sont de taille raisonnable (deux ou trois étages tout au plus).

Le Coronado Springs propose différents styles d'architecture du Mexique et du Sud-Ouest américain. Bien que le lac soit très joli et l'hôtel attrayant et invitant, son thème (à l'exception de l'espace de baignade) n'est pas particulièrement stimulant. On y a davantage l'impression de séjourner dans un club de loisirs de Scottsdale en Arizona qu'à un hôtel Disney.

Le All-Star compte 30 immeubles de trois étages en forme de « T » totalisant près de 6 000 chambres. Il compte 15 zones thématiques, dont cinq célébrant le sport (le surf, le basket-ball, le tennis, le football et le baseball), cinq rappelant le cinéma hollywoodien et cinq autres ayant trait à la musique. Le style des pavillons, avec leurs entrées en forme de notes de musique, de bouteilles de Coke ou de ballons de football, est quelque peu juvénile, sacrifiant la beauté et la grâce à l'énergie et à l'innovation. Les chambres, plutôt petites, offrent un décor similaire à celle d'un adolescent. Le thème n'est par ailleurs pas très réussi ;

le All-Star manque de sports, de cinéma et de musique. Mais pour les enfants, séjourner au All-Star équivaut à habiter un minigolf. Ils n'en auront jamais assez des ballons, des guitares et des dalmatiens géants. C'est sans doute le type d'ambiance que l'on retrouverait partout si Disney avait demandé à des jeunes de 12 ans de décorer ses hôtels. Pour eux, c'est génial et ils s'y sentent comme chez eux.

Le nouveau complexe Pop Century semble avoir été cloné sur le All-Star : des immeubles de trois étages de style motel entourent une piscine, une aire de restauration et l'îlot de réception. Mis à part l'emplacement, tout ce qui distingue le All-Star du Pop Century tient à la décoration. Tandis que le distingué (s'il est possible de le qualifier de la sorte !) All-Star emprunte ses icônes aux domaines sportif, musical et cinématographique, le Pop Century symbolise divers classiques des décennies du 20ᵉ siècle. Vous y verrez des tricycles *Big Wheel* géants, des cerceaux de hula-hoop colossaux et autres excentricités du genre.

Malgré les apparences, le Contemporary, le Swan et le Dolphin n'ont pas de réelle thématique, quoique leur architecture soit intéressante. Le Contemporary est un édifice en forme de « A » d'une quinzaine d'étages traversé en son centre par le monorail. La vue des chambres de la tour du Contemporary compte parmi les plus jolies de Walt Disney World. Le Swan et le Dolphin sont pour leur part aussi imposants qu'étranges. Conçus par Michael Graves, ce sont d'excellents exemples d'architecture « de divertissement ». Malheureusement, on a forcé la note sur la décoration des chambres, laquelle est trop chargée, voire même vulgaire. Les enfants sont renversés par les sculptures géantes sises au sommet du Dolphin et du Swan et adorent voir le monorail traverser le Contemporary.

Les thèmes des hôtels Disney

Hôtel	Thème
All-Star Resorts	Le sport, la musique et le cinéma
Animal Kingdom Lodge	Un pavillon de réserve faunique africaine
Beach Club & Villas	Un hôtel balnéaire de la Nouvelle-Angleterre des années 1870
BoardWalk Inn	Un hôtel de bord de mer de la côte Est du début du 20e siècle
BoardWalk Villas	Des villas de bord de mer de la côte Est du début du 20e siècle
Caribbean Beach Resort	Les îles des Caraïbes
Contemporary Resort	Le futur tel que conçu par les générations passées et actuelles
Coronado Springs Resort	Le Mexique et le Sud-Ouest américain
Dolphin (Sheraton)	Un hôtel moderne de la Floride
Grand Floridian Beach Resort	Un hôtel de luxe au tournant du siècle
Old Key West Resort	Key West
Polynesian Resort	Les îles du Sud et Hawaii
Pop Century	Les symboles des différentes décennies du 20e siècle
Port Orleans	La Nouvelle-Orléans au tournant du siècle et le Mardi-gras
Swan (Westin)	Un hôtel moderne de la Floride
Wilderness Lodge	Un simili parc national au tournant du 20e siècle
Yacht Club Resort	Un hôtel balnéaire de la Nouvelle-Angleterre des années 1880

3. Les complexes aquatiques. Les hôtels Disney offrent les installations de baignades les plus novatrices qui soient. Exotiques, superbement aménagés et équipés de glissades d'eau, de fontaines et de pataugeoires, les complexes aquatiques des hôtels Disney sont à des années-lumières de la traditionnelle piscine. Certains hôtels dont le Grand Floridian et le Polynesian disposent même d'une plage de sable au bord du lagon. D'autres, comme le Caribbean Beach et le Port Orleans, proposent des aires de jeu élaborées près des piscines. Précisons, pour éviter toute confusion, que nous parlons ici des installations des hôtels Disney et non des parcs aquatiques tels que Typhoon Lagoon et Blizzard Beach.

La classification des piscines des hôtels Disney	
Hôtel	**Classification**
1. Yacht & Beach Club Resorts (piscine commune)	★★★★★
2. Port Orleans	★★★★★
3. Animal Kingdom Lodge	★★★★
4. Polynesian Resort	★★★★
5. BoardWalk Inn & Villas	★★★★
6. Coronado Springs	★★★★
7. Wilderness Lodge & Villas	★★★★
8. Dolphin	★★★★
9. Swan	★★★★
10. Grand Floridian	★★★★
11. Contemporary	★★★★
12. Old Key West	★★★
13. Caribbean Beach	★★★
14. Pop Century Resorts	★★★
15. All-Star Resorts	★★★
16. Camping Fort Wilderness	★★★
17. Shades of Green	★★★

4. Les services de garde. Différents services de garde et divers programmes pour enfants sont offerts aux villégiateurs des hôtels et des sites de camping Disney. Tous les hôtels reliés par le monorail ainsi que plusieurs autres hôtels Disney proposent des clubs et des services de garde thématiques où les enfants âgés entre 3 et 12 ans peuvent s'amuser lorsque leurs parents veulent sortir.

Leurs tarifs sont assez élevés, mais ces clubs offrent d'excellents services faisant la joie des enfants comme des parents. Malheureusement, ils ne sont ouverts que le soir et il n'y en a pas dans tous les hôtels Disney. Si vous séjournez dans un hôtel Disney n'offrant pas ces services, vous pouvez profiter des services privés de garde à la chambre offerts entre autres par Fairy Godmother et Kids Nite Out (voir les pages 78 et 79). Les services de garde à la chambre couvrent également les hôtels à l'extérieur de Walt Disney World.

5. L'accès assuré au parc thématique. Les jours d'achalandage, les villégiateurs ont un droit d'entrée assuré aux parcs thématiques. En réalité, aucun visiteur ne se voit refuser l'accès à un parc à moins que le stationnement ne soit comble. De toute façon, le cas échéant, le parc débordera de toutes parts. Dans ces conditions, ayez le bon sens de ne pas vous prévaloir de votre droit d'accès assuré. Ce privilège ne s'applique pas aux parcs aquatiques Blizzard Beach et Typhoon Lagoon.

6. Les enfants partageant la chambre de leurs parents. Il n'y a aucun frais supplémentaires pour les enfants de moins de 18 ans qui partagent la chambre de leurs parents. De nombreux hôtels à l'extérieur de Disney appliquent également cette politique.

7. Le stationnement gratuit. Les villégiateurs Disney qui utilisent leur voiture n'ont rien à débourser pour se garer au stationnement des parcs thématiques. Vous économiserez donc environ 7,00 $ par jour.

8. La livraison à domicile. Les villégiateurs Disney peuvent faire livrer sans frais à leur chambre d'hôtel tout achat effectué à Walt Disney World, évitant ainsi d'avoir à transporter de multiples sacs ou d'attendre en file aux centres de cueillette de colis.

Les rabais d'hébergement à Walt Disney World

Il y a tellement de chambres d'hôtel dans les environs de Walt Disney World que la compétition est féroce et que partout on cherche à remplir les chambres en offrant des rabais substantiels. Les hôtels Disney se sont donc adaptés à cette politique de rabais. Voici quelques conseils utiles pour faire baisser les prix :

1. Les rabais saisonniers. Vous pouvez économiser de 15 $ à 50 $ ici la nuit dans un hôtel Disney en prévoyant votre visite en période creuse.

2. Les rabais sur demande. En discutant avec un préposé aux réservations de Disney, demandez-lui quelles sont les offres en cours. Par exemple : « Quels sont les tarifs et les rabais spéciaux des hôtels Disney pour cette période ? »

3. Les codes secrets. Les gens de **www.mousesavers.com** tiennent à jour une liste de rabais et de codes de réservation pour les hôtels Disney. Les codes sont classés par catégories : « Pour tous », « Pour les résidents de certains États », « Pour les détenteurs de passeport annuel », etc. Par contre, les offres spéciales que Disney fait parvenir à certains groupes par publipostage ne sont pas inscrites sur ce site puisqu'elles ne sont pas valides pour tous. Par exemple, le site peut afficher un code « CVZ » annoncé dans une publication espagnole offrant un tarif de 65,00 $ la nuit à l'hôtel All-Star du 22 avril au 8 août et de 49,00 $ la nuit du 9 août au 3 octobre. Il y a habituellement des douzaines de rabais affichés sur le site pour l'ensemble des hôtels Disney. Tout le monde réservant par l'entremise du centre de réservation Disney au (407) W-DISNEY peut bénéficier de ces rabais en mentionnant le code qui s'y rattache.

À titre indicatif, si vous n'avez besoin que d'une chambre, il est préférable de réserver par l'entremise du centre de réservation plutôt que de le faire en ligne ou avec la Walt Disney Travel Company ; les délais d'annulation et les conditions de paiement y sont plus avantageux.

4. Le bureau de tourisme Ocala Disney AAA (American Automobile Association). Le bureau de tourisme Ocala Disney AAA, situé sur la route I-175 à Ocala, réserve régulièrement des chambres dans des hôtels Disney avec des rabais allant jusqu'à 43 % ! Puisque le programme est destiné aux touristes incertains, vous devez réserver votre chambre sur place. Par contre, si vous appelez à l'avance et signalez que vous êtes en route, les préposés vous indiqueront ce qu'il y a de disponible et à quel prix. Le numéro de téléphone est le (352) 854-0770. Vous pouvez également réserver votre place au restaurant de votre choix. Le bureau est ouvert tous les jours de 9 h à 18 h.

5. Les agents de voyage. Les agents de voyage sont habituellement au courant des programmes spéciaux actuels et des rabais disponibles.

6. Les organismes et les clubs automobiles. Afin de louer plus de chambres, Disney a développé des programmes de réduction à délai limité avec certains clubs automobiles et divers organismes. Par exemple, les membres de la AAA se sont récemment vus accorder un rabais de 10 % à 20 % dans les hôtels Disney, une place de stationnement préférentielle aux parcs thématiques et des réductions sur différents forfaits. Ces offres sont éphémères, mais il devrait y en avoir de plus en plus si l'on en croit la tendance du marché. Si vous êtes membre d'un club automobile ou d'un club de voyage, renseignez-vous d'abord sur leurs programmes avant de magasiner ailleurs.

Le camping à Walt Disney World

Le site de camping Fort Wilderness est un vaste terrain accueillant tentes et caravanes. Des cabanes en bois rond toutes équipées et climatisées sont également disponibles en location. Les emplacements préférentiels et réguliers sont organisés en boucles le long de trois artères principales. La seule différence entre les deux types d'emplacement tient au fait que le préférentiel est situé à proximité des installations principales (piscines, restaurants et boutiques). Chaque emplacement a deux sorties électriques, soit une de 110 volts et une autre de 220 volts, une table de pique-nique et un gril. La plupart des emplacements pour caravanes sont équipés d'un raccordement à la fosse septique. Les emplacements pour caravanes sont spacieux selon les normes américaines, mais les campeurs sous la tente se sentiront probablement un peu à l'étroit. En règle générale, près de 90 % des campeurs sont en caravane.

Les campeurs sous la tente devraient demander un emplacement sur la boucle 1500, Cottontail Curl, ou sur la boucle 2000, Spanish Moss Lane lorsqu'ils font leur réservation. Les caravaniers devraient opter pour les boucles

200, 400, 500 ou 1400. Chaque boucle est équipée d'installations sanitaires avec douches, toilettes, téléphones, distributrices de glaçons et buanderie.

Les cabanes sont équipées d'un lit double et de lits superposés dans l'unique chambre, ainsi que d'un lit escamotable au salon. Il y a une petite salle de bain avec douche et baignoire.

En plus d'offrir un hébergement économique, le site de camping Fort Wilderness offre des emplacements de groupe, des activités en soirée, des randonnées à cheval, des sentiers de vélo et de jogging, de la baignade et un parc animalier. L'accès à Magic Kingdom et à Discovery Island se fait par traversier à partir de l'aire d'embarquement de Fort Wilderness en bordure de Bay Lake. L'accès aux autres destinations se fait en voiture ou par navette.

Si vous louez une cabane en bois rond, notamment au printemps ou à l'automne, renseignez-vous sur les conditions météorologiques. Ces installations ne sont ni plus ni moins que des maisons mobiles et vous ne voudriez certainement pas vous y trouver en cas de tornade.

Le site de camping Fort Wilderness

784 emplacements	de 35 $ à 82 $ la nuit	service de traversier et d'autobus
408 cabanes (de 4 à 6 personnes)	de 229 $ à 329 $ la nuit	service de traversier et d'autobus

L'hébergement à l'extérieur de Walt Disney World

Vous vous demandez probablement comment un hôtel à l'extérieur de Walt Disney World pourrait être aussi pratique qu'un hôtel Disney. Eh bien, Walt Disney World est un très vaste domaine, mais comme toute ville ou tout État, il a ses frontières. Supposons que vous désirez séjourner dans un hôtel de Gatineau au Québec, mais qu'aucun ne réponde à vos attentes budgétaires. Réserveriez-vous alors une chambre dans un hôtel de Montréal ou de Québec, considérant que ces villes sont également situées dans la province de Québec ? Ne serait-il pas plus aisé d'opter pour un hôtel d'Ottawa en Ontario, puisque cette ville est située tout juste de l'autre côté de la frontière ?

À l'ouest de Walt Disney World, sur la route US 192, il y a de nombreux hôtels et condos à bons prix qui sont plus près d'Animal Kingdom et de Disney-MGM Studios que bien des hôtels Disney. Pareillement, il y a des hôtels le long de la frontière est de Disney, sur la FL 535, qui sont extrêmement pratiques si vous prévoyez vous déplacer en voiture.

Les frais d'hébergement à l'extérieur de Walt Disney World fluctuent énormément. Magasinez un peu et vous pourrez trouver un motel propre avec piscine à moins de 20 minutes de Disney pour aussi peu que 45 $ la nuit. Vous y trouverez également des hôtels luxueux. Une forte compétition fait en sorte que vous pourrez dénicher d'excellents rabais, particulièrement si vous êtes membre de la AAA ou de la AARP (American Association of Retired Persons).

Voici les trois zone principales à considérer :

1. La zone de l'International Drive. Cette zone à environ 25 minutes de distance à l'est de Walt Disney World, parallèle à la route I-4 Sud, offre une vaste sélection d'hôtels et de restaurants. Le coût de l'hébergement varie entre 45 $ et 325 $ la nuit. Les principaux inconvénients de cette région tiennent à la forte congestion de son réseau routier, aux nombreux feux de circulation et à l'accès difficile à la I-4 vers l'ouest. De plus, c'est un peu loin pour retourner se reposer à l'hôtel en après-midi.

Les hôtels de cette zone sont listés dans le *Orlando Official Accommodations Guide* du centre des congrès et du tourisme de Orlando – Orange County. Pour commander ce guide, composez le (800) 255-5786 ou le (407) 363-5872.

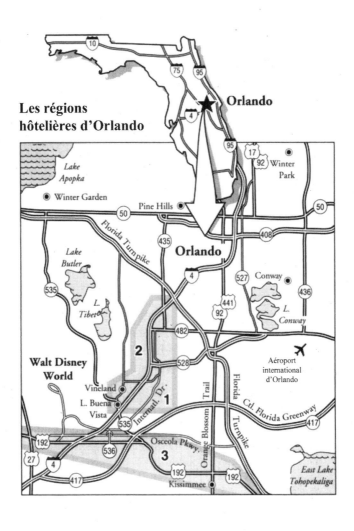

Les régions hôtelières d'Orlando

2. La zone de Lake Buena Vista et le corridor de la I-4.
De nombreux hôtels sont situés le long de la FL 535, au nord
de la I-4, entre Walt Disney World et la jonction de la I-4 et
du Florida Turnpike. Ces hôtels sont facilement accessibles
de l'autoroute et sont à proximité de nombreux restaurants,
dont ceux de la région de l'International Drive. La majorité
des hôtels des environs sont listés dans le *Orlando Official
Accommodations Guide.*

3. La zone de la US 192. Il s'agit de l'autoroute menant à
Kissimmee, au sud-est de Walt Disney World. En plus des
multiples grands hôtels offrant tous les services, il y a de
nombreux petits motels indépendants qui en valent la peine.
Bien des hôtels situés sur la US 192 sont plus près des parcs
thématiques que les hôtels les plus dispendieux de Walt
Disney World Village et de Disney Village Hotel Plaza. La
circulation sur la US 192 est lourde mais fluide. Les
restaurants y sont plus nombreux et plus variés depuis
quelques années, ce qui rend cette région d'autant plus
intéressante.

Le *Kissimmee – St. Cloud Tour & Travel Sales Guide*,
disponible au (800) 327-9159 ou sur le site , propose une
liste d'hôtels des environs de la US 192 et de Kissimmee.

Les meilleurs hôtels familiaux à l'extérieur de Walt Disney World

Qu'est-ce qui fait d'un hôtel un excellent choix familial ? La
grandeur des chambres, un réfrigérateur, une superbe
piscine, un déjeuner inclus, la disponibilité des services de
garde et un programme pour les enfants comptent au nombre
des critères que l'équipe de ce guide examine pour
sélectionner les meilleurs hôtels familiaux dans un bassin de
centaines d'établissements de la région de Walt Disney
World. Soyez sans crainte, ces hôtels savent ce dont une

famille a besoin ! Bien que tous les hôtels listés ci-dessous proposent un service de navette vers les parcs thématiques, certains services sont plutôt limités. Avant de faire votre réservation, demandez au personnel de l'hôtel l'horaire de la navette pour la période de votre visite. Puisque les familles, comme les particuliers, ont différents besoins et désirs, nous n'avons pas classé les hôtels. Ils sont listés par région en ordre alphabétique.

Région 1 : International Drive

Doubletree Castle Hotel

Prix/nuit : 100,00 $ Piscine : ★★★
Réfrigérateur à la chambre : oui
Nombre maximum de personnes par chambre : 4
Navette : oui (vers Disney, Universal et Sea World)

Commentaires. Vous ne pouvez pas le manquer, c'est le seul château des environs. À l'intérieur, les couleurs royales (principalement le pourpre), l'opulence et la musique de la Renaissance dominent. Pour un supplément de 13 $, jusqu'à quatre personnes peuvent déguster un déjeuner continental. Deux biscuits aux brisures de chocolat sont offerts gratuitement.

8629 International Drive, Orlando ; (407) 345-1511 ou (800) 952-2785 ; **www.doubletreecastle.com.**

Hard Rock Hotel

Prix/nuit : 185 $ Piscine : ★★★★
Réfrigérateur à la chambre : 10 $/jour
Nombre maximum de personnes par chambre : 4
Navette : oui (vers Universal, Sea World et Wet 'n Wild)

Commentaires. Situé sur le domaine de Universal, cet hôtel de 650 chambres est un paradis pour les amateurs de musique rock puisque des objets relatant l'histoire du rock sont exposés partout dans l'hôtel. Les visiteurs ont quelques privilèges à Universal, tels qu'une entrée anticipée certains jours et l'accès pour la journée au programme Universal Express d'évitement de file. De plus, ils bénéficient de la livraison de leurs colis à la chambre et de formules de priorité dans certains restaurants de Universal.

5800 Universal Boulevard, Orlando ; (407) 503-ROCK ou (888) 322-5541 ; **www.universalorlando.com.**

Holiday Inn Family Suites Resort

Prix/nuit : de 159 $ à 179 $	Piscines : ★★★★

Réfrigérateur à la chambre : Oui
Nombre maximum de personnes par chambre : 5
Navette : Oui (vers Disney seulement)

Commentaires. Situé sur un territoire de près de 10 hectares, ce tout nouvel hôtel de villégiature est aussi sympatique que possible pour les enfants. Ces derniers sont pris en charge dès leur arrivée à leur propre comptoir d'accueil qui simule un wagon de queue. Les petits adoreront la thématique ferroviaire. Ne les perdez pas de vue car ils pourraient sauter à bord du petit train faisant le tour du domaine. Un buffet chaud est aussi offert gratuitement pour le déjeuner.

14500 Continental Gateway, Orlando ; (407) 387-5437 ou (877) 387-5437 ; **www.hifamilysuites.com/bro**.

Portofino Bay Hotel

Prix/nuit : 240 $	Piscines : ★★★★

Réfrigérateur à la chambre : Minibar, réfrigérateur disponible pour 10 $/jour
Nombre maximum de personnes par chambre : 4
Navette : Oui (vers Universal, SeaWorld et Wet 'n Wild)

Commentaires. Également situé à Universal, cet hôtel de 750 chambres rappelle les villages côtiers de la Riviera italienne. Comme au Hard Rock, les visiteurs bénéficient de certains privilèges aux parcs thématiques. Le *Campo Portofino* offre des activités supervisées aux enfants de 4 à 14 ans, entre 17 h et 23 h. Il en coûte 45 $ pour le premier enfant et de 35 $ par enfant supplémentaire d'une même famille (incluant le repas).

5601 Universal Boulevard, Orlando ; (407) 503-1000 ; (888) 322-5541 ; **www.universalorlando.com**.

Orlando Renaissance Resort

Prix/nuit : 129 $ Piscine : ★★★ ½
Réfrigérateur à la chambre : oui
Nombre maximum de personnes par chambre : 4
Navette : oui (vers Disney, Universal et SeaWorld)

Commentaires. Cet hôtel accueille de nombreux congrès. Toutefois, sa grandeur et la proximité de SeaWorld et d'Universal en font une option intéressante pour les familles. Il y a un service de garde et les animaux sont les bienvenus.

6677 Sea Harbor Drive, Orlando ; (407) 351-5555 ou (800) 327-6677 ; **www.renaissancehotels.com**.

Sheraton Studio City

Prix/nuit : 139 $ Piscine : ★★ ½
Réfrigérateur à la chambre : non
Nombre maximum de personnes par chambre : 4
Navette : oui (vers Universal, SeaWorld et Wet 'n Wild)

Commentaires. Il ne convient peut-être pas aux tout-petits, mais les pré-ados et les ados adoreront l'atmosphère « branchée » du Sheraton Studio City. Les cinéphiles apprécieront par ailleurs sa thématique : un hommage aux grands films des années 1940 et 1950. Cet hôtel est situé juste en face de Wet 'n Wild.

5905 International Drive, Orlando ; (407) 351-2100 ou (800) 327-1366 ; **www.sherationstudiocity.com**.

Sheraton World Resort

Prix/nuit : 159 $	Piscines : ★★★ ½
Réfrigérateur à la chambre : oui	
Nombre maximum de personnes par chambre : 4	
Navette : oui (vers Disney seulement)	

Commentaires. Cet hôtel est un choix intéressant si vous comptez visiter SeaWorld situé tout près. Le domaine de plus de 11 hectares offre suffisamment d'espace pour que les enfants s'amusent. Avec ses trois piscines chauffées, ses deux pataugeoires, sa petite aire de jeu, sa salle de jeux électroniques et son minigolf gratuit (très mini), le Sheraton World en offre plus qu'il n'en faut pour divertir les jeunes.

10100 International Drive, Orlando ; (407) 352-1100 ou (800) 327-0363 ; **www.sheratonworld.com.**

Région 2 : Lake Buena Vista et le corridor de la I-4

Hilton Disney Village

Prix/nuit : 150 $	Piscines : ★★★★
Réfrigérateur à la chambre : minibar	
Nombre maximum de personnes par chambre : 4	
Navette : oui (vers les parcs thématiques et aquatiques Disney seulement)	

Commentaires. Situé au Disney Village, le Hilton compte parmi les hôtels officiels de Walt Disney World. C'est le seul hôtel du Village (au moment d'aller sous presse) à offrir une entrée anticipée pour les parcs Disney. Les familles apprécieront également les déjeuners en compagnie de personnages tous les dimanches matins entre 8 h 30 et 11 h. L'hôtel offre en plus un Vacation Station où les enfants de 4 à 12 ans peuvent participer à des activités supervisées, se faire garder, jouer dans la salle de jeux électroniques et se baigner dans une pataugeoire.

1751 Hotel Plaza Boulevard, Lake Buena Vista ; (407) 827-4000 ou (800) 782-4414 ; **www.hilton-wdwv.com**.

Holiday Inn SunSpree Resort

Prix/nuit : 119 $ Piscine : ★★ ½
Réfrigérateur à la chambre : oui
Nombre maximum de personnes par chambre : 4 à 6
Navette : oui (vers Disney seulement)

Commentaires. N'oubliez pas vos verres fumés ! Vous saurez que vous y êtes en apercevant le rose criard de ses murs extérieurs. À l'intérieur, les enfants passent à l'action à leur propre comptoir d'accueil où ils recevront une pochette-surprise. Tous les jours, à heures fixes, Max et Maxine, les mascottes de l'hôtel, viennent jouer avec eux. Toutefois, l'attrait principal demeure les suites familiales, ces chambres d'environ 38 mètres carrés équipées d'une aire de jeu thématique.

13351 State Road 535, Lake Buena Vista ; (407) 239-4500 ou (800) 366-6299 ; **www.kidsuites.com**.

Hyatt Regency Grand Cypress

Prix/nuit : 209 $ Piscine : ★★★★★
Réfrigérateur à la chambre : minibar, réfrigérateur disponible sur demande
Nombre maximum de personnes par chambre : 4
Navette : oui (vers Disney seulement)

Commentaires. Il y a de nombreuses raisons pour choisir ce domaine de 607 hectares. Sa piscine se classe en tête du palmarès. Il s'agit d'un vaste paradis tropical de 3 millions de litres d'eau avec une glissade de 38 mètres, d'impressionnantes chutes, des cavernes, des grottes et un pont suspendu. Le Hyatt est également le paradis des golfeurs avec son terrain de golf international de 45 trous conçu par Jack Nicklaus, son terrain de 18 trous, son parcours à normale trois de 9 trous et ses cours de golf.

One Grand Cypress Boulevard, Lake Buena Vista ; (407) 239-1234 ; **www.hyattgrandcypress.com**.

Marriott Village at Little Lake Bryan

Prix/nuit : de 79 $ à 159 $ Piscine : ★★★
Réfrigérateur à la chambre : oui
Nombre maximum de personnes par chambre : 4
Navette : oui (vers Disney, Universal, SeaWorld et Wet 'n Wild)

Commentaires. Ce tout nouveau domaine clôturé comprend l'hôtel Fairfield Inn (388 chambres), le Spring Hill Suites (400 chambres) et le Courtyard (312 chambres). Quel que soit votre budget, vous trouverez ici une chambre pour vous. Chaque hôtel possède son propre club pour enfants. Pour les petits de 4 à 8 ans, les clubs thématiques (arrière-cour, maisonnette dans un arbre ou bibliothèque) proposent des téléviseurs à grand écran, des ordinateurs, ainsi que des centres éducatifs pour les mathématiques, les sciences, la lecture et le bricolage. Les clubs sont ouverts environ six heures par jour et des employés sont sur place en tout temps.

8623 Vineland Avenue, Lake Buena Vista ; (407) 938-9001 ou (877) 682-8552 ; **www.marriott-village.com**.

Sheraton Safari Hotel

Prix/nuit : 115 $ Piscine : ★★★
Réfrigérateur à la chambre : seulement dans les suites Safari
Nombre maximum de personnes par chambre : 4
Navette : oui (gratuite pour Disney ; payante pour les autres parcs)

Commentaires. Le thème safari est agréablement présenté sur ce domaine, du hall d'entrée au décor typique agrémenté d'objets d'art africain à la glissade d'eau en forme de python de 24 mètres surplombant la piscine. Les équipements comprennent un restaurant (avec un menu pour enfants), un casse-croûte, un salon, une salle de jeux électroniques et une salle de conditionnement physique. Au cas où vous voudriez vous évader pour une soirée entre adultes, un service de garde est offert.

12205 Apopka-Vineland Road, Lake Buena Vista ; (407) 239-0444 ou (800) 423-3297 ; **www.sheraton.com**.

Sheraton Vistana Resort

Prix/nuit : 149 $ Piscine : ★★★ ½
Réfrigérateur à la chambre : Minibar
Nombre maximum de personnes par chambre : 4
Navette : Oui (gratuite pour Disney, payante pour les autres parcs)

Commentaires. Le domaine particulièrement vaste est situé des deux côtés de Vistana Center Drive. Bien qu'il s'agisse de multipropriétés, les chambres peuvent être louées à la nuit. Si vous recherchez une évasion paisible à vos journées passées aux parcs thématiques, le Vistana est un excellent choix.

8800 Vistana Center Drive, Lake Buena Vista ; (866) 208-0003 ; **www.starwoodvo.com**.

Wyndham Palace

Prix/nuit : 139 $ Piscines : ★★★ ½
Réfrigérateur à la chambre : minibar
Nombre maximum de personnes par chambre : 4
Navette : oui (vers Disney seulement)

Commentaires. Situé au Disney Village, le Wyndham Palace est un bon choix d'hébergement de luxe. Le dimanche, le Wyndham propose un déjeuner avec personnages au Watercress Cafe. Le coût est de 19 $ par adulte et de 11 $ par enfant. Les enfants de 4 à 12 ans peuvent participer aux programmes supervisés du club pour enfants du Wyndy Harbour. Il est également possible de les faire garder à la chambre.

1900 Buena Vista Drive, Lake Buena Vista ; (407) 827-2727 ou (800) WYNDHAM ; **www.wyndham.com**.

Région 3 : US 192

Comfort Suites Maingate Resort

Prix/nuit : 89 $ Piscine : ★★★
Réfrigérateur à la chambre : oui
Nombre maximum de personnes par chambre : 6
Navette : oui (vers Disney, Universal, SeaWorld et Wet'n Wild)

Commentaires. Ce joli domaine offre 150 chambres spacieuses et récentes, toutes équipées d'un canapé-lit, d'un micro-ondes, d'un réfrigérateur, d'une cafetière, d'un téléviseur, d'un sèche-cheveux et d'un coffre-fort. L'hôtel a l'avantage d'être situé juste à côté d'un centre commercial offrant tout ce dont une famille peut avoir besoin en vacances, y compris une clinique sans rendez-vous.

7888 West US 192, Kissimmee ; (407) 390-9888

Gaylord Palms Resort

Prix/nuit : 325 $ Piscine : ★★★★
Réfrigérateur à la chambre : oui
Nombre maximum de personnes par chambre : 4
Navette : oui (seulement vers Disney)

Commentaires. Bien qu'il accueille principalement une clientèle d'affaires, le Gaylord Palms est tout de même un agréable (quoique dispendieux) hôtel de villégiature pour la famille. Les trois ailes en atriums du Gaylord Palms rappellent Key West, les Everglades et St. Augustine. Les enfants aimeront se promener dans ces zones thématiques, patauger dans la piscine familiale (agrémentée d'une pieuvre-arrosoir géante) ou prendre part à La Petite Academy Kids Station, qui organise des activités et des jeux pour les jeunes.

6000 West Osceola Parkway, Kissimmee ; (407) 586-0000 ; **www.gaylordpalms.com**.

Holiday Inn Nikki Bird Resort

Prix/nuit : 110 $ Piscines : ★★★ ½
Réfrigérateur à la chambre : oui
Nombre maximum de personnes par chambre : 5 (2 adultes)
Navette : oui (vers Disney seulement)

Commentaires. Dans l'univers hôtelier d'Orlando, vous n'êtes pas distinct si vous n'avez pas de mascotte. Ici, on peut régulièrement voir Nikki Bird et Wacky the Wizard poser devant la caméra avec les enfants. Ce Holiday Inn offre des chambres standard et des suites familiales. Les repas du menu pour enfants sont gratuits pour les enfants de 12 ans et moins (un enfant par adulte). Pour le service à l'étage, vous pouvez choisir, entre autres, au menu de Pizza

Hut. Un service de garde est disponible pour un minimum de 4 heures au tarif de 50 $ (10 $ par heure supplémentaire).

7300 West US 192, Kissimmee ; (407) 396-7300 ou (800) 20-OASIS

Howard Johnson EnchantedLand

Prix/nuit : 79 $ Piscine : ★★
Réfrigérateur à la chambre : oui
Nombre maximum de personnes par chambre : 4
Navette : oui (vers Disney, Universal et SeaWorld)

Commentaires. Les fées, les dragons et les super-héros ont envahi le Howard Johnson. Si vous optez pour cet hôtel, assurez-vous de réserver un forfait-famille : c'est une chambre régulière transformée en suite pour enfants. D'environ 28 mètres carrés, ces chambres comprennent un coin thématique pour les enfants (au choix : une maisonnette dans un arbre, des fées ou des supers-héros), un téléviseur, un magnétoscope, un micro-ondes, un réfrigérateur, une cafetière et un coffre-fort. L'hôtel offre également, à titre gracieux, une fête glacée et une vidéothèque.

4985 West Highway 192, Kissimmee ; (407) 396-4343 ou (888) 753-4343

Radisson Resort Parkway

Prix/nuit : 149 $ Piscine : ★★★★½
Réfrigérateur à la chambre : minibar
Nombre maximum de personnes par chambre : 4
Navette : oui (vers Disney, Universal et SeaWorld)

Commentaires. Le complexe aquatique du Radisson vaut à lui seul le déplacement. On y trouve une piscine équipée de chutes et de glissades d'eau entourée de palmiers et de plantes florissantes ; une piscine chauffée de moindre dimension ; deux bassins hydromasseurs et une pataugeoire. L'hôtel obtient de bonnes notes à tous égards, mais il ne propose pas d'activités pour les enfants. L'hôtel dispose de trois restaurants : The Court, qui offre des buffets au déjeuner et au souper ; un restaurant sorti tout droit des années 1950 proposant des burgers, des sandwiches et des laits fouettés, ainsi qu'un Pizza Hut.

2900 Parkway Boulevard, Kissimmee ; (407) 396-7000 ou (800) 634-4774

Les condominiums et les hôtels-résidences

Bon nombre de condominiums et d'hôtels-résidences de la région d'Orlando – Kissimmee peuvent être loués pour une semaine ou moins. Recherchez les offres alléchantes, surtout en basse saison. Pour les renseignements et les réservations :

Condolink	(800) 733-4445
Holiday Villas	(800) 344-3959
Réservations Kissimmee – St. Cloud	(800) 333-5477
Vistana Resort	(800) 877-8787
Ramada Suites près de SeaWorld	(800) 633-1405
Holiday Inn Family Suites	(877) 387-KIDS
Logements de vacances Disney	(800) 288-6608

Nous recevons régulièrement du courrier vantant les mérites de la location d'une suite, d'un condo ou d'un logement de vacances. Cette lettre d'une famille de Glenmont dans l'État de New York en témoigne :

Je vous suggère d'inclure l'hôtel Vistana dans votre section sur l'hébergement. Un tel luxe pour si peu ! Nous avons logé au village hôtelier de Disney à Lake Buena Vista deux fois par le passé. Cette fois-ci, ce fut le paradis d'avoir deux chambres à coucher, deux baignoires, une cuisine, une salle à dîner, un salon, une terrasse et un spa pour bien moins cher. Les enfants pouvaient se coucher vers 20 h 30, tandis que nous pouvions veiller et profiter d'un peu d'intimité. La cuisine entièrement équipée nous a permis d'économiser, particulièrement en ce qui concerne les déjeuners. Je le recommande fortement aux familles. Si près (à cinq minutes d'Epcot, dix de Magic Kingdom et sept de SeaWorld) et si pratique !

Les agents de voyage ont des listes de condos à louer. Les propriétaires de condos payent parfois une commission optimale aux agents qui font la location de leurs unités à moindre prix.

Les offres à l'extérieur de Walt Disney World

Le développement du complexe hôtelier de Walt Disney World a avivé la compétition hôtelière dans la région d'Orlando – Kissimmee. Les hôtels à l'extérieur de Walt Disney World ont certes davantage de difficulté à afficher complet. Ne pouvant offrir autant de commodités que les hôtels Disney, ils rivalisent en offrant des tarifs réduits. La réduction offerte dépend de la saison, du jour de la semaine et des événements en cours. Voici quelques conseils et stratégies pour économiser en matière d'hébergement à l'extérieur de Walt Disney World.

1. La carte *MagicCard* d'Orlando. Cette carte propose un programme de réduction parrainé par le centre des congrès et du tourisme d'Orlando – Orange County. Les détenteurs de la carte ont droit à des rabais de 10 % à 40 % auprès d'environ 75 hôtels participants. La carte offre également certains rabais pour des attractions dont SeaWorld, Cypress Gardens, Universal Studios, certains soupers-théâtres,

Church Street Station, ainsi que Pleasure Island de Disney. La carte est valide pour six personnes ou moins, et n'est pas offerte aux groupes.

Pour vous procurer la *MagicCard* d'Orlando avec la liste des hôtels et des attractions participants, composez le (800) 255-5786 ou le (407) 363-5874. La carte est gratuite pour toute personne âgée de 18 ans ou plus qui en fait la demande. Vous pouvez également en obtenir une auprès du centre des congrès et du tourisme au 8445 International Drive à Orlando. En appelant pour la MagicCard, demandez également le *Orlando Official Accommodations Guide* et le *Orlando Vacation Planner*.

2. Le Florida Traveler Discount Guide. Ce livret de coupons-rabais publié par Exit Information Guide (EIG) offre des tarifs réduits dans de nombreux hôtels de l'État de la Floride. Il est offert gratuitement dans divers restaurants et motels sur les routes principales en direction de la Floride, mais puisque la majorité des voyageurs réservent avant de partir, le cueillir en cours de route n'est pas très pratique. Si vous téléphonez et que vous utilisez votre carte de crédit, EIG vous en fera parvenir une copie moyennant 3 $ (5 $ pour le Canada) de frais de port. Adressez-vous au :

Florida Traveler Discount Guide
4205 NW 6th Street
Gainesville, FL 32609
(352) 371-3948

3. Les services de grossistes, de groupeurs et de réservations. Les grossistes et les groupeurs réservent des blocs de chambres à l'avance dans divers hôtels et obtiennent de très bons prix. Ils louent ensuite ces chambres à profit, soit par l'entremise d'un agent de voyage ou d'un forfaitiste, soit directement aux clients. Les grossistes et les groupeurs offrent régulièrement 15 % ou 50 % de rabais sur le tarif affiché des chambres, sacrifiant parfois leur marge de profit plutôt que de laisser des chambres vacantes.

Lorsque les grossistes et les groupeurs font directement affaire avec le public, ils se présentent comme un service de réservations. En téléphonant, demandez-leur le tarif pour l'hôtel de votre choix ou encore le meilleur prix dans la région pour la période de votre séjour. Si votre budget est restreint, annoncez votre prix maximum. Le service trouvera sûrement quelque chose qui vous conviendra, quitte à sacrifier quelques dollars de profit. On vous demandera peut-être de régler par carte de crédit au moment de la réservation, sinon vous pourrez payer en quittant la chambre. Voici quelques services qui proposent souvent de bons rabais :

Accommodations Express	(800) 444-7666
	www.accommodationsexpress.com
Hotel Reservations Network	(800) 964-6835
	www.hoteldiscounts.com

4. La recherche d'un hôtel en ligne. Avant de vous aventurer à l'extérieur de Walt Disney World, consultez les offres affichées sur le site **www.waltdisneyworld.com**. Auparavant, les rabais se faisaient plutôt rares sur le site officiel, mais les temps ont bien changé pour l'industrie touristique. Visitez également **www.mousesavers.com** pour découvrir les meilleurs sites indépendants sur Disney et dénicher des rabais pour différents hôtels. Pour les autres hôtels de la région de Walt Disney World, consultez le site **www.travelaxe.com** (voir la description à la page 59).

5. La réservation directe. Appelez directement à l'hôtel plutôt que de composer le numéro sans frais de la chaîne ; les réceptionnistes du centre d'appels ne connaissent pas les rabais locaux. Demandez toujours quels sont les rabais avant de vous enquérir du tarif d'entreprise. N'hésitez pas à négocier, mais faites-le avant d'arriver. Par exemple, si vous profitez d'un forfait de fin de semaine et que vous désirez rester plus longtemps, vous pourriez aisément obtenir au moins le tarif d'entreprise pour les jours supplémentaires.

Les programmes pour enfants hors de l'univers Disney

Nombre de grands hôtels à l'extérieur de Disney proposent des programmes supervisés pour les enfants. Certains sont offerts à titre gracieux, d'autres exigent des frais. Si vous voulez profiter de ces programmes, vérifiez à l'avance les événements en cours durant votre séjour. Renseignez-vous sur le tarif et le groupe d'âge admissible. Les meilleurs programmes divisent les enfants par groupes d'âge. Réservez les activités auxquelles votre enfant aimerait participer. Vous pourrez toujours annuler une fois sur place.

À votre arrivée, visitez les installations avec un employé du programme. Renseignez-vous sur le ratio éducateur – enfant et sur la formation en premiers soins et en secourisme des éducateurs. Présentez votre enfant au personnel et faites-lui visiter les lieux. Vous éveillerez ainsi sa curiosité et faciliterez la séparation le temps venu.

La sécurité avant tout

Les enfants de moins de trois ans (et parfois plus âgés) peuvent créer tout un émoi, voire un désastre, dans une chambre d'hôtel. Ils sont actifs, curieux et si rapides qu'ils peuvent transformer un meuble ou un élément de décor sans prétention en arme fatale. Vous avez probablement beaucoup d'expérience dans le repérage des dangers potentiels, mais voici tout de même quelques conseils.

Commencez d'abord par noter les dangers que vous ne pouvez pas neutraliser, comme un balcon, de la peinture écaillée, une lézarde dans un mur, des surfaces saillantes, du tapis à poils longs et des fenêtres non sécuritaires. S'il y en a trop ou que ces risques vous inquiètent, exigez une nouvelle chambre.

Si le lit d'enfant est fourni par l'hôtel, un matelas ferme doit couvrir toute la base du lit, le drap-housse doit être bien ajusté et l'espace entre les barreaux ne doit pas dépasser sept centimètres. Assurez-vous que le côté escamotable fonctionne bien pour que votre enfant ne puisse pas l'enclencher par mégarde. Examinez le lit sous tous ses angles, même par-dessous. Vérifiez si l'assemblage est adéquat, s'il ne présente aucune partie saillante et s'il n'y a pas de peinture écaillée ou d'autres substances toxiques que votre enfant pourrait ingurgiter. Essuyez les surfaces accessibles pour limiter les infections transmissibles. Finalement, éloignez le lit des cordons, des appareils de chauffage, des prises murales et du climatiseur.

Votre bébé peut se retourner ? Nous vous recommandons de le changer sur un matelas au sol. De même, si vous avez un siège d'enfant, placez-le de manière à ce qu'il ne puisse être renversé et servez-vous toujours de la ceinture de sécurité.

Votre enfant peut rouler, ramper ou marcher ? Munissez-vous d'environ huit couvercles de prise électrique et de quelques cordelettes afin de pouvoir garder les armoires fermées et attacher les rideaux. Éloignez les appareils électroménagers, les lampes, les cendriers, les seaux à glaçons et tout autre objet que votre enfant pourrait renverser et avec lequel il pourrait se blesser. Demandez au personnel de l'hôtel de retirer les tables basses à coins saillants ainsi que les plantes, naturelles ou artificielles, qui sont à portée des petits. Ramassez les menus objets tels que boîtes d'allumettes, shampooing, savon et verres trônant sur les comptoirs, et rangez-les hors de portée.

Si la porte de la salle de bain peut-être accidentellement verrouillée, neutralisez le mécanisme avec du ruban adhésif en toile ou un couvercle de poignée de porte. Utilisez la chaîne de sécurité ou le loquet supérieur de la porte de la chambre afin d'éviter que votre enfant ne sorte à votre insu.

Inspectez le plancher pour éliminer les objets que votre enfant pourrait y découvrir : épingles, pièces de monnaie ou autres menus objets. N'oubliez pas de regarder sous le lit et sous les meubles. Un des meilleurs conseils nous est venu d'une mère de Fort Lauderdale en Floride qui a fait le tour de la chambre à quatre pattes, afin d'observer les lieux avec les yeux d'un enfant.

Si vous louez une suite ou un condo, il y aura plus de territoire à couvrir. Vous aurez à conjuguer avec, entre autres, des produits de nettoyage, une cuisinière, un réfrigérateur, des ustensiles de cuisine et des portes d'armoire à la portée des petites mains. Parfois, la solution idéale est bloquer l'accès à la cuisine avec une barrière de sécurité.

Quatrième partie

L'entraînement

Les vacances en famille : la vérité pure et simple

D'aucuns qualifient le syntagme « vacances en famille » d'oxymoron puisqu'il vous est impossible de prendre congé de vos responsabilités parentales lorsque vous voyagez en compagnie de vos enfants. Même si vous laissiez derrière vous le train-train quotidien, vos enfants requièrent tout autant sinon plus d'attention en vacances qu'à la maison.

Être parent sur la route est un art en soi. Cela demande de l'imagination et de l'organisation. Pensez-y bien, la petite routine (nourrir, habiller, baigner, superviser, élever, réconforter, discipliner, endormir, etc.) doit être accomplie dans des conditions de surexcitation, loin de vos ressources habituelles. La chose n'est pas impossible et peut même être amusante, mais cela ne s'apprend pas sur le pouce, surtout pas à Walt Disney World.

Ce que nous tentons de souligner, c'est que la préparation (ou l'absence de préparation) jouera un rôle crucial dans la réussite ou l'échec de votre séjour à Walt Disney World. Croyez-nous, vous ne voulez pas confier la réussite de vos onéreuses vacances à Disney au hasard. N'allez pas confondre hasard et chance. Le hasard agit lorsque vous n'êtes pas fin prêt ; la chance survient lorsqu'une bonne préparation s'allie à d'heureuses circonstances.

Vous devez vous organiser sur différents plans et nous vous aiderons dans cette entreprise. Sans entrer dans les détails, vous devez vous préparer, vous et vos enfants, sur les plans mental, émotif, physique, organisationnel et logistique. Il vous faut également acquérir une bonne connaissance de Walt Disney World afin de pouvoir ériger un plan de visite structuré.

La préparation mentale et émotionnelle

Voilà le sujet que nous aborderons d'abord et auquel nous reviendrons régulièrement dans le cadre de cet ouvrage. La préparation mentale débute par la mise en place d'attentes réalistes en regard de vos vacances à Disney, considérant ce que chaque membre du groupe veut retirer de son expérience. Il faudra faire preuve d'une solide introspection et d'une communication ouverte et sensible au sein de la famille afin d'aborder les différents aspects de la planification.

Le partage des tâches

Discutez de vos besoins et de ceux de votre partenaire, ainsi que de vos attentes en regard des vacances. Cet échange peut à lui seul vous éviter des surprises désagréables en cours de route. Si votre famille est biparentale, avez-vous une bonne idée de la répartition de la charge parentale ? Nous avons observé des dissensions clairement destructrices dans un ménage biparental où l'un des parents (pardonnez-nous le jargon juridique) était le « principal fournisseur de soins ».

Au cours des vacances, l'autre parent s'attend habituellement à ce que tout fonctionne comme à la maison. Le « principal fournisseur de soins », quant à lui, a besoin d'une pause. Ce dernier espère donc que son partenaire partagera la tâche ou prendra les rênes afin de pouvoir profiter de vraies vacances. Évidemment, la division des tâches ne relève que de vous. Assurez-vous seulement de vous entendre avant de partir.

La cohésion familiale

Un autre aspect à considérer est le temps passé en famille. Pour certains parents, des vacances représentent l'occasion rêvée de rétablir le contact avec les enfants, de discuter avec eux, d'échanger des idées et de se réapprivoiser. Pour d'autres, les vacances permettent de prendre un peu de distance en jouant au golf tandis que les petits participent au programme organisé d'un hôtel de villégiature.

À Walt Disney World, vous pouvez orchestrer votre séjour à votre guise pour passer plus ou moins de temps avec vos enfants ; mais nous reviendrons sur ce point plus loin. L'idée à retenir est de réfléchir aux besoins et aux attentes de chaque membre de la famille en regard du degré de cohésion familiale désiré.

Une journée type dans un parc thématique Disney est structurée de manière à permettre l'appréciation des attractions en famille. Les pauses ponctuelles comme l'attente en file ou l'heure de casser la croûte permettent la discussion et le partage des expériences. La plupart des attractions peuvent être appréciées ensemble, peu importe les différences d'âge. Ceci favorise une meilleure unité et facilite la sélection des attractions que vous désirez voir. Pour bien des gens, parents et enfants, le rythme d'une journée à Walt Disney World alterne entre des visites passives d'attractions entrecoupées d'interminables discussions quant à ce que chacun veut faire ou voir. Une mère de Winston-Salem en Caroline du Nord a remarqué que sa famille passait davantage de temps à décider où aller plutôt qu'à discuter de ce dont elle venait de faire l'expérience. La conversation était plutôt orientée vers le « quoi faire ».

Deux observations s'imposent. D'abord, zigzaguer parmi la foule et garder la famille en mouvement peut vous causer énormément de pression. Un plan ou un itinéraire tracé à l'avance élimine les décisions de dernière minute prises à l'aveuglette, et vous permet de savourer ensemble l'instant présent. Ensuite, les variables externes comme la foule, le bruit et la chaleur peuvent souvent altérer la qualité de la cohésion familiale. Ces facteurs négatifs peuvent être gérés (tel que vu aux pages 64 à 68) en étant sélectif quant au choix de la période de l'année, du jour et de l'heure de visite des parcs thématiques. En définitive, vous pouvez atteindre le degré de complicité et de cohésion désiré en étant prévoyant et conscient des distractions potentielles.

La souplesse

Soyez prêt à être moins sévère en regard des écarts mineurs de conduite et de l'application des règles de vie. De toute évidence, la petite Mildred devra apprendre qu'à Disney on n'enlève pas le haut de son maillot de bain. Vous aurez tout le loisir de le lui expliquer plus tard. Matt mange des burgers au déjeuner, au dîner et au souper tous les jours ; et puis après ? Vous comblerez son régime de brocoli et de pois verts au retour à la maison tandis que vous serez responsable du menu. Négligez les peccadilles. Souvenez-vous que vos enfants passent à l'acte lorsqu'ils sont gonflés à bloc. Toute cette adrénaline doit être évacuée, et cela peut parfois causer quelques comportements inappropriés. Si vous êtes trop rigide, vous risquez de faire sauter les plombs de ces petits systèmes nerveux déjà bien tendus.

De tout pour tous

Si vous voyagez avec un nourrisson, un bambin ou tout enfant nécessitant une attention particulière, assurez-vous d'avoir suffisamment d'énergie et de temps à consacrer aux autres jeunes. Tentez de passer du temps avec chacun d'entre eux, si ce n'est chaque jour, au moins à quelques occasions au cours du séjour, invitez chacun d'eux à choisir une activité ou une attraction à faire ou à visiter à Walt Disney World, seul avec maman ou papa. Intégrez ces activités à votre programme, et notez à votre agenda ce à quoi vous vous engagez pour ne pas les oublier. Souvenez-vous que de démontrer un intérêt particulier pour une activité peut être perçu comme une promesse par un enfant.

Mais qui donc a eu cette idée ?

La discorde que connaissent de nombreuses familles en vacances émerge du fait que les enfants sont sur une longueur d'onde différente de celle des parents. Les parents et les grands-parents s'imaginent plus difficilement que les enfants ce en quoi consistent des vacances idéales à Walt Disney World. Un séjour à Disney peut représenter bien des choses, mais soyez assuré qu'il s'agit de bien plus encore que de monter à bord de Dumbo et de rencontrer Mickey.

D'expérience, la majorité des parents et quasiment tous les grands-parents s'attendent à ce que les enfants entrent dans un état de ravissement à Walt Disney World, allant d'attraction en attraction les yeux écarquillés, tout en débordant de reconnaissance envers ces adultes bienfaiteurs. Mais, plus souvent qu'autrement, la réalité est toute autre. Les enfants d'âge préscolaire auront sans aucun doute les yeux grands ouverts, mais moins par émerveillement que par stupéfaction face au bruit, à la foule et aux personnages plus grands que nature. Nous avons découvert par de multiples entrevues et sondages que les enfants d'âge préscolaire en vacances à Disney préfèrent encore la piscine de l'hôtel. Avec les enfants et les jeunes ados, il y a un mélange d'hyperactivité singulière et de nonchalance. Cette dernière témoigne de l'importance d'être « en vogue » qui se traduit par un ennui surfait et une attitude « tout vu, tout fait ». Les ados plus âgés font montre d'une version exponentielle de cette lassitude, et ne sont pas aussi survoltés.

Selon toutes probabilités, vous ne pourrez éviter qu'une infime partie de ces comportements. Cependant, même si vous deviez composer avec chacun d'eux, ne vous découragez pas ; il y a des antidotes.

En ce qui concerne les enfants d'âge préscolaire, vous pouvez remédier au problème en abrégant le temps de visite des parcs thématiques. De courtes visites aux parcs, entrecoupées de siestes, de baignade et d'activités plus calmes comme la lecture d'un livre vous permettront de garder le contrôle. Il est important de retenir que la stimulation extrême des parcs doit être tempérée par des périodes de repos et des activités plus tranquilles. Pour les jeunes et les pré-ados, vous pouvez contrôler leur hyperactivité et leur apathie apparente en leur demandant de prendre part à l'organisation des vacances ou en leur proposant de jouer un rôle actif dans la planification de l'itinéraire de certaines journées aux parcs thématiques. Leur donner des responsabilités liées au bien-être des autres membres de la famille peut également s'avérer efficace. Un de nos lecteurs, par exemple, a transformé en implication active l'indifférence de son ado de 12 ans en lui confiant la responsabilité de surveiller les attractions qui pourraient effrayer sa petite sœur de 5 ans.

En général, plus vous fournissez d'informations à vos enfants avant d'arriver à Walt Disney World, plus vous avez de chances d'éviter les comportements désagréables. La connaissance augmente l'anticipation et vos enfants seront plus à l'aise s'ils ont une bonne vue d'ensemble. Plus ils se sentiront en contrôle, mieux ils se comporteront.

Disney, les enfants et la peur

Les attractions de Disney, les manèges tout comme les spectacles, sont de formidables aventures traitant des grands thèmes courants : le bien et le mal, la vie et la mort, la beauté et le grotesque, l'amitié et l'adversité... En visitant les attractions de Walt Disney World, vous oscillerez entre le tournoiement et les rebondissements des manèges aériens et les divertissements plus émouvants qui stimulent la réflexion. Toutes les fins sont heureuses (sauf celle de *Alien Encounter*), mais la portée des effets spéciaux de Disney est parfois angoissante, voire effrayante, pour les jeunes enfants.

Certains manèges montrent des sorcières menaçantes, des tours enflammées et des cadavres s'extirpant de leurs tombes. Bien que tout cela soit traité avec humour, il faut être en âge d'en apprécier l'esprit. Et les os... il y en a partout : des ossements humains, des carcasses d'animaux, des charpentes de dinosaures et même des squelettes entiers. Vous croiserez un amas de crânes à l'entrée du camp des chasseurs de têtes du Jungle Cruise, un peloton de squelettes voyageant à bord du vaisseau fantôme de Pirates of the Caribbean et un assortiment effrayant de crânes et de squelettes au Haunted Mansion. Crânes, squelettes et ossements reposent aussi au Snow White Adventures, au Peter Pan's Flight et au Big Thunder Mountain Railroad. Au parc Animal Kingdom, il y a un terrain de jeu entièrement constitué d'ossements et de crânes gigantesques.

Monstres et effets spéciaux sont plus réalistes et plus sinistres à Disney-MGM Studios qu'aux autres parcs thématiques. Si votre enfant a eu peur de la sorcière de

Blanche-Neige, pensez-y bien avant de l'exposer aux guerres, aux tremblements de terre et aux créatures de *Alien*.

Un lecteur commente son expérience familiale de Star Tours :

> *Tôt un matin, nous y avons emmené deux jeunes enfants de quatre et cinq ans et ils en sont ressortis extrêmement troublés. Des heures et des heures de Tom Sawyer Island et de Small World ont été nécessaires pour les calmer.*
>
> *Nos enfants étaient de loin les plus jeunes de Star Tours. J'imagine que les autres parents étaient plus sages ou n'étaient pas aussi inconditionnels de vos guides que nous. Les enfants d'âge préscolaire devraient commencer par Dumbo pour ensuite s'attaquer à Jungle Cruise en fin d'avant-midi, après avoir été bien préparés et avant d'être affamés, assoiffés ou épuisés. Évitez Pirates of the Caribbean... Vous voyez le genre !*

À Walt Disney World, prévoyez l'inévitable débordement émotif de vos tout-petits qui cherchent à s'adapter. Soyez sensible, alerte et prêt à tout, même à des comportements atypiques de la part des enfants. La plupart des jeunes n'ont aucun problème avec les blagues macabres ; d'autres sont aisément réconfortés par une caresse ou une main fermement tenue. Les parents dont les enfants sont de nature impressionnable devraient y aller graduellement. Commencez par des aventures inoffensives en jaugeant les réactions des rejetons et discutez avec eux de leur expérience.

Finalement, sachez que les jeunes de six et sept ans ont tendance à faire des cauchemars. Bien qu'il s'agisse d'une étape normale du développement de l'enfant, vous pouvez apaiser leur sommeil en évitant certaines attractions angoissantes.

Quelques conseils

1. Le départ en douceur et l'acclimatation. Tous les principaux parcs thématiques proposent des attractions moins troublantes vous permettant de jauger la sensibilité de votre enfant, mais Magic Kingdom est probablement l'endroit idéal pour tester sa réaction aux différentes stimulations visuelles et sonores. Essayez d'abord Buzz Lightyear's Space Ranger Spin à Tomorrowland, puis Peter Pan à Fantasyland et Jungle Cruise à Adventureland. S'il n'y a aucun problème, amenez-le ensuite à Pirates of the Caribbean. Essayez également Astro Orbiter à Tomorrowland, Mad Tea Party à Fantasyland ou encore Goofy's Barnstormer à Mickey's Toontown pour vérifier son degré de tolérance à la vitesse et au mouvement.

N'allez surtout pas croire qu'une attraction offrant une présentation théâtrale soit nécessairement plus candide. Croyez-nous, une attraction n'a pas besoin d'être en mouvement pour déclencher un sentiment de panique incontrôlable. Les manèges comme Big Thunder Mountain Railroad et Splash Mountain peuvent sembler terrifiants, mais ils n'ont pas le cinquantième du potentiel terrorisant d'une présentation comme *Alien Encounter*. Avant de vous mettre en file pour une attraction, que ce soit un manège ou un spectacle, lisez attentivement sa description et consultez notre « facteur d'effroi » à la page suivante.

2. L'influence des pairs. Les jeunes enfants tendent à faire fi de leur anxiété afin de plaire à leurs parents et à leurs aînés. Cela ne signifie pas pour autant qu'ils maîtrisent leur peur, et encore moins qu'ils s'amusent. Lorsque les enfants reviennent souriants d'une attraction, demandez-leur s'ils aimeraient y retourner (éventuellement). Leur réponse laissera paraître leur sentiment réel. Il y a une grande différence entre y prendre plaisir et avoir à peine le courage d'y aller.

3. L'encouragement et l'empathie. Être en mesure d'évaluer la capacité d'adaptation d'un enfant aux stimulations visuelles et auditives de Walt Disney World demande une certaine dose de patience et de compréhension, ainsi que de nombreux essais. Après tout, chacun de nous a ses phobies. Si un enfant est réticent ou a peur d'un manège, réagissez de façon constructive. Laissez-lui savoir que de nombreuses personnes, grandes et petites, ont peur de ce qu'elles voient ou entendent. Rassurez-le en lui disant qu'il est en droit d'être craintif et que vous l'aimez et le respectez tout autant. N'allez surtout pas augmenter son embarras ou miner son amour-propre et son courage en le ridiculisant. Surtout, évitez de le culpabiliser en suggérant que son agitation puisse enfreindre le plaisir de toute la famille. Il est aussi nécessaire parfois d'interdire les sarcasmes de la part des plus grands.

Une visite à Walt Disney World représente, pour un jeune enfant, bien plus qu'une simple sortie ou une aventure. C'est une nouvelle expérience, une sorte de rite de passage contrôlé. En encourageant votre tout-petit à relever des défis, vous ferez de ce séjour une expérience extra-ordinairement valorisante et formatrice pour vous deux.

Le facteur d'effroi

Bien que tous les enfants n'y réagissent pas de la même manière, les attractions comptent sept aspects qui, combinés ou non, peuvent concourir à apeurer un enfant.

1. Le nom de l'attraction. Vos enfants seront sûrement plus craintifs face à une attraction nommée « The Haunted Mansion » ou « The Tower or Terror ».

2. L'aspect visuel extérieur. Les attractions Big Thunder Mountain Railroad et Splash Mountain semblent effrayantes même pour certains adultes et de nombreux jeunes en sont terrifiés.

3. L'aspect visuel dans la file d'attente. Les donjons et les cavernes de Pirates of the Caribbean et les longues pièces du Haunted Mansion peuvent dès lors effrayer les enfants.

4. L'intensité de l'attraction. Certaines attractions sont plus vraies que nature par leur niveau sonore, leur bombardement visuel, leur mouvement continu, voire même leur aspect olfactif. Honey, I Shrunk the Audience à Epcot ou It's Tough to Be a Bug à Animal Kingdom, par exemple, combinent decibels, lasers, lumières et cinema 3-D, créant une expérience sensorielle totale. Pour les tout-petits, c'est deux ou trois sens stimulés en trop !

5. L'aspect visuel de l'attraction. On y voit de tout : des chutes de rochers aux buses qui rodent, des paisibles dinosaures aux féroces cellules blanches. Ce qu'un enfant intègre sans problème peut en effaroucher un autre.

6. La noirceur. De nombreuses attractions opèrent à l'intérieur, dans l'obscurité. Pour certains enfants, la noirceur est en soi suffisamment inquiétante. Un jeune qui a peur d'un manège intérieur dans le noir (dont Snow White's Adventures) sera réticent à en essayer un autre.

7. L'attraction en elle-même. Certains manèges sont si extrêmes qu'ils peuvent causer des nausées et des maux de dos, tout en déconcertant les clients de tous âges.

Le cours d'orientation

Si vos enfants sont assez jeunes pour être effrayés par la thématique et le contenu des attractions (sans parler des manèges eux-mêmes, lesquels peuvent aussi angoisser de nombreux adultes), songez au cours d'orientation Disney.

Nous avons reçu de nombreux conseils de parents en regard de la préparation des jeunes enfants à l'expérience de Walt Disney World. L'une des stratégies les plus fréquemment utilisées est la familiarisation des enfants aux personnages et aux récits par la lecture de livres et le visionnement de films. Une approche plus directe serait de louer des vidéocassettes de voyage à Walt Disney World montrant les différentes attractions. De ces vidéos, un père d'Arlington en Virginie raconte ceci :

Grâce à une préparation adéquate, mes enfants ont adoré le Haunted Mansion. Avant de partir, nous avions loué une vidéocassette et ils ont pu voir ce que c'était. Je leur ai expliqué qu'il s'agissait de « la magie de Mickey Mouse » ; que Mickey ne faisait que jouer des tours (pour utiliser un langage qu'ils comprennent) ; qu'il n'y avait pas de vrais fantômes et que Mickey ne laisserait personne se faire mal pour vrai.

Une mère de Teaneck au New Jersey ajoute :

J'ai loué des vidéocassettes afin que mon enfant de cinq ans se familiarise avec les manèges (Star Wars ; Indiana Jones ; Honey, I Shrunk the Kids). Nous pensions également visiter Universal, j'avais donc loué King Kong qui est devenu l'un de ses films préférés. Si votre enfant a peur du noir comme le nôtre, apportez un jouet qui s'illumine et permettez-lui de l'emporter dans les manèges.

Une mère de Gloucester au Massachusetts a réglé le problème de la peur sur-le-champ :

Notre bambin de trois ans et demi a adoré It's a Small World, mais a eu peur du Haunted Mansion. Nous avons immédiatement cachés ses yeux avec son chapeau et lui avons parlé tout doucement tandis que nous appréciions le manège.

La préparation aux personnages

La majorité des personnages Disney sont très grands, certains comme Brer Bear sont immenses ! Les jeunes enfants ne s'attendent pas à cela et peuvent en être intimidés, voire terrifiés. Abordez le sujet avant de partir. Si une école des environs a une mascotte costumée, emmenez les enfants la rencontrer. Sinon, le Père Noël ou le Lapin de Pâques fera très bien l'affaire.

Pour votre première rencontre avec un personnage, ne forcez pas l'enfant. Permettez-lui d'apprivoiser de loin cette forme gigantesque si cela lui suffit. S'il y a deux adultes,

l'un d'eux pourrait rester avec le petit tandis que l'autre s'avancerait vers le personnage pour montrer qu'il n'y a pas de danger et que celui-ci est gentil. Certains enfants s'enthousiasment facilement, d'autres ne dérogent pas. La plupart des enfants ont besoin d'un peu de temps et de quelques rencontres pour être à l'aise.

À Walt Disney World, il y a deux types de personnages : ceux qui ont le visage recouvert (les animaux et quelques personnages comme le Capitaine Crochet) et ceux qu'on appelle les personnages « à figure », ressemblant à ceux qu'ils personnifient et ne portant pas de masque. Parmi eux, on retrouve Mary Poppins, Ariel, Jasmine, Aladin, Cendrillon, Belle, Blanche-Neige, Tarzan, Esméralda et le Prince Charmant.

Seuls les personnages de cette seconde catégorie peuvent parler. Les autres sont muets puisque les « acteurs » ne sont pas en mesure d'imiter les voix si particulières de ces personnages de cinéma. Même s'ils ne parlent pas, les personnages en costume sont chaleureux et réceptifs. Ils communiquent parfaitement bien en gesticulant. Prévenez les enfants du fait que les personnages en costume sont muets.

Certains costumes sont encombrants et n'offrent pas une très bonne visibilité. (Les trous pour voir sont souvent situés dans la bouche, dans le cou ou sur la poitrine du personnage.) Ces personnages sont parfois maladroits et ont un champ de vision limité. Un enfant approchant par derrière ou par le côté passera peut-être inaperçu, même s'il touche le personnage. Il se peut également que le personnage bouscule accidentellement un enfant. Il vaut mieux aborder un personnage de front, même si cela n'assure pas qu'il verra l'enfant. Par exemple, les personnages de canards (Donald, Daisy et Oncle Picsou) doivent regarder par leur bec. Si un personnage ne semble pas voir votre enfant, soulevez ce dernier et présentez-le au personnage pour provoquer une réaction.

Les enfants peuvent toucher et caresser les personnages. Conscients de l'imprévisibilité des enfants, les personnages gardent leurs pieds bien ancrés au sol et évitent de se déplacer de côté ou vers l'arrière. La majorité d'entre eux signeront des autographes et accepteront de poser avec les enfants. Si votre enfant veut collectionner des autographes, prévoyez un gros marqueur qui permettra aux personnages en costume de répondre à sa demande.

Les jeux de rôle

Les jeux de rôle sont particulièrement intéressants pour inculquer aux jeunes enfants des notions de sécurité et de reconnaissance de situations potentiellement dangereuses. Jouez à « Que ferais-tu dans cette situation ? » pour explorer différentes thématiques comme l'égarement, les étrangers, les demandes d'aide, etc. Les jeunes se souviennent mieux des scénarios mis en action avec les membres de leur famille que de simples recommandations, et seront donc plus susceptibles de réagir adéquatement si une telle situation se présente.

La préparation physique

Vous serez à même de constater qu'un entraînement adéquat joint à une prise de conscience des exigences physiques d'une visite à Walt Disney World vous éviteront de tomber de fatigue au beau milieu de vos vacances. D'après un lecteur, « Si vous faites attention à votre alimentation, à la chaleur, à vos pieds et au repos, tout ira bien. »

En évaluant la résistance de votre famille, songez qu'un des membres risque de s'épuiser avant les autres et que toute la famille s'en trouvera affectée. Un breuvage rafraîchissant ou une collation suffit parfois à chasser la fatigue ; d'autres fois, rien n'y fait, pas même les cajoleries et les gâteries. Dans cette situation, il est primordial de reconnaître que l'enfant, le grand-parent ou le partenaire est au bout de son rouleau. La meilleure chose à faire est de rentrer à l'hôtel. Pousser la personne épuisée au-delà de ses limites risque de ruiner la journée de tous. Reconnaissez que la résistance et l'énergie varient d'une personne à l'autre et soyez prêt à prendre soin de ceux qui tombent de fatigue. Surtout, évitez les réactions culpabilisantes du genre : « Nous avons parcouru des milliers de kilomètres pour t'emmener à Disney et voilà que tu vas tout bousiller ! »

Un pied de nez à la douleur

Voici quelques données qui vous feront réfléchir. Une journée passée à visiter les deux contrées d'Epcot vous fera parcourir de 8 à 15 kilomètres à pied ! Et ce type de marche n'a rien à voir avec une randonnée de 8 kilomètres dans les bois. À Epcot, ainsi qu'aux autres parcs de Walt Disney World, vous devrez généralement marcher en plein soleil sur du pavé brûlant, naviguer au travers de foules compactes et alterner entre files d'attente et déplacements rapides. Enfin, au cas où vous ne vous en seriez pas encore rendu compte, les parcs thématiques de Walt Disney World ne conviennent pas aux gens douillets, surtout en été !

Bien que les enfants soient généralement actifs, leurs jeux habituels ne les préparent pas à l'effort physique qu'exige un séjour à Disney. Nous vous recommandons d'entreprendre un programme de marche familiale environ six semaines avant le départ. Une mère de Pennsylvanie ayant profité de ce conseil nous raconte ceci :

Avant de partir, chaque jour, durant un mois, nous avons emmené notre fillette de six ans marcher un peu. Sur place [à Walt Disney World], ses petites jambes pouvaient la porter et elle a montré beaucoup de résistance.

La première chose à faire après avoir réservé une chambre d'hôtel est d'emmener toute la famille au magasin de chaussures et d'acheter à chacun la meilleure paire de souliers de marche, de course ou de randonnée possible. Munissez-vous des mêmes chaussettes que vous porterez pendant vos balades. Évitez à tout prix de visiter Walt Disney World avec aux pieds des sandales, des mocassins ou toute autre chaussure à talon haut ou à plate-forme.

De bonnes chaussettes sont tout aussi importantes que de bonnes chaussures. En promenade, vos pieds transpirent énormément et l'humidité augmente la friction. Pour minimiser cette dernière, portez deux paires de chaussettes. La première devrait idéalement être de polypropylène. La paire extérieure peut être en fibre naturelle comme du coton ou de la laine, ou en fibre synthétique. Pour combattre davantage l'humidité, saupoudrez vos pieds d'un fongicide en poudre. Si vous ou vos enfants n'aimez pas porter des bas, faites-vous à l'idée ! Les pieds nus, qu'ils soient dans des chaussures Nike, Weejun, Docksider ou Birkenstock deviendront rapidement boursouflés et donc douloureux en balade à Disney.

Bon, maintenant que vous avez de nouvelles chaussures, vous devez les « casser ». Ce qui peut se faire sans effort en les portant durant vos activités régulières pendant environ trois semaines.

Maintenant qu'elles vous vont comme un gant, marchez ! Toute la famille devra développer endurance et résistance. Souvenez-vous que les enfants font de petits pas, surtout au début. Bien qu'un enfant de six ans ait l'habitude de courir partout, sachez qu'il n'aura pas la résistance nécessaire pour soutenir ce rythme bien longtemps et que, pour maintenir l'allure, il devra probablement effectuer deux enjambées lorsque vous n'en ferez qu'une.

Faites d'abord de courtes randonnées dans votre quartier, sur du pavé, en augmentant la distance de 400 mètres à chaque fois. Les enfants plus âgés s'y habitueront rapidement. Les plus jeunes développeront leur résistance graduellement. Poursuivez jusqu'à ce que vous puissiez parcourir 10 à 12 kilomètres sans avoir besoin d'une réanimation cardiorespiratoire. Souvenez-vous que vous ne vous entraînez pas pour une seule randonnée de 10 à 12 kilomètres, car vous aurez à marcher cette distance presque tous les jours. Donc, si vous ne voulez pas tout abandonner après une seule journée à Disney, entraînez-vous à marcher autant de kilomètres pendant trois à cinq jours consécutifs.

Soyons honnêtes et admettons dès maintenant que tous les pieds n'ont pas été créés égaux. Certaines personnes bienheureuses ont des pieds robustes, tandis que d'autres semblent systématiquement sujettes aux ampoules. Après vous être assuré que chaussettes et chaussures sont appropriées, faites quelques marches rythmées pour découvrir les exigences de vos pieds. Si un membre de votre famille a le pied tendre, des balades à progression graduelle donneront du tonus à ses pieds. Assurez-vous que cette personne bénéficie d'un temps de repos adéquat entre les excursions pour récupérer (48 heures devraient suffire), sinon vous risquez d'envenimer la situation. Pour les pieds qui refusent de s'adapter, il ne reste que l'intervention préventive. Après de nombreuses promenades, vous saurez où vos pieds ont tendance à développer des ampoules. Si vous êtes en mesure de déterminer où les ampoules apparaîtront, vous pouvez couvrir la surface de moleskine, un pansement adhésif qui évite la friction. Un produit appelé « Spenco » offre également ce genre de protection, faisant office de « seconde peau ».

Durant votre programme d'entraînement à la marche, demandez à vos enfants de vous avertir s'ils ont des douleurs aux pieds. C'est un des signes avant-coureurs d'une ampoule. Si vos enfants sont trop jeunes, trop distraits ou trop préoccupés, ou encore qu'ils ne comprennent pas le principe, il est préférable de procéder à des vérifications routinières. Demandez à vos enfants d'enlever chaussures et chaussettes et inspectez leurs pieds. Cherchez les rougeurs ou les ampoules, et demandez-leur si certains endroits sont sensibles. Pour un enfant âgé de moins de huit ans, nous recommandons l'examen de routine même s'il comprend la notion du point sensible. Même le plus intelligent et le mieux intentionné des enfants n'y portera plus attention si quelque chose le distrait.

À l'entraînement tout comme à Walt Disney World, équipez-vous d'une trousse de premiers soins (dans votre sac à dos ou votre sac de taille) contenant des bandes de gaze, de l'onguent antibiotique, de la moleskine ou du « Spenco », des ciseaux, une aiguille ou une épingle pour percer les ampoules et des allumettes pour stériliser l'aiguille. Une paire de chaussettes de rechange et de la poudre de talc sont facultatives.

Si vous découvrez une rougeur, asséchez la peau du pied et couvrez immédiatement la zone de moleskine ou de « Spenco ». Taillez un grand pansement pour qu'il adhère suffisamment à la peau environnante. Si une ampoule s'est déjà formée, aérez le pied et asséchez la peau. Ensuite, avec l'aiguille stérilisée, percez la peau et drainez le liquide sans retirer la peau. Désinfectez la zone et couvrez l'ampoule d'une bande de gaze que vous fixerez avec de la moleskine. Si vous n'avez pas de moleskine ou de « Spenco », évitez tout de même d'utiliser un pansement adhésif, lequel a tendance à se déplacer et à faire des bourrelets.

Un de vos enfants est de taille à s'asseoir dans une poussette ? N'hésitez pas à lui en louer une, même s'il est entraîné à marcher. La poussette offrira à l'enfant la possibilité de marcher et de se reposer. Si votre enfant s'épuise, vous n'aurez pas à le porter. Même si l'enfant se sert très peu la poussette, elle vous sera utile pour transporter vos bouteilles d'eau et tout ce qui pourrait vous encombrer. La location de poussettes à Walt Disney World est abordée aux pages 227 à 230.

Le sommeil, le repos et la relaxation

Bon, bon, nous savons que cette section traite de la préparation physique *avant le départ*, mais cette notion est si cruciale que nous tenons à ce que vous l'ayez bien en tête.

L'entraînement est important, mais il ne remplacera jamais un repos adéquat. Même les marathoniens doivent se reposer pour récupérer. Si vous exigez trop de vous-même en voulant tout faire, soit vous vous effondrerez, soit vous transformerez en épreuve ce qui devait être une partie de plaisir. Se reposer signifie bien dormir le soir, faire la sieste l'après-midi et inclure des temps de pause au programme de la journée. N'oubliez pas que le cerveau, tout comme le corps, a besoin d'un répit. La stimulation excessive d'une journée dans un parc Disney pourrait suffire à réduire en bouillie le cerveau de n'importe quel adulte ou enfant. Réservez-vous donc du temps loin de cet environnement survolté, et prévoyez des activités calmes et relaxantes comme la baignade ou la lecture tous les jours.

Les parcs thématiques sont immenses ; ne tentez pas de tout voir en une seule tournée. Allez-y tôt le matin et retournez à l'hôtel vers 11 h 30 pour dîner, nager et faire une sieste. Même en basse saison, alors que les foules sont moins denses et le temps plus clément, la taille des principaux parcs thématiques suffira à épuiser les enfants de moins de huit ans, et ce, avant même l'heure du lunch. Retournez donc au parc en fin d'après-midi ou en début de soirée pour poursuivre la visite. Une famille du Texas souligne l'importance de la sieste et du repos :

Sans suivre l'un de vos itinéraires, nous avons tout de même suivi votre conseil de visiter un parc le matin et de quitter en après-midi pour pouvoir faire une sieste à l'hôtel, ou se baigner à la piscine de Port Orleans Riverside, avant de retourner visiter un parc en soirée. Les quelques jours où nous ne l'avons pas fait, je grommelais dans ma barbe dès l'heure du souper. Je ne vous dirai pas ce que je marmonnais...

En ce qui concerne les siestes, cette mère semble on ne peut plus convaincue :

Un dernier conseil aux parents de jeunes enfants – fiez-vous à ce livre et quittez le parc pour faire la sieste... Faites une sieste, faites une sieste, FAITES UNE SIESTE ! De ma vie, je n'ai jamais vu autant de parents crier à la tête de leurs enfants, les ridiculiser ou les gifler. (Quelles vacances !) Walt Disney World est épuisant pour les enfants comme pour les parents. Bien que le dossier des poussettes de location soit inclinable pour favoriser la sieste, nous avons constaté que la majorité des bambins et des enfants d'âge préscolaire résistaient jusqu'à 17 h environ avant de tomber de fatigue, soit trop tard pour profiter du meilleur de la journée, et juste au moment où les parents veulent qu'ils soient éveillés, bien reposés et polis au restaurant.

Une mère de Rochester dans l'état de New York était du même avis :

Vous devez absolument vous reposer au cours de la journée. Les enfants ont résisté de 8 h à 21 h au Magic Kingdom. Ils ont été géniaux toute la journée, mais nous étions complètement vannés le lendemain. Il faut absolument ralentir l'allure. Ne tentez jamais de visiter les parcs deux jours entiers d'affilée. Prenez une journée de repos ; allez au parc aquatique ou faites la grasse matinée tous les deux jours.

Si vous prévoyez rentrer à l'hôtel en milieu de journée et que vous aimeriez que la chambre soit propre, avisez le service d'entretien ménager.

Les tignasses tenaces

Avant de partir, faites couper les cheveux des enfants. Ils auront ainsi moins chaud et seront plus confortables. Vous éviterez en prime les séances quotidiennes de démêlage et de bichonnage des filles.

La préparation organisationnelle

Permettez à vos enfants de prendre part aux préparatifs de votre séjour à Walt Disney World. Guidez-les de façon diplomate parmi les différentes possibilités afin d'établir à l'avance la structure et le contenu de chaque journée. Commencez par le périple en direction de Disney : Quand partirez-vous ? Qui s'assoit près de la fenêtre ? Arrêterez-vous pour manger ou grignoterez-vous dans la voiture ? Pour la portion du voyage qui se déroule à Disney même, convenez en famille de l'heure du lever et du coucher, des siestes au programme et des règles de base pour les repas, l'achat de rafraîchissements et le magasinage. Déterminez l'ordre de visite des différents parcs thématiques et faites une liste des attractions incontournables.

En règle générale, il est préférable de ne tracer que les grandes lignes du plan de match. Les détails de votre itinéraire au parc thématique peuvent être abordés la veille de votre visite ou une fois sur place, en vous inspirant de l'un de nos plans de visite. Faites preuve de souplesse et ne soyez pas obsessif en regard du programme de visite. N'oubliez pas que vous êtes en vacances, et qu'il vous est toujours possible de modifier votre itinéraire ou de le mettre de côté. Assurez-vous cependant de respecter vos promesses et vos engagements. Ils ne semblent peut-être pas si importants à vos yeux, mais ils le sont aux yeux de vos enfants, qui s'en souviennent longtemps.

Afin d'avoir les idées claires et de couvrir le sujet, établissez votre plan au cours d'une série de rencontres familiales d'une demi-heure chacune. Ainsi, tous les membres de la famille s'y prépareront adéquatement. Ne tentez pas de prévoir toutes les situations possibles… vous vous retrouveriez avec un plan aussi complexe qu'une déclaration de revenus.

Plus vous vous entendrez à l'avance sur les décisions, moins vous risquez de transformer votre séjour en séance de confrontation et de mésentente. Puisque les enfants sont plus à l'aise avec ce qui est tangible qu'avec des concepts, et aussi parce qu'ils oublient vite parfois, nous vous recommandons de mettre le tout sur papier et d'en fournir un exemplaire à chacun. Soyez créatif avec votre document, n'en faites pas qu'une liste ennuyeuse. Vous verrez, vos enfants prendront plaisir à la consulter pour savoir ce qui s'en vient et en feront même la lecture aux plus jeunes.

Vous vous demandez sûrement à quoi pourrait ressembler ce document ; en voici donc un exemple. En fait, cet itinéraire reflète les préférences de ses créateurs, la famille Shelton, et ne représente pas nécessairement le plan idéal. Par contre, il comprend les recommandations de base : établir à l'avance des limites et des conditions ; se reposer suffisamment ; arriver tôt aux parcs thématiques ; visiter par courtes périodes entrecoupées de siestes et de temps de baignade ; et économiser temps et argent en gardant dans une glacière les aliments du déjeuner. Comme vous le constaterez, les Shelton ont rempli toutes les plages horaires et seront sans doute épuisés au retour, mais c'est le choix qu'ils ont fait. Une dernière indication : les Shelton visitent Disney à la fin du mois de juin tandis que les parcs thématiques opèrent le plus longtemps.

La grande aventure Walt Disney World

Les capitaines : Mary et Jack Shelton

Les membres de l'équipage : Lynn et Jimmy Shelton

Le financement de l'expédition : Le financement principal couvre à peu près toutes les dépenses sauf les achats personnels. Chaque membre de l'équipe disposera de 35,00 $ pour ses dépenses personnelles. Au-delà de cette somme, les dépenses seront à la charge du membre.

L'équipement nécessaire : Chaque membre de l'équipe portera le chandail officiel et sera équipé d'un sac de taille.

Les préparatifs : Jack s'occupera des réservations pour les restaurants de Walt Disney World (formules de priorité). Mary, Lynn et Jimmy s'affaireront à préparer diverses collations pour les sacs de taille.

L'ITINÉRAIRE

1er jour : vendredi

18 h 30	souper
après souper	chargement de la voiture
22 h	coucher

2ᵉ jour : samedi

7 h	réveil
7 h 15	déjeuner
8 h	départ de Chicago en direction du Hampton Inn à Chattanooga numéro de confirmation : DES6432 Lynn s'assoit devant.
vers midi	arrêt pour dîner Jimmy choisit le restaurant
19 h	souper
21 h 30	coucher

3ᵉ jour : dimanche

7 h	réveil
7 h 30	déjeuner
8 h 15	départ de Chattanooga en direction de l'hôtel Port Orleans de Walt Disney World numéro de confirmation : L124532 Jimmy s'assoit devant.
vers midi	arrêt pour dîner Lynn choisit le restaurant.
17 h	arrivée à l'hôtel, achat des laissez-passer pour les parcs thématiques Défaire les bagages
18 h à 19 h	Mary et Jimmy vont acheter les victuailles à mettre dans la glacière (petits-déjeuners)
19 h 15	souper au Boatwright's du Port Orleans
après le souper	promenade le long de Bonnet Creek
22 h	coucher

4ᵉ jour : lundi

7 h	réveil et déjeuner à la chambre (glacière)
8 h	départ pour prendre l'autobus en direction d'Epcot
midi	dîner à Epcot

13 h	retour à l'hôtel pour une baignade et une sieste
17 h	retour à Epcot pour visiter, souper et assister à IllumiNations
21 h 30	retour à l'hôtel
22 h 30	coucher

5e jour : mardi

7 h	réveil et déjeuner à la chambre (glacière)
7 h 45	départ pour prendre l'autobus en direction de Disney-MGM Studios
midi	dîner à Disney-MGM Studios
14 h 30	retour à l'hôtel pour une baignade et une sieste
18 h	en voiture vers le café de l'hôtel Wilderness pour souper
19 h 30	retour en voiture vers Disney-MGM Studios pour visiter et assister à Fantasmatic !
22 h	retour à l'hôtel
23 h	coucher

6e jour : mercredi

ZZZZZZZ !	grasse matinée
10 h 30	baignade
midi	dîner à l'aire de restauration de l'hôtel
13 h	départ pour prendre l'autobus en direction du Animal Kingdom visite jusqu'à l'heure de fermeture du parc
20 h	souper au Rainforest Cafe
21 h 15	retour à l'hôtel en autobus
22 h 30	coucher

7e jour : jeudi

| 6 h | réveil et déjeuner à la chambre (glacière) |

6 h 45	départ pour prendre l'autobus en direction du Magic Kingdom (entrée anticipée)
11 h 30	retour à l'hôtel pour dîner, nager et faire une sieste
16 h 45	en voiture vers l'hôtel Contemporary pour souper au Chef Mickey's
18 h 15	balade du restaurant au Magic Kingdom pour visiter et assister aux feux d'artifice et au défilé
23 h	retour au Contemporary par la promenade ou en monorail pour aller chercher la voiture et rentrer à l'hôtel
23 h 45	coucher

8e jour : vendredi

8 h	réveil et déjeuner à la chambre (glacière)
8 h 40	en voiture en direction du parc aquatique Blizzard Beach
midi	dîner à Blizzard Beach
13 h 30	retour à l'hôtel pour une sieste et faire les bagages
16 h	visite du parc thématique préféré ou autre
souper	Où et quand ça nous plaît !
22 h	retour à l'hôtel
22 h 30	coucher

9e jour : samedi

7 h 30	réveil
8 h 30	déjeuner en restauration rapide départ en direction du Executive Inn de Nashville numéro de confirmation : SD234 Lynn s'assoit devant.

vers midi	arrêt pour dîner Jimmy choisit le restaurant.
19 h	souper
22 h	coucher

10ᵉ jour : dimanche

7 h	réveil
7 h 45	déjeuner en restauration rapide départ en direction de la maison Jimmy s'assoit devant.
vers midi	arrêt pour dîner Lynn choisit le restaurant.
16 h 30	vivement chez-soi !

Veuillez noter que le programme des Shelton offre un minimum de structure pour un maximum de souplesse. Il indique quel parc sera visité chaque jour sans pour autant planifier chaque attraction ! Peu importe la précision de votre itinéraire, attendez-vous à ce que Walt Disney World vous prenne par surprise (agréable ou non !). Si un imprévu fait qu'une partie de votre plan tombe à l'eau, n'en faites pas un plat. Souvenez-vous qu'il s'agit de l'itinéraire que vous avez créé ; vous pouvez donc le modifier à votre guise. Essayez seulement de choisir une alternative qui plaise à tous les membres de la famille, sans rompre les promesses faites aux enfants.

La routine sur la route

S'il y a une quelconque routine à la maison, comme l'habitude de faire la lecture à l'heure du coucher ou de prendre un bain le matin, cherchez à l'inclure dans votre horaire de vacances. Elle inspirera aux enfants un sentiment de sécurité et de normalité.

Le respect de la routine en voyage est particulièrement important pour les tout-petits, tel que nous le confirme une maman de deux jeunes enfants de Lawrenceville en Georgie :

Le premier jour, nous voulions partir tôt. Nous avons donc réveillé les enfants (deux et quatre ans) et les avons bousculés un peu. QUELLE ERREUR ! Les heures de sieste et de repas des petits étaient foutues pour le reste de la journée. Il est préférable de maintenir les habitudes des bambins et de visiter Disney à leur rythme... vous aurez beaucoup plus de plaisir !

La préparation logistique

Lorsque j'ai commencé mon boniment sur l'importance d'une bonne préparation logistique pour un séjour à Walt Disney World, un ami d'Indianapolis m'a dit : « Qu'y a-t-il de si compliqué ? Tu balances les vêtements dans une valise, tu prends quelques jeux pour la route et voilà ! » Bon, j'avoue que ce n'est pas une mauvaise idée, mais la vie peut être beaucoup plus agréable et les vacances plus simples (et moins onéreuses) avec une bonne préparation.

Les vêtements

Commençons par les vêtements. Nous recommandons d'investir dans un uniforme de vacances. Achetez, pour chaque enfant, quelques paires de jeans ou de culottes courtes ainsi que quelques chandails à manches courtes agencés, tous semblables. Par exemple, pour un voyage d'une semaine, équipez chaque enfant d'environ trois paires de culottes courtes kaki, de trois chandails jaunes et d'une paire de chaussettes blanches par jour. Pourquoi ? D'abord, vous n'aurez pas à coordonner pendant une semaine des vêtements désassortis. Chaque matin, les enfants enfileront leur uniforme. C'est simple, ça permet de gagner du temps et il n'y a aucune décision à prendre ni aucune chicane à régler au sujet des vêtements. Ensuite, grâce à l'uniforme, vos enfants seront plus faciles à repérer et à regrouper aux parcs thématiques. De plus, l'uniforme offre une valeur ajoutée à la famille et aux vacances, un petit côté particulier. Si vous ressemblez à la famille Shelton qui nous a présenté son itinéraire précédemment, peut-être irez-vous jusqu'à dessiner votre propre logo à imprimer sur les chandails…

Nous avons quelques suggestions en ce qui a trait à l'achat des uniformes. Procurez-vous des vêtements de qualité qui dureront plus longtemps que les vacances. Les enfants actifs n'ont jamais trop de culottes courtes ou de pantalons. Pour ce qui est des chandails, achetez-les en coton, à manches courtes et de couleur claire pour l'été ou à manches longues et de couleurs sombres par temps plus frais. Nous vous suggérons de vous les procurer auprès d'une entreprise d'impression de votre quartier. Vous les trouverez sous la rubrique « *T-shirts* » dans les *Pages Jaunes*. Ces entreprises se feront un plaisir de vous vendre des chandails, imprimés ou non, à manches courtes ou longues. Il y a toute une panoplie de couleurs qui ne sont pas toujours disponibles dans les boutiques et vous n'aurez pas à vous inquiéter de la disponibilité des différentes tailles pour toute la famille. De plus, ils ne vous coûteront qu'une fraction du prix en boutique. La majorité des chandails sont en coton durable (100 %) ou en tissu infroissable (50 % coton – 50 % polyester). Ceux en coton sont plus légers et plus confortables par temps chaud et humide. Les autres sèchent plus rapidement s'ils sont détrempés.

Les étiquettes. C'est une excellente idée d'inscrire sur une étiquette apposée à l'intérieur des vêtements des jeunes enfants votre nom de famille, votre ville d'origine, le nom de votre hôtel et les dates du voyage. Par exemple :

Famille Carlton de Frankfort, KY
Hôtel Port Orleans, du 5 au 12 mai

Apprenez aux plus jeunes à montrer leur étiquette à un adulte en cas d'égarement. Omettre le prénom – que la majorité des enfants même en bas âge peuvent articuler d'eux-mêmes – vous permettra de préparer des étiquettes pouvant servir à tous les membres de la famille. Vous pourrez également les fixer à tout objet facile à égarer comme les casquettes, les chapeaux, les manteaux, les sacs de taille, les imperméables et les parapluies. Les entreprises qui fabriquent des étiquettes sont inscrites à la rubrique « Broderie ». L'entreprise de chandails propose peut-être aussi ce service. Si cette idée d'étiquettes vous semble trop compliquée, allez vite à la section au sujet des enfants perdus aux pages 230 à 234 pour d'autres options.

La météo. Du mois de novembre au mois de mars, les températures sont très variables au centre de la Floride. Le temps peut donc être frisquet si vous visitez durant cette période. Nous vous suggérons de vous vêtir en multicouches. Par exemple, optez pour un coupe-vent perméable à l'air, imperméable ou hydrofuge, par-dessus un chandail léger à manches longues en polypropylène, lui-même par-dessus un *t-shirt* à manches longues. À l'instar des sacs de couchage et des duvets, l'air emmagasiné entre les couches vous garde au chaud. Si toutes les couches sont légères, vous n'aurez pas à transporter des vêtements encombrants si vous voulez vous dévêtir un peu. Plus loin dans cette section, nous vanterons les mérites du sac de taille. Chaque couche devrait être facilement compactable pour entrer dans le sac de taille malgré le reste de son contenu.

Les accessoires

Je voulais intituler cette section « Ceintures et autres menus objets », mais l'éditeur (qui, de toute évidence, visite régulièrement les grands magasins) était d'avis que « Les accessoires » serait plus à propos. Quoi qu'il en soit, nous vous recommandons des pantalons à taille élastique pour les enfants. Ainsi, pas de ceinture à chercher quand on est pressé de partir. Si vos enfants y tiennent ou voudraient pour y suspendre des trucs, optez pour un modèle en toile de type militaire que vous trouverez dans tous les magasins de surplus de l'armée ou dans les boutiques de plein air. Cette ceinture à la mode, qui pèse la moitié du poids d'une ceinture en cuir, est lavable.

Les lunettes de soleil. Le soleil de la Floride est si éblouissant que nous recommandons à tous les membres de la famille le port de lunettes de soleil. Également, autant pour les adultes que pour les enfants, il est bon de se prémunir d'une sangle de polypropylène pour maintenir en place les lunettes ou les lunettes de soleil. Le modèle idéal est équipé d'un dispositif de réglage rapide. Ce système permet à l'enfant de porter ses lunettes au cou à l'intérieur et de les maintenir en place dans les manèges extérieurs.

Le sac de taille et le portefeuille. À moins de voyager avec un nourrisson ou un bambin, le plus gros sac qu'un des membres devrait porter est un sac de taille ou « sac banane ». Chaque adulte et chaque enfant devraient avoir le sien. Idéalement, il devrait être assez grand pour contenir la collation d'une demi-journée et les autres menus objets nécessaires (baume pour les lèvres, bandana, gel antibactérien pour les mains, etc.) tout en offrant encore suffisamment d'espace pour y mettre un chapeau, un imperméable ou un coupe-vent léger. Nous vous suggérons d'acheter de vrais sacs de taille dans une boutique de plein air plutôt que de choisir ceux pour enfants. Ces sacs légers

et durables peuvent être réglés à la taille de n'importe quel enfant. Leur ceinture est large, confortable et antidérapante.

Ne gardez pas votre portefeuille, vos clés de voiture, votre carte d'identification d'hôtel Disney ou vos clés de chambre d'hôtel dans votre sac de taille. C'est une bonne précaution à prendre car les sacs de taille font l'envie des pickpockets (qui coupent la ceinture et s'enfuient avec le sac), bien que le vol ne soit pas monnaie courante à Walt Disney World. Les enfants ont par ailleurs tendance à échapper leur portefeuille en fouillant dans leur sac de taille.

De plus, toutes les clés d'hôtels Disney peuvent servir à l'entrée des parcs ou comme carte de crédit, à moins que vous n'ayez avisé le personnel de l'hôtel de bloquer ces options. De toute évidence, vous ne voulez pas égarer ces clés. Nous vous recommandons aussi d'annuler le droit de crédit sur les cartes de vos pré-ados. Faites ensuite la cueillette de ces cartes et rangez-les en sécurité lorsqu'elles ne sont pas utilisées.

Faites aussi le ménage de votre portefeuille. Enlevez et mettez en lieu sûr tout ce dont vous n'aurez pas besoin en vacances (les photos de famille, les cartes de bibliothèque, les cartes de crédit de grands magasins, les cartes professionnelles, les cartes de clubs vidéos, etc.). En plus d'alléger votre portefeuille, vous serez moins embêté si vous le perdez. Lorsque nous travaillons à Walt Disney World, notre petit portefeuille contient notre permis de conduire, une carte de crédit, notre clé d'hôtel Disney et un peu d'argent. Pensez-y, vous n'avez pas besoin de grand-chose.

Le petit sac à dos. Beaucoup de visiteurs se promènent avec des sacs à dos (petits et sans armature) ou une ceinture porte-bouteille d'eau. Le petit sac à dos peut être un choix judicieux si vous amenez votre équipement photo ou si vous devez porter la trousse de bébé. Par contre, les sacs à dos sont chauds, encombrants et peu sûrs. Chaque fois que vous montez à bord d'un manège ou que vous assistez à une présentation, vous devrez le retirer. À l'opposé, les sacs de taille n'ont besoin que d'être tournés vers l'avant pour vous permettre de vous asseoir. De plus, nous avons remarqué que le contenu d'un petit sac à dos peut aisément être redistribué dans deux sacs de taille (sauf pour l'équipement photo).

Les casquettes. À moins que vos enfants ne soient particulièrement sensibles au soleil, nous ne recommandons pas le port de casquettes, ni même de chapeaux. En vérité, les enfants mettent et retirent les casquettes en entrant ou en sortant des manèges, des toilettes publiques, des restaurants… Bref, ils les perdent régulièrement ! En fait, ils les perdent par milliers. On pourrait équiper chaque jeune joueur d'une équipe américaine avec les casquettes perdues annuellement à Walt Disney World.

Si vos jeunes ne s'en départissent jamais, il existe un dispositif vendu dans les boutiques de plein air qui permet à la casquette de rentrer au bercail avec l'enfant. En gros, il s'agit d'une courte cordelette munie de petites pinces à chaque extrémité. Attachez une pince au col du chandail et l'autre à la casquette. C'est une invention extraordinaire ! Je m'en sers en ski pour éviter que ma casquette ne parte au vent.

Les impers et compagnie. Il pleut à l'occasion en Floride, mais la pluie persiste rarement pendant des jours (c'est l'État du soleil après tout !). Nous vous suggérons de vérifier sur Internet les prévisions météorologiques pour le centre de la Floride environ trois jours avant votre départ. Les prévisions météorologiques s'étant grandement améliorées, celles-ci peuvent être émises avec justesse quatre à sept jours à l'avance. Si le temps semble orageux pour la période de vos vacances, prévoyez le nécessaire. Par contre, si le temps semble au beau fixe, vous pouvez prendre le risque.

En ce qui nous concerne, nous n'apportons habituellement pas d'imperméable ou de parapluie. D'abord parce que les averses dispersées sont beaucoup plus courantes que les journées pluvieuses. Ensuite parce qu'on peut se procurer un imperméable sur place, à bas prix (environ 6 $). De plus, aux parcs thématiques, les files d'attente de bon nombre d'attractions sont couvertes. Finalement, nous préférons voyager léger.

Par contre, en cas d'orage, vous aurez besoin d'un imperméable et d'un parapluie. Tel qu'un lecteur le soulignait, « Le parapluie rend l'averse plus tolérable. On oublie plus aisément une pluie qui ne nous martèle pas le capuchon. »

L'avantage d'acheter les imperméables avant de partir est de pouvoir choisir la couleur. À Walt Disney World, ils sont tous jaunes. Imaginez 30 000 personnes se fondant en une armée d'abeilles. Si votre famille est vêtue d'impers bleus, vous en repèrerez les membres plus facilement.

Pour conclure, fournissez à chaque enfant un bandana. Quoiqu'ils soient utiles en cas d'urgence pour essuyer un nez qui coule ou nettoyer un visage gommé de crème glacée, ils peuvent également éponger la sueur du front ou se nouer autour du cou pour protéger des rayons du soleil.

Enfin, prenez en considération ce conseil d'une mère de Memphis au Tennessee :

Imperméabilisez vos chaussures. La différence est surprenante !

Les objets divers

Les médicaments. Certains parents d'enfants hyperactifs sous médication arrêtent ou diminuent la dose de médicament vers la fin de l'année scolaire. Si c'est votre cas ; soyez averti que Walt Disney World pourrait stimuler votre enfant à outrance. Consultez votre médecin avant de modifier sa médication. De plus, si l'enfant souffre de troubles de l'attention, souvenez-vous que de puissants bruits peuvent déclencher une vive réaction. Malheureusement, le volume de certaines présentations est extrêmement élevé à Disney.

L'écran solaire. L'insolation et les coups de soleil comptent parmi les maux les plus courants des enfants en visite à Walt Disney World. Utilisez un écran solaire dont l'indice de protection est d'au moins 15 (et gardez-le à portée de la main). N'oubliez pas d'en enduire les bambins en poussette, même si celle-ci est couverte. Certains des pires cas de brûlure ont été constatés sur les pieds et le crâne de tout-petits en poussette. Évitez la surexposition. Pour vous protéger d'une insolation, reposez-vous régulièrement à l'ombre, au restaurant ou dans une salle de spectacle climatisée.

Les bouteilles d'eau. Ne vous comptez pas sur les boissons gazeuses ni sur les fontaines disponibles sur le site pour vous hydrater. Les files d'attente vous décourageront peut-être d'acheter des rafraîchissements et vous ne trouverez peut-être pas toujours de fontaine à proximité. Qui plus est, les enfants agités ne seront probablement pas conscients – et ne vous aviseront pas – qu'ils ont soif ou chaud. Pour les petits de cinq ans et moins, nous vous conseillons de louer une poussette et de transporter des bouteilles d'eau. Dans la majorité des parcs thématiques, vous pouvez-vous procurer des bouteilles de plastique pour environ 3 $.

Les glacières et les petits réfrigérateurs. Si vous vous rendez à Walt Disney World en voiture, emportez deux glacières : une petite pour la voiture et une grande pour la chambre d'hôtel. Si vous voyagez en avion et que vous louez une voiture, achetez une grande glacière en styromousse dont vos pourrez vous départir à la fin du voyage. Autrement, louez un petit réfrigérateur à l'hôtel. Dans les hôtels Disney, vous pouvez louer un petit réfrigérateur pour environ 10,50 $ par jour. Réservez-le en même temps que la chambre.

Les glacières et les petits réfrigérateurs vous permettent de déjeuner à la chambre et de conserver les aliments nécessaires aux lunchs et collations à apporter aux parcs thématiques. Vous épargnerez en évitant de vous ravitailler aux onéreuses distributrices de l'hôtel. Pour conserver vos aliments au frais, nous vous suggérons de faire congeler un contenant de lait de deux litres rempli d'eau avant de partir. Avec une bonne glacière, la glace pourra tenir au moins cinq jours. Si vous achetez une glacière en stryromousse, remplissez-la de sachets de glaçons à la distributrice de l'hôtel. Même si vous optez pour la location d'un petit réfrigérateur, vous économiserez beaucoup de temps et d'argent en réduisant vos visites aux restaurants et autres kiosques des parcs thématiques.

La trousse alimentaire. Si vous prévoyez préparer des sandwichs, n'oubliez pas d'apporter vos condiments et vos assaisonnements préférés. Une trousse typique contiendra de la mayonnaise, du ketchup, de la moutarde, du sel, du poivre et des sachets de sucre ou de succédané. Ajoutez-y des ustensiles en plastique (des couteaux et des cuillères), des serviettes de table en papier, des verres en plastique et une boîte de sacs à sandwichs. Pour vos céréales du matin, vous aurez besoin de bols en plastique. Évidemment, vous pourriez vous procurer tout cela sur place, mais puisque vous risquez de ne pas tout utiliser, ce serait de l'argent gaspillé. Si vous buvez de la bière ou du vin, n'oubliez pas votre limonadier (servant d'ouvre-bouteille et de tire-bouchon).

Les appareils électroniques. Peu importe l'âge de vos enfants, apportez toujours une veilleuse. Les lampes de poche sont également pratiques pour trouver un objet égaré dans une chambre d'hôtel où dorment des enfants. Si vous êtes un bon buveur de café (et que vous voyagez en voiture), emportez votre cafetière.

Les baladeurs et les lecteurs de disques compacts portatifs de même que les jeux électroniques sont souvent vus comme des accessoires controversés pour les voyages en famille. Entendez-vous à l'amiable. Les écouteurs permettent aux enfants de s'isoler un peu malgré la compagnie des autres, et peuvent faire une excellente soupape. Cela dit, établissez les normes d'utilisation dès le départ afin d'éviter que les écouteurs ne deviennent un moyen de distanciation et d'évitement. Si vous voyagez en voiture, choisissez tour à tour le poste radiophonique à syntoniser ou le disque compact à écouter.

De nombreux lecteurs gardent le contact en vacances grâce à des émetteurs-récepteurs portatifs. Voici ce qu'ils en disent :

Une famille de Cabot en Arkansas :

Empruntez ou achetez des émetteurs-récepteurs portatifs ! Vos vacances sont suffisamment coûteuses pour en valoir la peine ! Notre plus jeune était soit trop petit, soit trop effrayé pour certains manèges et j'étais enceinte. Nous allions donc nous asseoir plus loin tous les deux, mais nous restions toujours en contact. Mon mari, Joe, pouvait m'indiquer le temps d'attente d'une attraction, le moment de la descente à Splash Mountain (pour que je puisse prendre une photo !) ou encore le lieu de notre rendez-vous.

Un père de Roanoke en Virginie partage cette opinion :

Le meilleur achat que nous ayons fait demeure les émetteurs-récepteurs portatifs Talkabout de Motorola. Ils ont une portée d'environ trois kilomètres et ne sont pas plus gros qu'un jeu de cartes. Nous les avons utilisés pour la première fois à l'aéroport quand j'enregistrais les bagages tandis [que ma femme] dirigeait les enfants vers la porte d'embarquement. Aux parcs, les enfants avaient évidemment des goûts différents. Toutefois, grâce aux émetteurs-récepteurs portatifs, nous pouvions nous séparer et nous contacter pour déterminer le lieu de retrouvailles. À plusieurs reprises, de parents à bout de nerf nous ont demandé où ils pouvaient louer ou acheter ces appareils.

Si vous vous procurez des émetteurs-récepteurs portatifs, choisissez-les à canaux multiples ou optez pour des téléphones cellulaires, à l'instar de cette famille de Duluth en Georgie :

J'ai parlé à une dame qui avait investi plus de 100 $ dans l'achat d'émetteurs-récepteurs portatifs. À longueur de journée, tout ce qu'elle pouvait capter c'était les conversations des autres tant il y en a sur le site. Mon mari et moi avons utilisé nos téléphones cellulaires et c'était parfait. Quoique j'aie eu à débourser des frais d'itinérance pour l'utilisation de mon appareil, ils étaient loin d'atteindre ces 100 $!

La tente. Ne l'oubliez surtout pas. Ce n'est pas une blague et ce n'est pas pour aller camper non plus. Lorsque ma fillette était d'âge préscolaire, la mettre au lit dans une chambre d'hôtel partagée n'était pas de tout repos. Elle était habituée à sa propre chambre et les voyages l'excitaient beaucoup. Nous avons tenté l'impossible afin de créer l'illusion d'un espace privé bien à elle : des rideaux de fortune aux paravents, en passant par la réorganisation complète du mobilier de la chambre. C'était peine perdue. Vers l'âge de quatre ans, nous l'avons emmenée camper et c'est là que l'idée a germé. Elle aimait le confort, la sécurité et la sensation de cocon que lui procurait la tente, au point de s'y endormir beaucoup plus aisément que dans n'importe quelle chambre d'hôtel. Par la suite, lorsque nous sommes retournés à l'hôtel, nous avons monté la tente dans un coin de la chambre. Ma fille s'y est réfugiée, s'y lovant un moment, puis s'est endormie.

Depuis les jeunes années de ma fille, la conception des tentes s'est nettement améliorée. Pour répondre aux besoins des grimpeurs et des pagayeurs qui doivent souvent s'installer en terrain rocailleux (où il est impossible d'ancrer des piquets), les fabricants ont développé tout un éventail de produits autoportants pouvant être montés pratiquement n'importe où, sans corde ni piquet. Abordables et robustes, ces tentes sont parfois aussi faciles à utiliser qu'un parapluie. Alors, si votre enfant est trop jeune pour une chambre bien à lui, ou si vous n'avez pas les moyens de louer une deuxième chambre, essayez la tente. Les tentes modernes sont autonomes ; elles sont équipées d'un plancher et de glissières permettant de fermer (ou non) les entrées, mais non de les barrer. Les enfants apprécient cet espace bien à eux et aiment dormir sous la tente, même si elle est montée dans le coin d'une chambre d'hôtel. Les formats varient de la tente jouet dont la base est d'un mètre carré à des modèles permettant de loger trois ados bien portants. Légère et compacte, une tente pour deux dans son étui occupera moins du cinquième de l'espace d'un compartiment de taille courante situé au-dessus des sièges dans un avion commercial. Pour ce qui est du nourrisson ou du bambin, on peut aussi couvrir le lit ou le parc d'enfant d'un drap pour créer l'illusion d'une tente.

La boîte. Je me souviens d'une fameuse excursion à Walt Disney World à l'époque où mes enfants étaient plus jeunes. Chaque journée commençait par une incontournable chasse au trésor fort irritante. À quelques minutes de notre départ, nous découvrions qu'il manquait un soulier, un portefeuille, une paire de lunettes de soleil, un sac de taille ou quoi que ce soit d'autre d'indispensable. Pendant une quinzaine de minutes, nous arpentions la chambre en quête des objets égarés. Je ne connais pas vos enfants, mais lorsque les miens perdaient un soulier, ils cherchaient toujours dans les endroits les plus inappropriés plutôt que de regarder à l'endroit où l'objet était susceptible de se cacher. J'étais souvent étendu sur le sol à fouiller sous le lit pendant que l'enfant restait debout au milieu de la pièce à inspecter le plafond. Mes amis vous le diront, j'ai l'esprit ouvert, mais je ne crois pas connaître quelqu'un ayant déjà trouvé un soulier perdu au plafond ! Jamais ! Voici donc ce que j'ai fait : je suis allé dans un magasin me procurer une grande boîte vide. À partir de ce moment, chaque fois que nous rentrions à l'hôtel, les enfants déposaient leurs souliers, sacs de taille et autres menus objets dans la boîte. Il leur était ensuite interdit d'y toucher jusqu'à ce que je la vide au matin.

Les grands sacs à ordures. Il y a deux attractions où vous serez à coup sûr éclaboussé, si ce n'est détrempé : la balade en radeau de Kali River Rapids au Animal Kingdom et Splash Mountain au Magic Kingdom. Si vous avez très chaud et que cela vous importe peu, allez-y gaiement. Par contre, si vous avez un peu froid ou que vous n'avez pas envie d'être détrempé, munissez-vous d'un grand sac à ordures en plastique. En pratiquant des ouvertures au sommet et sur les côtés vous vous confectionnerez un imperméable de fortune qui vous gardera au sec. Sur le radeau, vous aurez également les pieds mouillés. Si vous n'avez pas envie d'en sortir les chaussures trempées, apportez un sac plus petit que vous enfilerez sur vos pieds durant la descente.

La trousse des tout-petits

Suite à des centaines de recommandations de la part de lecteurs, voici une liste de matériel à apporter lorsque vous voyagez avec un bébé :

- une couche jetable pour chaque heure passée hors de la chambre d'hôtel
- une culotte en plastique ou en vinyle avec fermeture velcro sur les côtés
- une petite serviette à mettre sur l'épaule pour le rot
- deux couvertures pour bébé : la première pour l'emmailloter ; la seconde pour l'y étendre ou pour vous couvrir si vous allaitez
- de l'onguent pour soigner l'érythème fessier
- des lingettes de toilette
- du lait maternisé embouteillé si vous n'allaitez pas
- une bavette lavable, une petite cuillère et des aliments pour bébé s'il mange de la nourriture solide
- un petit jouet réconfortant pour tenir l'enfant occupé durant les attractions

Les centres de soin pour bébés et tout-petits des parcs thématiques offrent tout ce dont vous pourriez manquer. Comme tout ce qui est vendu à Disney, les prix seront plus élevés qu'ailleurs, mais vous éviterez l'aller-retour à la pharmacie en plein milieu de votre visite.

Les souvenirs de voyage

1. Offrez à chaque enfant un petit carnet de voyage où noter chaque soir les événements de la journée. Si vos enfants ne sont ni motivés ni inspirés, lancez la discussion. Autrement, laissez-les dessiner ou écrire à volonté.

2. En cours de route, cueillez différents petits objets à mettre dans un coffre au trésor fait d'une boîte en fer blanc ou d'une boîte à chaussures. Il peut être amusant de redécouvrir les cartes postales, les

coquillages et les billets d'autobus des mois ou des
années plus tard.

3. Ajoutez des cartes postales à votre amas de photos
pour créer un album où vous écrirez un commentaire
sous chaque image.

4. Fournissez à chaque enfant une caméra jetable afin
qu'il immortalise son propre voyage. Un jeune de
cinq ans a fait toute une série de photos montrant les
gens de la taille en descendant – sa propre vision du
monde – (et ses photos étaient impayables).

5. De nos jours, de nombreuses familles voyagent avec
un caméscope. Nous vous recommandons d'en faire
usage avec parcimonie sinon les parents ne peuvent
plus apprécier leur voyage qu'à travers la lentille de
l'appareil. Si vous ne pouvez vous en passer,
emportez-le, mais ne filmez que quelques minutes à
la fois (trop, c'est trop !). Permettez aussi aux
enfants de s'en servir et de faire la narration. À ce
sujet, parlez haut et clair afin de ne pas être déclassé
par le bruit de fond caractéristique des parcs. Profitez
des casiers mis à la disposition du public dans les
parcs pour éviter que le caméscope ne devienne un
fardeau ou lorsque vous visitez une attraction qui
peut être dangereuse pour celui-ci. Si votre
caméscope n'est pas conçu pour aller sous l'eau, ne
l'emportez pas à Splash Mountain, à Kali River
Rapids ou dans tout autre manège où il y a de l'eau.

6. Une enregistreuse de poche est une autre façon
économique d'enregistrer des souvenirs. Laissez à
tous les membres de la famille le soin de décrire leur
expérience. Entendre la petite voix des gamins des
années plus tard est si touchant que ces
enregistrements éveilleront en vous des albums et
des albums de souvenirs, parfois bien plus vifs que
ceux inspirés par des enregistrements amateurs au
caméscope.

Enfin, ne vous laissez pas prendre dans un tourbillon de prises de photos et de collection de souvenirs. Vous n'êtes pas venu à Walt Disney World afin de produire le plus gros album-souvenir de l'histoire. Voici ce qu'en pense cette mère de Houston :

Dites à vos lecteurs de modérer leurs ardeurs quant à la prise de photos. Nous étions si occupés à tout photographier que nous n'étions plus là. Nous avons dû attendre le développement de nos photos pour découvrir tout ce que nous avions fait lors de nos vacances.

Au banc d'essai

Après avoir considéré toutes les facettes des préparations mentale, physique, organisationnelle et logistique présentées dans ce chapitre, il ne vous reste qu'à vous familiariser avec Walt Disney World et, bien sûr, mettre votre entraînement en pratique. Oui, oui ! Nous voulons que vous emmeniez toute l'équipe sur la route pour une journée afin de voir si vous êtes prêts à prendre Disney d'assaut. Sans blague, c'est très important. Vous découvrirez qui flanche le premier, qui a tendance à avoir des ampoules, qui doit aller aux toilettes toutes les 11 secondes et, dans l'interaction, vous pourrez mesurer le degré de compatibilité familiale en regard des choses à voir et à faire.

Pour que le test soit vraiment concluant, choisissez une activité qui requiert beaucoup de marche à pied, où il y a foule et où vous devrez décider des activités pour occuper votre temps. Les parcs thématiques régionaux et les foires locales sont parfaits ; les zoos et les musées peuvent également faire l'affaire. Consacrez-y une journée entière. Partez tôt le matin, tout comme vous le feriez à Walt Disney World. Remarquez le membre le mieux organisé et prêt à partir et celui qui lambine et retarde le groupe. Si vous devez conduire pendant une heure ou deux pour vous y rendre, pas de problème ! Vous aurez également à vous déplacer à Walt Disney World. Restez-y toute la journée, prenez plusieurs repas et rentrez tard.

Ne changez pas la donne (cela biaiserait les résultats) en avertissant tout le monde qu'il s'agit d'un test. Chacun se comporte différemment quand il se sait sous observation. Votre but n'est pas de réaliser l'exercice parfait, mais plutôt d'en découvrir un maximum sur chaque membre de la famille, sur la famille en tant qu'équipe et sur la façon dont chacun compose avec l'expérience de cette journée. Cet exercice vous permettra de découvrir qui est toujours en tête et qui traîne derrière ; qui est l'aventurier et qui est plutôt réticent ; qui a de l'allant et qui doit régulièrement se reposer ; qui mène et qui est heureux de suivre ; qui est agité et qui est calme ; qui a tendance à flâner ou à s'éloigner ; qui est curieux et qui est blasé ; qui est exigeant et qui est conciliant… Enfin, je crois que vous comprenez !

Le lendemain, discutez de vos découvertes avec votre partenaire. Ne vous découragez pas si tout n'était pas parfait, la perfection (s'il en est) est très rare. Déterminez quels problèmes peuvent être corrigés et lesquels sont intrinsèques au tissu émotif et physique de votre famille (peu importe la randonnée, certains pieds sont plus douillets que d'autres).

Établissez un plan d'action pour corriger les premiers (un entraînement prolongé, l'établissement de limites avant de partir, la recherche d'un consensus familial, etc.) et développez des stratégies visant à minimiser l'impact des seconds (réveiller les retardataires 15 minutes plus tôt, couvrir les zones sensibles de moleskine pour prévenir la formation d'ampoule, emporter des aliments familiers pour le bambin qui fait la moue au restaurant, etc.). Si vous êtes un observateur attentif, que vous faites un bon diagnostic et que vous êtes habile à résoudre les problèmes, vous composerez facilement avec la majorité des écueils potentiels d'une visite à Walt Disney World avant même de quitter la maison.

Cinquième partie

Tout le monde à bord !

Non, ce n'est pas une réponse du célèbre jeu télévisé *Jeopardy*, mais si c'était le cas, la question eut été : « Qu'a dit George Washington à ses soldats avant la traversée du Delaware ? » Cette anecdote historique se veut une amusante façon de vous mettre la puce à l'oreille ! Il est temps de mettre fin aux préparatifs et de passer à l'action. Walt Disney World vous attend. Tout le monde à bord !

À vos marques, prêts, partez !
La visite des parcs

Combien de temps allouer à chaque parc ?

Magic Kingdom et Epcot proposent tant d'attractions et d'événements spéciaux qu'il est impossible de tout voir d'un seul coup, même sans pause de demi-journée. Pour une bonne visite, allouez au moins deux jours pour chaque parc. Animal Kingdom et Disney-MGM Studios peuvent être parcourus en une journée, quoique le séjour serait plus agréable si vous y consacriez une journée et demie.

Par où commencer ?

Cette question est moins anodine qu'elle ne paraît. Les enfants qui visitent d'abord Magic Kingdom s'attendent à retrouver le même type d'attractions dans les autres parcs. À Epcot, les jeunes sont généralement déçus par l'orientation éducative et le sérieux des attractions, tout comme bon nombre d'adultes d'ailleurs. Disney-MGM Studios propose des attractions emballantes et éducatives s'adressant à un public mature.

Bien que les enfants adorent les zoos, les animaux ne nous font pas rire sur demande. Les petits ne trouveront donc pas nécessairement Animal Kingdom aussi amusant que Magic Kingdom ou Disney-MGM Studios.

Si c'est votre première visite, allez d'abord à Epcot afin de découvrir par la suite tout le faste et l'excentricité de Walt Disney World. Les enfants l'apprécieront également davantage s'ils le visitent en premier ; la tournée en sera plus agréable.

Voyez ensuite Animal Kingdom. À l'instar d'Epcot, il comporte un volet éducatif, mais l'ambiance est différente puisqu'il y a des animaux. Puis, faites un saut à Disney-MGM Studios. Cela permet une transition intéressante entre les parcs éducatifs Epcot et Animal Kingdom, et le fabuleux Magic Kingdom. De plus, puisque Disney-MGM Studios est moins vaste, la journée sera plus courte. Réservez le Magic Kingdom pour la fin.

Les heures d'ouverture

Personne ne peut accuser Disney de manquer de souplesse quant aux heures d'ouverture de ses parcs. Chaque année, ils opèrent selon au moins une douzaine d'horaires différents. Il est donc recommandé de téléphoner au (407) 824-4321 pour obtenir l'horaire au moment de votre visite. Hors saison, les parcs peuvent opérer aussi peu que huit heures par jour (de 10 h à 16 h). À l'opposé, soit en période de pointe et particulièrement à l'occasion des fêtes, ils peuvent être ouverts de 8 h à 2 h le lendemain matin.

Habituellement, l'horaire va comme suit. Du mois de septembre au milieu du mois de mars, sauf pour les fêtes, Magic Kingdom est ouvert de 8 h à 19 h, 20 h ou 21 h. À la même période, Epcot est ouvert de 9 h à 21 h et Disney-MGM Studios de 9 h à 19 h ou 20 h. Animal Kingdom est ouvert de 9 h à 18 h ou 19 h. L'été, Animal Kingdom demeure normalement ouvert jusqu'à 20 h. En règle générale, Epcot et Disney-MGM Studios sont ouverts jusqu'à 21 h ou 22 h, tandis que Magic Kingdom peut fermer à 1 h du matin.

L'ouverture officielle et l'ouverture officieuse

Les heures officielles sont celles que vous obtenez par téléphone. Cependant, les parcs peuvent ouvrir plus tôt. De nombreuses personnes qui se sont fiées à l'information du centre des relations avec la clientèle se sont retrouvées devant un parc déjà bondé de visiteurs. Par exemple, si les heures officielles sont de 9 h à 21 h à Magic Kingdom, la zone Main Street est accessible à 8 h ou 8 h 30, tandis que le reste du parc ouvre ses portes vers 8 h 30 ou 9 h. Si l'heure d'ouverture officielle de Magic Kingdom est 8 h et que vous avez droit à l'entrée anticipée (puisque vous logez dans un hôtel Disney), vous pourriez accéder au parc dès 6 h 30.

Disney affiche les heures d'ouverture à l'avance, mais se réserve le droit de les modifier en fonction de l'achalandage. Les contrôleurs Disney évaluent le nombre de visiteurs potentiels selon les réservations hôtelières de la région pour une journée donnée et, au besoin, ouvrent certains parcs plus tôt afin d'éviter l'embouteillage aux stationnements et aux guichets et de pouvoir absorber graduellement la foule.

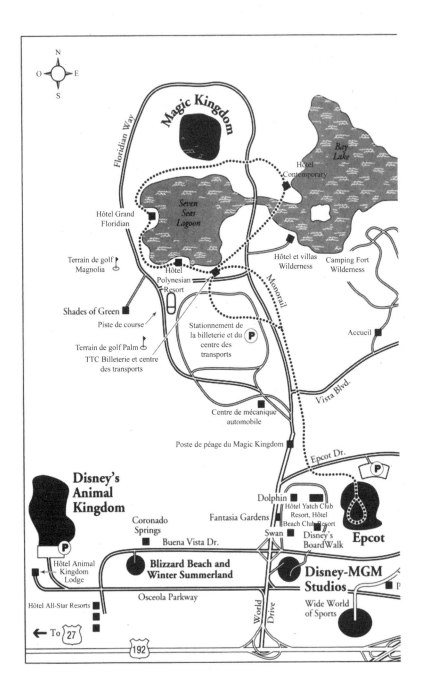

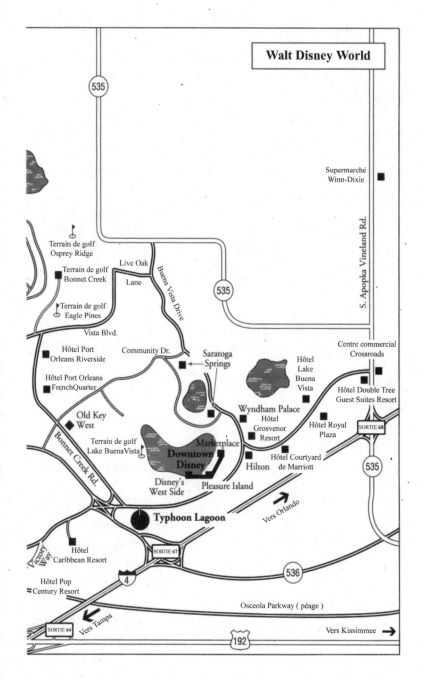

Walt Disney World

535

Supermarché Winn-Dixie

Terrain de golf Osprey Ridge

Live Oak

Terrain de golf Bonnet Creek

Lane

Buena Vista Drive

535

S. Apopka Vineland Rd.

Terrain de golf Eagle Pines

Vista Blvd.

Hôtel Port Orleans Riverside

Community Dr.

Saratoga Springs

Hôtel Lake Buena Vista

Centre commercial Crossroads

Hôtel Port Orleans FrenchQuarter

Wyndham Palace

Hôtel Double Tree Guest Suites Resort

Old Key West

Hôtel Grosvenor Resort

Hôtel Royal Plaza

SORTIE 68

Terrain de golf Lake BuenaVista

Marketplace

Downtown Disney

Hilton

Hôtel Courtyard de Marriott

535

Bonnet Creek Rd.

Disney's West Side

Pleasure Island

Vers Orlando

Typhoon Lagoon

Hôtel Caribbean Resort

SORTIE 67

536

Victory Way

4

Hôtel Pop Century Resort

Osceola Parkway (péage)

SORTIE 64

Vers Tampa

Vers Kissimmee

192

177

En basse saison, si vous ne pouvez vous prévaloir d'une entrée anticipée, choisissez un autre parc et arrivez environ 30 minutes avant l'heure d'ouverture officielle. En plein été, arrivez 40 minutes à l'avance, ou 50 minutes en période de pointe (les jours fériés).

Pour les villégiateurs Disney bénéficiant d'une entrée anticipée, arrivez au parc 80 minutes avant l'heure d'ouverture officielle. Les autobus, les traversiers ainsi que le monorail entrent en service environ deux heures avant l'ouverture générale.

En fin de journée, les manèges et les attractions cessent d'opérer à peu près à l'heure de fermeture officielle. Main Street demeure ouverte entre une demi-heure et une heure après la fermeture de Magic Kingdom.

Les règles

Il y a cinq règles à suivre pour réussir votre visite aux parcs Magic Kingdom, Animal Kingdom, Epcot et Disney-MGM Studios.

1. Décidez à l'avance

Quels sont les attractions et les manèges qui vous intéressent ? Si vous avez le temps, quels autres manèges et attractions aimeriez-vous également expérimenter ? Que laisseriez-vous tomber au besoin ?

Pour vous aider à établir vos priorités, nous décrirons chaque parc thématique et ses attractions plus loin dans cet ouvrage. Pour chaque description, vous trouverez l'évaluation de l'auteur et l'opinion de certains villégiateurs de Walt Disney World exprimées à l'aide d'étoiles (cinq étoiles indiquent la meilleure note).

Finalement, puisque les attractions vont des calèches et des manèges forains aux extravagances de haute technologie, nous avons conçu une échelle de catégories permettant de préciser l'ampleur de chacune :

Les vedettes. Ce sont les meilleures attractions du parc thématique, plus grandes que nature en taille, en portée et en imagination, tout en étant à la fine pointe de la technologie et du modernisme en matière de conception.

Les têtes d'affiche. On y classe des spectacles et des aventures grandioses, de conception et de technologie modernes, qui valent le détour et dont les effets spéciaux vous en mettront plein la vue.

Les attractions principales. Il s'agit d'aventures de taille plus modeste, mais à la fine pointe de la technologie, ou encore d'importantes attractions un peu moins modernes.

Les attractions secondaires. Ce sont des manèges forains, des petits manèges dans le noir (des chariots zigzaguant dans la pénombre), des spectacles de moindre importance, des manèges locomoteurs et des attractions à parcourir à pied.

Les divertissements. Il s'agit d'expositions passives ou interactives, dont les aires de jeu, les salles de jeux électroniques et les spectacles de rue.

Bien que toutes les attractions de Walt Disney World ne s'inscrivent pas parfaitement dans ces catégories, celles-ci permettent d'établir des comparaisons en fonction de la taille et de l'importance. N'oubliez pas que la taille d'une attraction n'est pas garante de sa qualité. Une attraction secondaire comme Peter Pan's Flight à Magic Kingdom demeure l'un des manèges les plus appréciés du parc et, pour les petits, aucune attraction, quelle que soit sa taille, ne surpasse le manège de Dumbo.

2. *Arrivez tôt ! Arrivez tôt ! Arrivez tôt !*

C'est l'élément fondamental pour une visite optimale, évitant les files d'attente. Tôt le matin, il n'y a pas de file et la foule est moins dense. Les quatre manèges que vous visiterez en une heure en matinée pourraient vous prendre jusqu'à trois heures après 10 h 30. Déjeunez avant d'arriver au parc pour ne pas perdre de temps.

Plus le parc ouvre tôt, plus vous pourrez en profiter puisque la majorité des vacanciers répugnent à se lever tôt pour visiter un parc thématique. Il y aura moins de gens à l'entrée à 8 h qu'à 9 h. Il est plutôt rare qu'un parc ouvre à 10 h, mais lorsque c'est le cas, tout le monde arrive en même temps et il est quasi impossible de devancer la foule. Si vous êtes un villégiateur Disney et que vous avez droit à une entrée anticipée, arrivez aussi tôt que permis (vers 6 h 30 si le parc ouvre à 8 h au public ou vers 7 h 30 si l'ouverture officielle est à 9 h). Si vous visitez Disney en plein cœur de l'été, arrivez aux parcs sans entrée anticipée une quarantaine de minutes à l'avance. Durant les fêtes, présentez-vous aux portes des parcs au moins 50 minutes avant l'heure d'ouverture officielle.

3. *Évitez les embouteillages*

L'affluence et la mauvaise gestion de la foule créent des embouteillages. Pour les éviter, il faut pouvoir prévoir où, quand et pourquoi ils se produisent. Un groupe de personnes affamées crée un embouteillage à l'entrée des restaurants aux heures de repas. À l'heure de fermeture, on en voit en direction de la sortie et dans les boutiques de souvenirs qui jalonnent ce trajet. L'affluence des visiteurs à l'entrée des nouveaux manèges ou des plus populaires, de même que les attractions qui prennent du temps à l'embarquement et au débarquement, entraînent également des embouteillages et de longues files d'attente. Afin de vous aider à détecter les attractions à haut risque d'embouteillage, nous avons développé une échelle d'embouteillage de 1 à 10. Lorsqu'une attraction y obtient un fort degré, allez-y dès les premières heures d'ouverture du parc. L'échelle est présentée dans chaque profil d'attraction des chapitres 7 à 10.

4. Retournez à l'hôtel pour un repos d'après-midi

Vous croyez peut-être que nous insistons un peu trop sur cette notion de pause, mais si vous passez une journée entière aux parcs, vous en comprendrez l'importance. Il ne s'agit pas d'une blague, résignez-vous à rentrer à l'hôtel en milieu de journée pour une baignade, un peu de lecture ou une sieste.

5. Ouvrez la soupape

À Disney, l'horaire des jeunes enfants est fort structuré. Gardés à proximité de peur qu'ils ne s'égarent, ils sont bousculés à longueur de journée de file en file et d'attraction en attraction. Après quelques heures sous étroite surveillance, il n'est pas étonnant qu'ils aient besoin de s'évader un peu et de dépenser cette énergie comprimée. À cet effet, chacun des principaux parcs thématiques propose des aires de jeu de tous acabits pour leur permettre de se dégourdir. À Magic Kingdom, il y a Tom Sawyer Island ; à Animal Kingdom, on trouve Boneyard et à Disney-MGM Studios, ils peuvent s'amuser dans les décors de l'attraction *Honey, I Shrunk the Kids*. L'aire de jeu d'Epcot, Fitness Fairgrounds, au pavillon Wonders of Life, semble quelque peu anémique comparée aux autres, mais elle est tout aussi efficace. Sachez que les aires de jeu sont suffisamment grandes pour qu'il soit aisé d'y égarer un jeune explorateur. Par contre, toutes (à l'exception de Fitness Fairgrounds) n'ont qu'un seul accès. Alors, même si vos enfants s'y perdent, ils ne peuvent s'aventurer hors du terrain sans franchir ce seuil (où se trouvent habituellement des employés Disney).

L'itinéraire quotidien

Planifiez chaque journée en trois blocs :

1. La visite matinale d'un parc thématique
2. La pause de mi-journée
3. La visite d'un parc en fin d'après-midi et en soirée

Sélectionnez les attractions qui vous intéressent et vérifiez leur degré d'embouteillage et l'heure de visite idéale. Si vos enfants ont huit ans ou moins, vérifiez également leur facteur d'effroi. À l'aide des plans des parcs thématiques inclus dans ce guide, établissez votre itinéraire pas à pas et notez-le bien. Visitez les attractions à haut risque d'embouteillage le plus tôt possible, passez ensuite à celles qui oscillent entre six et huit à l'échelle d'embouteillage en milieu d'avant-midi. Prévoyez quitter le parc pour votre repos de mi-journée vers 11 h 30.

Pour votre bloc de visite de fin d'après-midi et de soirée, vous n'êtes pas obligé de retourner au même parc thématique si vous vous êtes procuré un billet *Park Hopper* qui permet de visiter différents parcs la même journée. Quoi qu'il en soit, nous vous suggérons de visiter des attractions à faible degré d'embouteillage avant 17 h. Après, toute attraction oscillant entre un et sept à l'échelle d'embouteillage est facilement accessible. Si vous prolongez la soirée, tentez votre chance à l'entrée des attractions à risque élevé d'embouteillage (de huit à dix) juste avant la fermeture.

En plus des attractions, chaque parc thématique propose toute une variété d'événements spéciaux. Nous vous recommandons de planifier ces défilés, spectacles et autres productions pour le bloc de fin d'après-midi et de soirée. Le matin, concentrez votre énergie à faire l'expérience d'attractions. Pour votre information, nous considérons les spectacles qui offrent au moins cinq représentations par jour (sauf les spectacles de rue) comme des attractions. Ainsi, Indiana Jones à Disney-MGM Studios et Festival of the Lion King à Animal Kingdom sont vues comme des attractions, alors que *IllumiNations* d'Epcot ou les défilés du Magic Kingdom qui sont plutôt considérés comme des spectacles.

L'horaire des spectacles est affiché à l'entrée de chaque parc. En planifiant votre itinéraire, souvenez-vous que les grands spectacles attirent les foules qui autrement se retrouveraient en file d'attente. Profitez donc des heures de défilés et de spectacles pour visiter les attractions les plus populaires.

Le service FASTPASS

En 1999, Disney a introduit un nouveau système pour réduire le temps d'attente aux attractions les plus populaires. Le service FASTPASS prit d'abord naissance à Animal Kingdom pour ensuite être introduit aux autres parcs. Laissez-nous vous expliquer.

Le plan du parc que vous aurez en main, tout comme le panneau d'affichage des attractions, vous indiqueront les attractions offrant ce service. Ces dernières disposeront d'une file d'attente régulière et d'une file d'accès FASTPASS. Un tableau situé à l'entrée vous indiquera le temps d'attente de la file régulière. Si ce n'est pas trop long, prenez place dans cette file. Autrement, insérez votre billet d'entrée dans la distributrice FASTPASS pour obtenir une heure de « rendez-vous » plus tard dans la journée. À l'heure indiquée, vous prendrez place dans la file d'accès rapide (FASTPASS) et profitez de l'avant-spectacle ou passerez dans la zone d'embarquement sans plus tarder. Ce procédé

(développé par Universal Studios il y a quelques années) fonctionne à merveille et peut vous éviter une grande perte de temps. Ce service est offert sans frais supplémentaires.

Disney offre un traitement préférentiel aux utilisateurs du service FASTPASS. En fait, les efforts fournis pour répondre aux besoins des clients sur « rendez-vous » peuvent causer des frustrations aux clients de la file régulière. Pour témoigner de leur statut, on désigne les personnes de cette file comme des « visiteurs en attente ».

Cela dit, le service FASTPASS n'élimine en rien la nécessité d'arriver tôt au parc thématique pour profiter de votre journée puisque chaque parc ne propose qu'un nombre restreint d'attractions à accès rapide. De plus, comme nous le verrons plus loin, le nombre de cartes FASTPASS émises durant la journée pour chacune des attractions est limité. Si vous n'arrivez pas avant la fin de l'après-midi, vous apprendrez probablement que la totalité des cartes d'accès rapide d'une attraction donnée a déjà été attribuée. Le service FASTPASS permet de voir un maximum d'attractions sans trop attendre, en plus de profiter des attractions « éclaboussantes » comme Kali River Rapids tandis que le soleil est à son zénith.

L'objectif du service. Le but ultime du service est de réduire le temps d'attente pour des attractions données en répartissant les visiteurs tout au long de la journée. Pour ce faire, une récompense (i.e. un temps d'attente plus court) est offerte aux personnes prêtes à retarder la visite de cette attraction. Du coup, le système impose également une punition (i.e. être relégué au statut de visiteur en attente) à ceux qui décident de ne pas s'en prévaloir. Toutefois, la répartition des visiteurs réduit également le temps d'attente de la file régulière.

En insérant votre billet d'entrée dans l'horodateur, ce dernier vous remet une carte plus petite qu'une carte de crédit, pouvant aisément être insérée dans votre portefeuille, mais tout aussi facile à égarer. Sur cette carte, vous trouverez le nom de l'attraction et une fenêtre de visite s'étendant sur une heure (par exemple, de 13 h 15 à 14 h 15) pendant laquelle vous devrez vous présenter au manège.

De retour à l'attraction entre les heures indiquées, prenez place dans la file d'accès rapide qui vous guidera presque directement à la zone d'embarquement ou d'avant-spectacle. Chaque membre de votre groupe doit posséder sa propre carte et doit la présenter aux employés à l'entrée de la file. Avant d'accéder à la zone d'embarquement ou d'avant-spectacle, un autre employé recueillera les cartes.

Vous pouvez vous présenter à l'attraction à n'importe quel moment au cours de la période indiquée. Selon nos observations, cela ne fait aucune différence puisque la consigne est de réduire le temps d'attente des détenteurs de ces cartes. Si la file d'accès rapide est soudainement achalandée, les employés interviennent rapidement pour la désengorger en laissant entrer jusqu'à 25 détenteurs de cartes pour chaque personne de la file régulière, et ce jusqu'à ce que la longueur de la file d'accès rapide soit de nouveau acceptable. Bien que l'accès FASTPASS réduise jusqu'à 80 % du temps d'attente régulier, vous attendrez tout de même un peu, mais rarement plus de 20 minutes.

Vous pouvez vous procurer une carte FASTPASS dès l'ouverture du parc, mais les files d'accès rapide ne sont opérationnelles que 45 minutes après l'ouverture. Il y aura un intervalle de temps entre le moment où vous vous procurez une carte d'accès rapide et votre visite. Ce délai peut varier d'une trentaine de minutes à trois heures, voire même sept heures, selon l'achalandage du parc, de la popularité de l'attraction et de la capacité horaire de l'attraction. En règle générale, plus tôt vous vous procurez une carte FASTPASS, plus court sera l'intervalle entre l'insertion de votre billet dans l'horodateur et la plage horaire indiquée sur la carte.

Pour distribuer l'achalandage de façon efficace au cours d'une journée, l'horodateur octroie un délai de cinq minutes entre les périodes d'une heure pour un nombre déterminé de détenteurs de cartes d'accès rapide (équivalant à environ 6 % de la capacité horaire de l'attraction). Par exemple, si Splash Mountain ouvre à 9 h, les premiers 125 détenteurs de cartes se verront attribuer la fenêtre de 9 h 40 à 10 h 40. Les prochains 125 obtiendront celle entre 9 h 45 à 10 h 45. Si une attraction est exceptionnellement populaire ou que sa capacité horaire est plutôt restreinte, votre visite pourrait être reportée près de l'heure de fermeture du parc. L'horodateur s'éteint ensuite de lui-même et une affichette indique que les cartes d'accès rapide sont épuisées pour la journée. Il n'est pas rare de constater que Mission : Space, à Epcot ou Winnie the Pooh, à Magic Kingdom ont épuisé leurs cartes FASTPASS dès 13 h.

Les FASTPASS des manèges épuisent régulièrement, mais pas celles des spectacles. Les horodateurs des spectacles tentent de répartir l'assistance de chaque représentation en un nombre égal de détenteurs de cartes et de spectateurs réguliers. Ainsi, les spectateurs réguliers ne subissent pas autant de discrimination aux spectacles qu'aux manèges. En réalité, la carte FASTPASS réduit le temps d'attente des spectateurs réguliers. En général, sauf en de rares exceptions, la file régulière des spectacles est plus rapide que la file d'accès rapide.

L'utilisation de la carte FASTPASS. Sauf dans les cas cités ci-dessous, il est inutile de se servir de la carte FASTPASS durant les premiers trois quarts d'heure d'ouverture du parc.

Les files de la majorité des attractions sont encore raisonnables. À ce moment, de toute façon, les manèges à accès rapide ne desservent que la file régulière. Toutefois, peu importe l'heure de la journée, si le temps d'attente de la file régulière est de moins d'une trentaine de minutes, nous vous recommandons d'y prendre place. Pensez-y ! L'utilisation de la carte FASTPASS nécessite deux visites à une même attraction : la première pour obtenir votre carte et la seconde pour vous en prévaloir. Ce qui signifie que vous devez prendre le temps de vous la procurer (il peut y avoir une file à l'horodateur) puis d'interrompre votre visite pour revenir l'utiliser. Sachez que même la file à accès rapide peut être un peu longue.

La file d'attente de cinq attractions Disney se dessine si rapidement que si vous ne la joignez pas dès l'ouverture, vous attendrez probablement longtemps. Ces attractions sont : Mission : Space et Test Track à Epcot, Kilimanjaro Safaris à Animal Kingdom, Space Mountain à Magic Kingdom et Rock'n'Roller Coaster à Disney-MGM Studios. Pour ces attractions, soit vous vous précipitez dès l'ouverture du parc, soit vous vous procurez une carte FASTPASS. La file d'attente de cinq autres attractions à accès rapide, dont Splash Mountain, Winnie the Pooh, Peter Pan's Flight et Jungle Cruise à Magic Kingdom ainsi que Tower of Terror à Disney-MGM Studios, est déjà longue moins d'une demi-heure après l'ouverture du parc. Si vous pouvez vous y présenter avant que l'attente ne soit démesurée, tant mieux. Sinon, vous aurez le choix entre l'utilisation d'une carte FASTPASS ou une attente interminable.

LE GUIDE FASTPASS

- Prévalez-vous d'une carte FASTPASS seulement si cela vous permet d'éviter au moins 30 minutes d'attente.
- Si vous arrivez après l'ouverture du parc, procurez-vous immédiatement une carte FASTPASS pour les attractions offrant ce service préférentiel.

- N'allez pas chercher de cartes FASTPASS pour des spectacles avant d'avoir fait l'expérience de tous les manèges à accès rapide de votre itinéraire. L'utilisation d'une carte FASTPASS à un spectacle demande parfois plus de temps que d'attendre en file régulière.
- Vérifiez toujours l'heure de visite indiquée à l'horodateur avant de vous procurer une carte FASTPASS.
- Allez chercher votre carte d'accès rapide le plus tôt possible pour Rock'n'Roller Coaster à Disney-MGM Studios, pour Mission : Space et Test Track à Epcot et pour Winnie the Pooh, Peter Pan's Flight, Space Mountain et Splash Mountain à Magic Kingdom.
- Tentez d'obtenir vos cartes FASTPASS avant 13 h pour les autres attractions.
- En haute saison, n'espérez pas obtenir de cartes FASTPASS pour les manèges après 14 h.
- Assurez-vous que chaque membre de votre groupe ait sa propre carte FASTPASS.
- Souvenez-vous que vous pouvez obtenir une seconde carte FASTPASS dès que vous entrez dans la fenêtre horaire de visite de votre première carte ou deux heures après son émission (selon la première échéance).
- N'oubliez pas votre heure de retour et planifiez vos activités en conséquence.

Les nouvelles règles du service. Disney précise que vous devez utiliser votre carte FASTPASS actuelle ou attendre deux heures avant de pouvoir vous en procurer une pour une autre attraction. Il s'agit d'une modification au programme d'origine. Auparavant, vous ne pouviez détenir qu'une seule carte à la fois, mais Disney a sans doute reçu des centaines de plaintes semblables à celle-ci, que nous avons reçue d'un lecteur de Newport News en Virginie.

Vers 13 h 30, il y avait une longue file d'attente pour Winnie the Pooh. Nous sommes donc allés à l'horodateur pour nous procurer des cartes FASTPASS sans prendre le temps de vérifier l'heure de visite prévue. Lorsque j'y ai jeté un coup d'œil [à la carte], la fenêtre horaire indiquait entre 18 h 45 et 19 h 45 ! J'ai tenté de retourner nos cartes FASTPASS, mais le préposé nous signala qu'il n'y pouvait rien. Selon le règlement, j'étais piégé et je ne pouvais pas me prévaloir d'autres cartes pour le reste de l'après-midi. En fin de compte, nous avons quitté le parc avant l'heure de visite prévue et nous n'avons pas pu faire l'expérience du manège Winnie the Pooh puisque c'était notre dernier jour de visite.

Puisque ce genre de situation (et de plainte) n'est pas rare, Disney a amendé son règlement afin de permettre aux visiteurs d'obtenir une seconde carte deux heures après l'émission de la première. Mis à part ce règlement, la leçon à tirer de cette situation est de vérifier l'heure de visite prévue avant de se procurer une carte FASTPASS, tel que l'indique ce père de deux enfants de Cranston, Rhode Island.

Vérifiez toujours l'affichette située au-dessus de l'horodateur afin de connaître l'heure de visite prévue. Nous avons fait l'erreur de ne pas la vérifier avant de prendre des cartes FASTPASS pour Space Mountain. L'heure de visite indiquée était dans plus de deux heures et nous ne pouvions y être à cause d'une réservation pour le dîner. Nous ne pouvions donc pas utiliser nos cartes d'accès rapide pour Space Mountain, ni nous en procurer pour d'autres attractions avant l'heure du dîner.

Si le délai de visite est de quelques heures (comme c'est le cas du lecteur de Newport News), oubliez cette attraction. À Magic Kingdom, notamment, il y aura de nombreuses autres attractions à accès rapide où vous n'aurez qu'une heure de délai d'attente.

Pour certaines attractions, l'intervalle de temps entre l'émission de la carte FASTPASS et l'heure de visite indiquée peut aller de trois à sept heures. Si vous voulez vous prévaloir de cartes FASTPASS pour les attractions ci-dessous, essayez de vous les procurer avant 11 h.

Magic Kingdom	Epcot	Disney-MGM Studios
Winnie the Pooh	Test Track	Rock'n'Roller Coaster
Peter Pan's Flight	Mission : Space	
Space Mountain		
Splash Mountain		

Les trucs du métier. Bien que le règlement de Disney stipule que vous devez vous prévaloir de votre carte actuelle ou attendre deux heures avant de vous en procurer une autre, il est possible d'en obtenir une seconde avant d'avoir utilisé la première. Supposons que votre carte d'accès rapide pour Kilimanjaro Safaris à Animal Kingdom indique de 10 h 15 à 11 h 15. Vous pouvez vous procurer dès 10h15 une carte pour Kali River Rapids, par exemple, puisque le système informatique ne gère que l'émission des cartes FASTPASS, sans tenir compte du fait qu'elles aient été utilisées ou non.

À l'horodateur d'une attraction, il est plus rapide et plus courtois à l'égard des autres visiteurs qu'une seule personne se procure les cartes pour tout le groupe. Pour ce faire, vous devez cependant confier tous vos laissez-passer ainsi que vos cartes FASTPASS à une seule personne. Choisissez-la bien !

Par ailleurs, ne planifiez pas trop d'activités entre l'émission de votre carte et la fin de la fenêtre horaire de visite. Nous avons rencontré de nombreuses familles qui ont raté leur visite parce qu'elles voulaient expérimenter une attraction de plus avant de retourner utiliser leur FASTPASS.

Les facteurs affectant votre efficacité

Votre rapidité à vous déplacer d'un manège à l'autre ; quand et combien de pauses vous prenez pour vous rafraîchir ou aller aux toilettes ; où, quand et comment vous prenez vos repas, ainsi que votre aptitude (ou manque d'aptitude) à vous orienter dans le parc influenceront le nombre d'attractions que vous pourrez voir. Les petits groupes se déplacent généralement plus rapidement que les grands, et les familles avec des grands enfants peuvent couvrir davantage de terrain que celles avec tout-petits. La permutation des passager au transfert (voir la description aux pages 198 à 200), entre autres, empêche les familles avec de jeunes enfants de naviguer aisément d'une attraction à l'autre. De plus, certains enfants ne peuvent simplement pas se conformer à la règle d'or qui stipule d'arriver tôt !

Une mère de Nutley au New Jersey nous écrit que :

Bien qu'il soit conseillé d'arriver aux parcs dès l'ouverture, nous ne pouvions tout simplement pas brûler la chandelle par les deux bouts. Nous ne réussissions pas à mettre nos enfants (dix, sept et quatre ans) au lit assez tôt. Du coup, nous ne pouvions les réveiller à l'aube et les garder relativement sains d'esprit. Il était préférable pour nous de les laisser faire la grasse matinée, et de sortir entre-temps pour leur ramener un déjeuner à la chambre. Ainsi, nous arrivions à débuter la journée plus tôt en ne perdant pas de temps au restaurant. Nous avons réussi à éviter de longues files en nous levant tôt certains matins et en visitant des attractions populaires durant les défilés, aux heures de repas et tard en soirée.

Finalement, si vous avez de jeunes enfants, préparez-vous à la rencontre des personnages. L'apparence d'un personnage Disney est parfois suffisante pour mettre un frein à vos transports. De plus, bien que certains personnages se promènent encore dans les parcs, il est de plus en plus courant de les rassembler en des événements particuliers (tel le Hall of Fame de Mickey's Toontown Fair) où les familles font la file pour des photos et des autographes. Rencontrer des personnages, poser pour des photos et collectionner leurs autographes peut vous coûter des heures et des heures de temps précieux. Si vos enfants sont des chasseurs d'autographes, il vous faudra prévoir ces interruptions en cours de visite et établir des règles sur le temps alloué à la rencontre de personnages. Nous vous conseillons de suivre le rythme de la journée, ou encore de prévoir un avant-midi ou un après-midi spécifique pour partir à la chasse de photos et d'autographes. Sachez toutefois que les files pour les autographes, particulièrement celles de ToonTown, à Magic Kingdom, et du Camp Minnie-Mickey, à Animal Kingdom, peuvent être aussi longues que celles des manèges. La seule façon d'obtenir des autographes de façon rapide et efficace est de faire la file dans la zone d'accueil des personnages dès l'aube. Cependant, puisque c'est également le meilleur temps pour visiter de nombreuses attractions, vous aurez donc des choix difficiles à faire.

Bien que nous soyons conscients que de commencer tôt et de fonctionner à plein régime tout l'avant-midi ne soit pas nécessairement compatible avec l'idée que vous vous faites de vos vacances, nous savons que c'est la meilleure façon de profiter des attractions les plus populaires en évitant les longues files d'attente. Nous vous recommandons donc de visiter sans arrêt jusqu'aux environs de 11 h. Les pauses et les diversions auront moins d'impact sur votre plan de visite après cette heure.

D'autres facteurs ne dépendant pas de vous peuvent également avoir une incidence sur votre temps d'attente, comme la rapidité d'exécution des employés à exploiter un manège à pleine capacité. Par exemple, le Big Thunder Mountain Railroad, les montagnes russes du Magic Kingdom, comptent cinq trains. Certains matins, il peut n'y avoir que deux trains en opération, tandis que les trois autres seront ajoutés au besoin. Si la file s'allonge avant que les employés n'aient le temps de réagir en ajoutant les autres trains, l'attente pourrait devenir interminable, même en début d'avant-midi.

Une autre variable tient à votre heure d'arrivée à un spectacle en salle. En général, le temps d'attente devrait équivaloir à la période entre votre arrivée et la fin de la représentation précédente. Ainsi, si Country Bear Jamboree dure 15 minutes et que vous arrivez une minute après le début de la représentation, vous attendrez 14 minutes pour le prochain spectacle. Inversement, si vous arrivez tandis que la représentation tire à sa fin, l'attente sera de courte durée.

Les manèges à sensations fortes

Les lecteurs de tous âges devraient faire preuve d'ouverture d'esprit quant aux supposés manèges à sensations fortes. Si on les compare à certains manèges d'autres parcs thématiques, ceux de Disney sont plutôt timides puisqu'ils mettent davantage l'accent sur le décor, l'ambiance et les effets spéciaux que sur le mouvement, la vitesse ou la sensation du manège. Bien qu'il ne faille pas prendre les avertissements à la légère, nous vous assurons que des visiteurs de tous les âges apprécient des manèges comme Tower of Terror, Big Thunder Mountain et Splash Mountain.

Un lecteur de Washington résume d'ailleurs très bien le tout :

*En pensant à des montagnes russes, mes garçons et moi avions à l'esprit
des manèges traditionnels de parcs thématiques. Nous imaginions
Big Thunder Mountain et Space Mountain avec de formidables*

montées, des boucles renversées, d'imposantes chutes verticales,
etc. En règle générale, je déteste les montagnes russes,
particulièrement à cause de cette sensation désagréable de chute et
je n'ai jamais sauté dans un manège à boucles renversées.
En fait, les manèges Disney sont bien timides en comparaison. Il n'y a
pas de longue montée à pic (sauf à Splash Mountain, mais vous la
voyez bien avant de monter à bord et si vous y allez, c'est en toute
connaissance de cause). J'ai rassemblé tout mon courage et j'ai
fait tous ces manèges... Plus je bravais ma peur, plus j'aimais ces
manèges ! Si vous n'anticipez pas les chutes abruptes, vous
apprécierez les effets spéciaux, voire même les virages à l'envers et
les courbes. Être ballotté de courbe en courbe est de toute évidence
le plus gros défi que puisse offrir les montagnes russes de Disney.

Disney, conscient qu'il lui faille plus d'attractions pour capter l'intérêt des adolescents et des jeunes adultes, a ajouté quelques montagnes russes à ses parcs. Le Rock'n'Roller Coaster de Disney-MGM Studios, par exemple, comprend quelques-uns des éléments que tente d'éviter notre lecteur de Washington.

Les restrictions de taille et d'âge

Les enfants doivent mesurer au moins un mètre pour monter avec un adulte et être âgés d'au moins sept ans pour pouvoir monter seuls dans plusieurs attractions. Si vos enfants sont trop petits ou trop jeunes pour ces manèges, plusieurs possibilités s'offrent à vous, dont la permutation des passagers (ou transfert) (tel que décrit aux pages 198 à 200). Quoique les différentes options puissent régler des problèmes de logistique, soyez avisés que les petits pourraient être envieux du fait que leurs frères et sœurs plus âgés (ou plus grands) puissent monter à bord de ces manèges. C'est ce qu'a constaté une mère de la Virginie ;

Vous mentionnez les restrictions de taille pour certains manèges, mais ne faites pas allusion à la jalousie pouvant en résulter. À cet égard, Frontierland a représenté un véritable défi pour nous. Notre toute menue fillette de cinq ans a dû subir l'outrage de patienter pendant que son frère de huit ans s'amusait dans Splash Mountain et Big Thunder Mountain avec grand-maman et grand-papa. Les choix offerts aux alentours n'étaient pas d'un grand secours (la file d'attente était trop longue pour aller à Tom Sawyer Island, etc.). Y avoir pensé plus tôt, nous aurions laissé la petite à Mickey's Toontown avec un adulte le temps d'un ou deux autres manèges et nous nous serions donnés rendez-vous plus tard. Les meilleures contrées avaient, à proximité des attractions avec restrictions de taille, une aire de jeu ou d'autres attractions rapides pour les petits, comme le Boneyard près du manège des dinosaures à Animal Kingdom.

Cette lectrice mentionne quelque chose d'intéressant, bien que dans la réalité, diviser le groupe et se donner rendez-vous ultérieurement peut s'avérer plus compliqué que prévu. Si vous optez pour la séparation du groupe, demandez au préposé à la file de l'attraction restrictive combien de temps vous devrez attendre. Afin d'évaluer le temps dont disposent les autres membres du groupe, ajoutez cinq minutes pour la durée de l'attraction, plus cinq autres pour en sortir et vous rendre au point de rencontre. À notre avis, malgré le temps d'attente pour les radeaux de Tom Sawyer Island, notre lectrice aurait eu amplement le temps d'y amener sa fillette tandis que le reste du groupe essayait Splash Mountain et Big Thunder Mountain. Elle aurait certainement eu le temps de visiter à tout le moins le Swiss Family Treehouse à Adventureland situé tout près.

Les stratégies de file d'attente

Les enfants seront de meilleure humeur tout au long de la journée si vous minimisez leur temps d'attente en file. Arriver tôt et utiliser l'un de nos plans de visite réduit considérablement le temps d'attente. Voici quelques conseils supplémentaires pour limiter le niveau de stress des enfants.

1. Les jeux de file. Les parents rusés anticipent l'impatience et prévoient des activités pour contrecarrer le stress et l'ennui. En avant-midi, discutez avec vos enfants de ce qu'ils aimeraient voir ou faire durant la journée. Plus tard, cherchez et comptez les personnages Disney que vous voyez ou jouez à des jeux de devinettes. Puisque les files sont constamment en mouvement, évitez les jeux nécessitant du papier et des crayons. Par contre, la zone d'attente d'un spectacle en salle les permet. Là, le tic-tac-toe, le pendu, le dessin et le coloriage peuvent tuer le temps.

2. L'accès de dernière minute. Si une attraction peut accepter un grand nombre de visiteurs d'un seul coup, il est généralement inutile de faire la file. Prenez l'exemple du Liberty Belle Riverboat à Magic Kingdom, où 450 personnes peuvent monter. Plutôt que de faire la file, assoyez-vous à l'ombre avec votre casse-croûte en attendant l'arrivée du bateau et l'invitation de monter à bord. Prenez place dans la file quand vous verrez qu'elle tire à sa fin.

LES ATTRACTIONS DE DERNIÈRE MINUTE

Magic Kingdom	
Liberty Square	The Hall of Presidents
	Liberty Belle Riverboat
Epcot	
Future World	The Circle of Life (sauf à l'heure des repas)
	Food Rocks (sauf à l'heure des repas)
World Showcase	Reflections of China
	The American Adventure
	O Canada !

Pour les spectacles en salle à large capacité comme l'American Adventure d'Epcot, informez-vous aux préposés du temps d'attente avant la prochaine présentation. Si l'attente est de plus de 15 minutes, prenez une pause pour aller aux toilettes ou au casse-croûte et revenez juste avant le début de la représentation. Puisqu'il est interdit d'entrer avec de la nourriture ou des boissons, assurez-vous d'avoir suffisamment de temps pour manger.

3. « L'Ave Maria ». Certaines files vous permettent de passer sous la rampe pour rejoindre votre partenaire juste avant l'ouverture des portes. Les autres visiteurs sont généralement compréhensifs face à cette stratégie lorsque vous faites passer de petits enfants. Par contre, si vous tentez d'introduire de grands enfants ou plus d'un adulte, ils seront sûrement moins conciliants. Pour éviter une confrontation, informez les gens qui attendent derrière vous de ce que vous prévoyez faire.

LES ATTRACTIONS PERMETTANT L'AVE MARIA

Magic Kingdom	
Adventureland	Swiss Family Tree
	Jungle Cruise
Frontierland	Country Bear Jamboree
Fantasyland	Mad Tea Party
	Snow White's Adventures
	Dumbo the Flying Elephant
	Cinderella's Golden Carrousel
	Peter Pan's Flight
Tomorrowland	Tomorrowland Speedway
Epcot	
Future World	Spaceship Earth
	Living with the Land
Disney-MGM Studios	Sounds Dangerous
	Indiana Jones Epic Stunt
	Spectacular !

4. La permutation des passagers (ou « transfert de bébé »). De nombreuses attractions ont des restrictions de taille et d'âge (habituellement, un mètre ou plus en présence d'un adulte ou sept ans et un mètre pour embarquer seul). Certains couples qui ont des enfants trop petits ou trop jeunes évitent ces attractions tandis que d'autres y vont à tour de rôle. Il n'est toutefois pas nécessaire de sacrifier certains des meilleurs manèges, ni de faire la file deux fois pour la même attraction.

Optez plutôt pour la permutation des passagers, connue sous le nom de « Baby Swap ». Pour ce faire, il faut être au moins deux adultes. Tous les membres de la famille attendent en file, adultes et enfants. En arrivant devant le préposé, avertissez-le que vous désirez effectuer une permutation. Il vous permettra d'accéder à l'attraction en famille. Dans la zone d'embarquement, un adulte monté à bord tandis que l'autre attend avec l'enfant. Ensuite, le premier descend pour s'occuper du petit, tandis que l'autre monte à son tour. Une tierce personne peut monter deux fois dans le manège, une fois avec chaque adulte participant au transfert, afin qu'aucun d'eux ne soit seul à bord.

Une même zone sert à l'embarquement et au débarquement de ces manèges, sauf à Space Mountain, où l'adulte qui descend doit se faire reconduire par le préposé jusqu'à la zone d'embarquement.

Les attractions où l'on pratique le « Baby Swap » s'adressent généralement aux visiteurs plus matures. Certains enfants doivent prendre leur courage à deux mains rien que pour traverser la file en tenant la main du parent. Dans la zone d'embarquement, plusieurs enfants ont soudainement peur d'être abandonnés. À moins que votre enfant ne soit rassuré sur vos intentions, vous aurez peut-être à consoler ses craintes. Voici ce qu'en pense une mère d'Edison au New Jersey :

Dès que mon fils a compris que l'un de nous resterait toujours avec lui, cela ne semblait plus le déranger. Je recommande à vos lecteurs de pratiquer le transfert à la maison afin que l'enfant y soit familier. Du moins, prenez le temps de l'expliquer à l'avance pour que les petits sachent à quoi s'attendre.

Finalement, une mère de Ada au Michigan, ayant découvert que le procédé de transfert différait d'une attraction à l'autre, suggère ceci :

Les parents devraient informer le premier préposé rencontré de leur intention d'effectuer un transfert. Chaque attraction procède différemment. Avertissez également tous les autres préposés, car certains ont tendance à oublier.

LES ATTRACTIONS OÙ LA PERMUTATION DES PASSAGERS EST FRÉQUENTE (« BABY SWAP »)

Magic Kingdom	
Tomorrowland	Space Mountain
	Alien Encounter
Frontierland	Splash Mountain
	Big Thunder Mountain Railroad
Epcot	
Future World	Body Wars
	Mission : Space
	Test Track
Disney-MGM Studios	Star Tours
	The Twilight Zone Zone Tower of Terror
	Rock'n'Roller Coaster
Animal Kingdom	
DinoLand U.S.A.	Dinosaur
Asia	Kali River Rapids

5. Le même manège deux fois d'affilée.

Beaucoup de jeunes enfants apprécient le fait de retourner à leur manège préféré au moins deux fois d'affilée. Cela leur procure un sentiment de maîtrise et d'accomplissement. Malheureusement, même tôt le matin, refaire la file peut prendre du temps. Par exemple, si vous essayez Dumbo dès l'ouverture de Magic Kingdom, vous n'atten-drez qu'une minute ou deux pour cette première expérience. Pour votre deuxième tour, vous devrez peut-être attendre une douzaine de minutes, et si vous en faites un troisième, vous attendrez sûrement une vingtaine de minutes.

La meilleure façon de permettre à votre enfant au moins deux tours d'un manège sans y perdre toute votre matinée est d'effectuer un relais « Chuck Bubba » (du nom d'un lecteur du Kentucky) :

a.   Maman et fiston prennent place dans la file d'attente.

b. Papa laisse passer un certain nombre de visiteurs (24 pour Dumbo) avant de se mettre en file.

c. Dès l'arrêt du manège, maman débarque avec fiston qui rejoint papa en file pour un deuxième tour.

d. Si tout le monde s'amuse ferme, maman peut reprendre place en file en prenant soin de compter au moins 24 visiteurs entre papa et elle.

Ce relais ne fonctionnera pas pour tous les manèges puisque les zones d'attentes sont configurées différemment. Il est donc parfois impossible de débarquer et de se relayer auprès de l'enfant. Pour ces manèges de Fantasyland où le relais est possible, voici le nombre de visiteurs à laisser passer.

Mad Tea Party 53	Snow White's Adventures 52
Dumbo the Flying Elephant 24	Cinderella's Golden Carrousel 75
Peter Pan's Flight 64	Magic Carpets of Aladin 48

Si vous êtes le deuxième adulte du relais, vous atteindrez un endroit de la file où il est plus aisé de se relayer auprès de l'enfant. Il s'agit souvent de l'endroit où ceux qui débarquent du manège se retrouvent à proximité de ceux qui attendent en file. Vous verrez bien le temps venu. Si vous y êtes avant que le premier parent n'arrive avec le petit, laissez passer quelques personnes jusqu'à ce que votre rejeton se pointe le bout du nez.

6. La frousse de dernière minute. Si votre petit a la frousse juste avant d'embarquer dans un manège sans restriction d'âge, vous pouvez demander à un préposé d'effectuer un transfert. C'est fréquent au Pirates of the Caribbean puisque les enfants perdent courage en parcourant les donjons de la file d'attente. De plus, rien ne vous oblige à monter à bord. Si vous arrivez à la zone d'embarquement et que quelqu'un est mal à l'aise, informez un préposé de votre changement de cap et il vous indiquera la porte de sortie.

7. Les souliers plate-forme pour les braves. Si votre enfant un peu trop court vous supplie d'embarquer dans un manège avec restriction de taille, glissez des sous-bouts dans ses chaussures avant la prise de mesure (et laissez-les-y car il pourrait y avoir un autre poste de mesure).

Une mère de Huntsville en Alabama a vite réglé le problème :

Connaissant bien ma téméraire bout de chou de trois ans, j'étais curieuse de savoir votre opinion au sujet des talonnettes. Je ne sais pas si c'est pareil ailleurs, mais dans la grande ville où nous habitons, il faut une ordonnance du médecin pour s'en procurer. Les cordonniers n'en font pas. Je n'avais pas idée d'un matériau dans lequel en fabriquer pour qu'ils soient suffisamment confortables pour attendre en file. Je me suis donc résignée à acheter ces horribles sandales à plate-forme vendues au magasin à rayons dans les plus petites tailles possibles pour environ 12 $. Puisque celles-ci semblaient inconfortables, nous ne les lui avons enfilées qu'à l'entrée de la file d'attente. Aucun préposé ne lui a demandé de les retirer, et c'est ainsi que, clopin-clopant elle a pu faire l'expérience de Splash Mountain, de Big Thunder Railroad (le GROS train), de Star Wars et de Tower of Terror (deux fois !). Par contre, la même enfant fut si terrorisée par Tiki Bird que nous avons dû partir... le monde à l'envers, quoi ! Pour les petits bonshommes aventuriers, je vous conseille les tout aussi monstrueuses bottes de cow-boy à talons hauts.

Dans la même veine, un père de Long Pond en Pennsylvanie ajoute ceci :

Il y a une restriction de taille (un mètre) pour Tower of Terror, Star Tours et Body Wars. Avec notre petite d'un peu moins d'un mètre, nous nous y étions essayés à maintes reprises. Elle a passé le test haut la main à deux des trois essais de Tower of Terror, à notre seule visite à Body Wars ainsi qu'à l'une des deux tentatives à Star Tours. Pour la grandir, elle portait des chaussures à plate-forme et ses cheveux étaient noués sur la tête en chignon.

8. Le cercle vicieux de Speedway. Bien que le Speedway de Tomorrowland soit génial pour les enfants, ceux-ci doivent mesurer 1,34 m pour y monter seuls. Peu d'enfants de moins de sept ans sont assez grands. Par conséquent, l'attraction est inaccessible au groupe d'âge pourtant ciblé. Pour résoudre ce problème, allez-y avec votre enfant. Les préposés présumeront que vous serez au volant. Une fois dans la voiture, installez l'enfant derrière le volant. De votre siège, vous serez à même de contrôler les pédales. Les enfants auront l'impression de conduire vraiment, et ne courent aucun risque puisque les voitures suivent un rail autoguidé.

9. L'avertissement Astro Orbiter. Généralement, les parents montent dans la fusée avant de soulever leur enfant pour l'installer à bord. Puisque le préposé du poste de contrôle ne peut pas voir à côté du véhicule, le manège pourrait se mettre en branle avant que votre enfant ne soit installé de façon sécuritaire dans l'habitacle. Si vous montez avec un jeune enfant, assoyez-le d'abord dans la fusée.

Les personnages

Les sympathiques versions géantes de Mickey, Minnie, Donald, Dingo (Goofy) et autres personnages Disney tissent un lien entre les films d'animation et les parcs thématiques. Pour les passionnés, ces personnages sont bien plus que de simples dessins sur des bouts de pellicule. Au cours des dernières années, la personnification des personnages aux parcs thématiques a pris un tout nouveau sens. Il ne s'agit pas d'un simple préposé déguisé en souris, mais bien de Mickey en chair et en os. De même, croiser Dingo (Goofy) ou Blanche-Neige à Fantasyland, c'est rencontrer une célébrité… un moment inoubliable.

Bien qu'il y ait des centaines de personnages d'animation Disney, seulement 250 d'entre eux ont pris vie. De ceux-ci, très peu circulent parmi la foule. Les autres se donnent en spectacle au cours des défilés. Après avoir été confinés à Magic Kingdom, les personnages se promènent maintenant dans les différents parcs thématiques, voire même dans les hôtels Disney.

La chasse aux personnages. La chasse aux personnages est devenue un vrai passe-temps. Avant, les familles se contentaient de les croiser au hasard. Maintenant, elles les poursuivent sans relâche, armées de carnets d'autographes et d'appareils photo. Puisque certains personnages font très peu d'apparitions, on en a fait une véritable quête de collectionneurs. (Profitant de cet engouement pour les personnages, Disney a mis des carnets d'autographes en vente dans toutes les boutiques du Royaume.) Mickey, Minnie et Dingo (Goofy) sont faciles à dénicher ; ils semblent être partout à la fois. Par contre, Winnie l'Ourson se balade rarement. D'autres personnages sont plus assidus, mais seulement à des endroits précis en fonction de leur rôle. Cendrillon, vous l'aurez deviné, règne à son château de Fantasyland, tandis que Brer Fox et Brer Bear folâtrent à Frontierland près de Splash Mountain.

Un père de Brooklyn en a assez de la frénésie de la chasse aux autographes. Voici ce qu'il en pense :

Celui qui a ouvert le bal de la chasse aux autographes de personnages devrait subir la torture chinoise de la goutte d'eau ! Il y a 11 ans, nous avons visité Walt Disney World avec des enfants de 8 et 11 ans. Lorsque nous rencontrions des personnages, nous posions fièrement pour une photo, voilà tout. Après un certain temps, nos jeunes ont remarqué que d'autres enfants recueillaient des autographes. Nous avons réussi à éviter cela durant notre première journée, à Magic Kingdom, ainsi que le lendemain, à Epcot. Par contre, dès le troisième jour, nos enfants couraient les autographes, sans toutefois sortir du cadre des rencontres occasionnelles.

Cette année, nous y avons emmené notre benjamin, maintenant âgé de huit ans. Ayant déjà vu la collection de ses aînés, il était déterminé à faire mieux. Toutefois, plutôt que de se promener au hasard, les personnages accueillent maintenant les enfants à des endroits précis tout au long de la journée, selon un horaire imprimé que notre fils était en mesure de consulter. Nous avons passé plus de temps à attendre en file pour des autographes que pour les manèges les plus populaires !

Une famille de Birmingham en Alabama a trouvé un certain avantage à cette incessante chasse aux personnages.

Nous ne pouvions soupçonner que nous nous retrouverions au cœur de cette tornade, mais à partir du moment où ma fille m'a enlevé votre guide des mains pour recueillir l'autographe de Pocahontas (nous n'avions pas de carnet), nous avons acheté un carnet d'autographes Disney et avons rendu les armes. En fait, ce furent les faits saillants du voyage ; et même mon fils a participé en aidant ses sœurs à prendre place en file. Ils ont ADORÉ faire la chasse aux personnages (je crois d'ailleurs qu'il s'agit d'un coup publicitaire de Kodak pour vendre de la pellicule). À maintes reprises, l'idée de rencontrer de nouveaux personnages a revigoré mon jeune de sept ans. Ce fut une extraordinaire et imprévisible partie de notre séjour.

La quête de Mickey. Beaucoup d'enfants s'attendent à rencontrer Mickey dès leur arrivée au parc et sont déçus s'il n'y est pas. Si vos enfants sont de ceux-là, demandez à un préposé de le repérer pour vous. S'il ne sait pas où la célèbre souris se trouve, il pourra se renseigner sans tarder. Les employés peuvent savoir exactement où se trouvent les personnages sur un simple coup de fil.

La confusion s'installe parfois. Les jeunes enfants sont parfois déboussolés devant les personnages. Autour de ceux-ci, c'est habituellement le chaos à cause de tous ces enfants et ces adultes qui veulent les toucher ou se faire photographier en leur compagnie. En général, maman et papa restent en retrait tandis que le petit va à la rencontre du personnage. Dans ce tourbillon, entre tous ces gens et le personnage qui se déplace, l'enfant repart parfois dans la mauvaise direction pour rejoindre ses parents. Une mère de Salt Lake City en a fait l'expérience : « Milo serrait la main de Simplet, ensuite il y eut la cohue et [Milo] a disparu. »

Les familles nombreuses ou les parents distraits par la prise de photos peuvent rapidement perdre un petit de vue. Nous recommandons aux parents d'enfants d'âge préscolaire de rester auprès d'eux tandis qu'ils vont à la rencontre des personnages, et de prendre rapidement une photo en ne s'éloignant pas trop.

La rencontre gratuite de personnages

Vous pouvez voir les personnages Disney en spectacle dans tous les parcs thématiques, ainsi qu'aux défilés de Magic Kingdom et de Disney-MGM Studios. Consultez votre horaire des événements pour connaître l'heure des représentations. Si vous désirez rencontrer les personnages, obtenir leur autographe et poser avec eux pour des photos, consultez le guide gratuit *Disney Character Greeting Location Guide* pour connaître les lieux et les heures de rencontre des différents personnages.

À Magic Kingdom. C'est le parc où l'on rencontre le plus de personnages. Il y en a presque toujours un à proximité du City Hall dans Main Street tandis que d'autres se retrouvent régulièrement à Town Square ou près de la gare. Par temps pluvieux, vous pourrez les apercevoir sur la véranda du restaurant Tony's Town Square. Les personnages se promènent dans toutes les contrées, mais vagabondent plus fréquemment à Fantasyland et à Mickey's Toontown Fair. Là, vous pourrez rencontrer Mickey, « en chair et en os, » sous la tente nommée « Judge's Tent ». Les personnages se relaient au Toontown Hall of Fame près de Mickey's Country House. À cet endroit, vous pourrez faire la file pour rencontrer trois confréries de personnages. Chaque groupe a son propre lieu de rencontre et, bien sûr, sa propre file d'attente. L'un des groupes, les « amis de Mickey » ou encore les « amis préférés », comprend Minnie, Pluto, Dingo (Goofy), Donald et parfois, Chip et Dale, Daisy et l'Oncle Picsou. Les deux autres groupes varient. Celui des « amis de la forêt » regroupe généralement les personnages de Winnie l'Ourson, tandis que celui des « contes de fée » est composé de Blanche-Neige, des nains, de la Belle au Bois Dormant, de la Bête, de Belle, de Cendrillon, du Prince Charmant et de bien d'autres. Parfois, on y retrouve les « méchants » (le Capitaine Crochet, Cruella D'Enfer, Jafar, etc.) et les « princesses » (la Belle au Bois Dormant, Mary Poppins, etc.). Cendrillon anime régulièrement le déjeuner au château. Recherchez aussi les personnages en plein cœur du parc et près de Splash Mountain à Fantasyland.

Les personnages prennent part aux défilés en après-midi et en soirée et participent aux spectacles devant le château (à l'entrée, du côté des douves) et au Galaxy Palace Theater de Tomorrowland. Vous trouverez l'heure des défilés et des spectacles dans l'horaire des événements de la journée.

Parfois, les personnages restent après la représentation pour saluer les spectateurs.

À Epcot. Au début, Disney croyait qu'il ne serait pas opportun de présenter des personnages au sérieux et éducatif Epcot. Suite aux commentaires quant au manque d'ambiance de ce parc, les personnages y ont fait leur apparition. Afin de les intégrer à la thématique, les personnages ont revêtu des costumes novateurs parfois excentriques. Dingo (Goofy) se promène à Future World vêtu d'une cape métallique aux échos de Buck Rogers ; Mickey accueille les visiteurs de l'American Adventure déguisé en Benjamin Franklin.

Bien que de croiser un personnage au hasard soit plutôt rare à Epcot, le parc compense ce manque en invitant régulièrement les personnages par autobus complet ! Plusieurs fois par jour, une armée de personnages monte à bord d'un autobus à impériale pour faire la tournée des contrées bordant le lagon du World Showcase. Lorsque l'autobus effectue un arrêt, les personnages descendent pour rencontrer les visiteurs, poser pour des photos et signer des autographes. Mickey, Minnie, Dingo (Goofy), Chip et Dale, ainsi que Pluto font à peu près toujours partie de l'excursion. Ils sont fréquemment accompagnés de Baloo, Tigrou, Bourriquet, le génie d'Aladin, Jasmine, Mushu, Timon et Blanche-Neige. Chaque jour, l'autobus fait de huit à dix visites. L'heure et l'endroit des arrêts sont indiqués à l'endos du plan du parc. Si vous y êtes quelques minutes avant l'arrivée de l'autobus, vous ferez de jolies photos et recueillerez de nombreux autographes avant même que la foule n'ait pu réagir. À Walt Disney World, en fait, il n'y a pas meilleure façon de rencontrer un si grand nombre de personnages d'un seul coup. Par contre, dès que la foule comprend ce qui se passe, elle encercle vite les personnages.

Les personnages se font peut-être rares à Epcot, mais c'est tout de même le meilleur endroit pour les rencontrer. Voici ce qu'en pense un père d'Effingham en Illinois :

C'était cauchemardesque de courir les autographes et les photos de personnages à Magic Kingdom. Il y avait un attroupement d'enfants et d'adultes autour de chaque personnage. Nos enfants n'avaient aucune chance. Par contre, à Epcot et à Disney-MGM Studios, c'était tout autre chose.

Nous avons obtenu des autographes et des photos et avons pu passer du temps avec les personnages. Nos enfants ont même dansé avec certains. C'était beaucoup plus agréable.

À Disney-MGM Studios. On peut rencontrer les personnages un peu partout sur le site, mais ils se tiennent souvent devant l'édifice Animation en bordure de Mickey Avenue (qui mène aux salles d'enregistrement) et sur le terrain situé tout au fond de New York Street. Mickey et ses amis posent pour des photos-souvenirs (au coût d'environ 10 $) sur Hollywood Boulevard, Sunset Boulevard et New York Street. Il y a beaucoup de personnages en spectacle, notamment dans le *Voyage of the Little Mermaid* présenté presque continuellement, de même que dans la version abrégée de *Beauty and the Beast* présentée plusieurs fois par jour au Theater of the Stars. Vérifiez l'horaire quotidien des spectacles pour connaître l'heure des représentations.

À Animal Kingdom. Le Camp Minnie-Mickey à Animal Kingdom est l'endroit tout indiqué pour y rencontrer des personnages. Il y a quatre sentiers tracés pour rencontrer Mickey, Minnie et différents personnages du *Livre de la Jungle* et du *Roi Lion*. De plus, vous trouverez sur place deux scènes présentant des spectacles qui mettent en vedette les personnages du *Roi Lion* et de *Pocahontas*.

Pour répondre à la demande, chaque parc thématique a agrémenté ses guides d'une foule d'informations sur les personnages. L'endos du plan dresse une liste des endroits et des heures où vous pourrez les rencontrer et donne des renseignements sur les repas en leur compagnie. Tel que mentionné précédemment, un prospectus entièrement consacré à la chasse aux personnages, le *Disney Character Greeting Location Guide*, est disponible dans tous les parcs thématiques, à l'exception d'Animal Kingdom.

Disney a mis en branle différents projets pour satisfaire l'insatiable désir de ses visiteurs de rencontrer les personnages. Mickey et de nombreux autres personnages sont présents le jour durant au Mickey's Toontown Fair à Magic Kingdom et au Camp Minnie-Mickey à Animal Kingdom. Bien que le fait de les installer à demeure facilite les rencontres, l'aventure a ainsi perdu de sa spontanéité. Plutôt que de faire la chasse aux personnages, on fait maintenant la file aux personnages. À cet effet, sachez que les files pour les personnages « à figure » sont beaucoup plus lentes que celles des personnages costumés. Les personnages « à figure » ont l'usage de la parole, ils discutent donc parfois longuement avec les enfants, au grand désarroi des familles qui attendent en file.

Les restaurants

Pour des questions d'efficacité et d'économie, nous vous recommandons de déjeuner à la chambre. Si vous optez pour la restauration rapide ou le restaurant de l'hôtel, mangez rapidement pour arriver au parc thématique avant l'ouverture. À l'heure du dîner, il est plus économique et plus agréable de manger à l'extérieur du parc durant votre pause d'après-midi. Si vous choisissez de ne pas prendre la pause de demi-journée, vous n'aurez pas de difficulté à satisfaire vos enfants. Les burgers, les frites, les hot-dogs et la pizza sont disponibles à moins d'un demi-kilomètre de chaque attraction. Prévoyez par contre dépenser deux fois plus qu'à un comptoir de restauration rapide à l'extérieur du site.

LES COMPTOIRS DE RESTAURATION RAPIDE SUGGÉRÉS

Magic Kingdom
Columbia Harbour House
Cosmic Ray's
Pacos Bill's Tall Tale Inn and Cafe
The Plaza Pavilion

Epcot
Rose and Crown Pub
Pure and Simple
Sommerfest
Yakitori House

Disney-MGM Studios
ABC Commissary
Backlot Express
Toy Story Pizza Planet

Animal Kingdom
Flame Tree Barbecue

Peu importe le degré de formalité du restaurant à service complet de Disney, les employés ont l'habitude des enfants agités et impatients, voire turbulents. En définitive, les jeunes enfants constituent la norme, plutôt que l'exception, dans les restaurants Disney. La majorité de ces derniers proposent un menu pour enfants et sont équipés de rehausseurs et de chaises hautes. Puisque les employés comprennent la difficulté des enfants à tenir en place, ils leurs apportent tout de suite des craquelins et des petits pains. De plus, votre repas sera servi plus rapidement que dans un restaurant comparable en dehors du site. Et si votre enfant fait une scène ? Ne vous en faites pas ; les autres clients seront probablement trop occupés avec leurs propres rejetons !

Les repas en compagnie de personnages

L'engouement pour les personnages a pris une telle ampleur que Disney a décidé d'organiser des repas en leur compagnie. Les familles peuvent déjeuner, dîner ou souper en compagnie de Mickey, de Minnie, de Dingo (Goofy) et d'autres personnages célèbres. En plus de diminuer l'achalandage aux comptoirs de restauration rapide, ces repas offrent un environnement contrôlé au sein duquel les petits peuvent apprivoiser les personnages en douceur. Bien que nous ne citions ici que les personnages à l'honneur, nombre de personnages prennent part à chacun des repas. Le tarif adulte s'applique à toute personne âgée de 12 ans et plus, tandis que le tarif enfant s'applique aux jeunes de 3 à 11 ans. Les bambins de moins de 3 ans, y mangent gratuitement.

À quoi s'attendre

Ces repas très animés ont lieu dans les restaurants à service complet d'hôtels Disney ou dans le plus grand restaurant des parcs thématiques. Les déjeuners-personnages proposent un buffet ou un menu fixe de style familial comprenant des œufs brouillés ; du bacon, de la saucisse et du jambon ; des pommes de terre rissolées ; des gaufres ou du pain doré ; des brioches, des petits pains ou des pâtisseries et des fruits à volonté. Le repas est servi à la table dans de grandes poêles à frire ou sur des plateaux. Au buffet, on offre sensiblement les mêmes plats, mais le client doit se servir lui-même.

Les soupers-personnages offrent un éventail de menus allant du repas de style familial aux buffets en passant par les plats à la carte. Par exemple, pour le souper du Liberty Tree Tavern à Magic Kingdom, on propose un repas de style familial composé de dinde, de jambon, de bifteck de flan mariné, de salade, de purée de pommes de terre, de légumes verts et, pour les enfants, de macaroni au fromage. Aux buffets comme ceux du 1900 Park Fare à l'hôtel Grand Floridian, et du Chef Mickey's de l'hôtel Contemporary, vous avez deux files de service, l'une pour les adultes, l'autre pour les enfants. Habituellement, le buffet des enfants offre des burgers, des hot-dogs, de la pizza, des bâtonnets de poisson, des croquettes de poulet, du macaroni au fromage, ainsi que des sandwiches au beurre d'arachide et à la confiture. Le menu offert aux adultes comprend généralement des côtes de bœuf et autres pièces de viande, des fruits de mer de la Floride, des pâtes, du poulet, un ou deux plats exotiques, des légumes, des pommes de terre et de la salade.

Au déjeuner comme au souper, les personnages circulent dans la salle tandis que vous mangez. Au cours du repas, chacun des trois à cinq personnages présents viendra à votre table faire une accolade aux enfants (et parfois aux adultes), poser pour des photos et signer des autographes. Gardez votre carnet d'autographes (et quelques stylos) ainsi que votre appareil photo à portée de la main. Pour prendre de meilleures photos, les adultes devraient se placer en face de leurs enfants. Pensez à asseoir les enfants à proximité du trajet des personnages, c'est-à-dire du côté de l'allée plutôt que contre le mur.

Vous ne serez pas bousculés par les employés dès que vous aurez terminé votre repas. Vous pouvez reprendre du café ou du jus et rester aussi longtemps que vous le désirez. Toutefois, souvenez-vous qu'il y a des enfants et des parents impatients qui attendent d'entrer.

Le meilleur moment

Même si de nombreux déjeuners-personnages sont offerts à la grandeur de Walt Disney World, y prendre part vous empêche généralement d'arriver aux parcs thématiques dès l'ouverture. Puisque la matinée demeure le meilleur moment pour visiter les parcs, vous ne voudrez peut-être pas perdre de précieuses minutes à déjeuner. Voici donc quelques suggestions :

1. Participez à un déjeuner en compagnie de personnages juste avant l'heure du dîner. Prenez un jus ou un café et une brioche ou une banane à la chambre (du service à la chambre ou de la glacière) au lever pour vous soutenir jusqu'à cette heure. Ensuite visitez le parc thématique pendant une heure ou deux avant de prendre une pause vers 10 h 15 pour vous rendre au déjeuner-personnages de votre choix. Transformez le déjeuner en brunch, vous pourrez ainsi sauter le repas du midi et avoir suffisamment d'énergie pour vous rendre jusqu'au souper.

2. Prenez part à un repas en compagnie de personnages le jour de votre arrivée ou celui du départ. Le jour de votre arrivée est parfait pour un souper-personnages. Installez-vous à l'hôtel, allez nager un peu et rendez-vous à votre souper. Ainsi, vous exposerez d'ores et déjà vos enfants aux personnages avant de les rencontrer aux parcs. Certains enfants, c'est bien connu, ne s'amuseront pas tant qu'ils n'auront pas rencontré Mickey. Le jour du départ est également bon pour ce type de repas. Prévoyez un déjeuner-personnages avant de vous rendre à l'aéroport ou de prendre le chemin du retour.

3. Profitez d'une journée de repos pour prendre un tel repas. Si votre séjour est d'au moins cinq jours, il est probable que vous preniez une journée de repos pour relaxer ou pour visiter d'autres attractions de la

région d'Orlando. Cette journée est idéale pour un repas en compagnie de personnages.

4. Prévoyez un dîner ou un souper plutôt qu'un déjeuner. Un souper-personnages en fin d'après-midi ou en soirée n'entrera pas en conflit avec votre horaire de visite.

Quel repas choisir ?

Nous recevons beaucoup de courrier à ce sujet. Cette question d'une mère de Waterloo dans l'Iowa est caractéristique :

Est-ce que tous les déjeuners-personnages sont semblables ? Certains sont-ils préférables à d'autres ? Comment choisir ?

En fait, certains sont préférables à d'autres, et de loin. Voici nos critères d'évaluation des repas en compagnie de personnages :

1. Les personnages. Les différents repas présentent divers groupes de personnages. Il est préférable de choisir un repas mettant en vedette les personnages préférés de vos enfants. Consultez le palmarès des repas en compagnie de personnages (aux pages 224 et 225) pour connaître le nom des personnages présents aux divers repas. Sauf pour le 1900 Park Fare du Grand Floridian, la majorité des restaurants présentent les mêmes personnages d'année en année. Malgré cela, il est conseillé de vérifier qui sont les invités d'honneur avant de réserver vos places. C'est ce qu'a constaté cette mère d'Austin, au Texas :

Nous avons pris part à deux repas en compagnie de personnages au 1900 Park Fare. Nous y avons soupé le jour de notre arrivée, sans savoir que tous les personnages seraient des vilains. Mon fils de quatre ans, plutôt effrayé par la sorcière de Blanche-Neige, est resté étonnamment calme ! Cruella D'Enfer, le Capitaine Crochet et le Prince Jean (de Robin des Bois) étaient également présents. Le lendemain, mon fils me demanda si la sorcière serait au parc thématique. Il va sans dire que nous avons évité le manège de Snow White au Magic Kingdom ! (Le déjeuner-personnages était, pour sa part, plus agréable.)

Une famille du Michigan n'a pas apprécié non plus :

Notre repas en compagnie de personnages au 1900 Park Fare fut un DÉSASTRE ! Veuillez aviser les lecteurs qui ont de jeunes enfants d'y penser à deux fois avant de placer leurs réservations si les personnages sont des « méchants ». Nous y sommes allés pour l'anniversaire de ma petite de cinq ans et elle a eu la frousse de sa vie. Dans le corridor, la Reine de Cœur a poursuivi ma fille en pleurs qui s'époumonait. La majorité des enfants présents étaient effrayés. Le Capitaine Crochet et Prince Jean étaient plus calmes, mais le Gouverneur Ratcliffe de Pocahontas et la Reine de Cœur étaient particulièrement bêtes et méchants. J'ai été extrêmement déçu du repas et des personnages.

Les méchants ont été remplacés par des personnages plus gentils. Toutefois, il est toujours préférable de s'assurer des personnages présents avant de réserver.

2. L'attention des personnages. Durant les repas en compagnie de personnages, ces derniers circulent parmi les convives pour faire des caresses aux enfants, poser pour des photos et signer des autographes. Le temps que passera un personnage avec vos enfants et vous dépend du ratio personnages/convives. Plus de personnes et moins de convives est l'idéal. Comme certains repas en compagnie de personnages n'affichent jamais complet, le ratio personnages/convives de notre palmarès des repas est ajusté afin d'être représentatif de la foule moyenne plutôt que de la capacité maximum du restaurant. Malgré tout, ce ratio varie énormément. Le meilleur est celui du Cinderella's Royal Table qui compte environ un personnage par 26 convives. Le pire de tous est celui du Garden Grove Café de l'hôtel Swan qui est de un personnage par 216 convives. Concrètement, cela signifie que votre famille retiendra huit fois plus l'attention des personnages au Cinderella's Royal Table qu'au Garden Grove Café. De plus, sachez que bon nombre d'enfants apprécient un repas en compagnie de Blanche-Neige, de Belle, de Jasmine, de Cendrillon, d'Aladin, etc. Ces personnages ont l'usage de la parole et peuvent converser avec les enfants, ce que les personnages « casqués » ne peuvent faire.

3. L'emplacement. Certains de ces repas ont lieu dans des endroits exotiques, tandis que pour d'autres, une cafétéria d'école serait déjà mieux. Notre tableau évalue l'emplacement selon l'habituel système d'étoiles. Deux restaurants, le Cinderella's Royal Table à Magic Kingdom et le Garden Grill du pavillon Land d'Epcot, obtiennent une mention d'honneur. Cinderella's Royal Table est situé aux premier et second étages du château de Fantasyland permettant ainsi aux convives de visiter l'intérieur du château. Le Garden Grill, pour sa part, est un restaurant pivotant qui offre une vue imprenable de l'attraction Living With the Land. Quoique le Chef Mickey's de l'hôtel Contemporary soit plutôt froid côté ambiance, il offre une vue impressionnante du monorail qui traverse l'hôtel. L'emplacement et la thématique des autres repas en compagnie de personnages intéresseront les parents mais pas les enfants.

4. La nourriture. Quoique certains plats servis à l'occasion de ces repas soient très bons, la nourriture est plutôt moyenne, pour ne pas dire comestible, sans plus. En terme de variété, d'uniformité et de qualité, les déjeuners sont meilleurs que les dîners ou les soupers (si ceux-ci sont offerts). Certains restaurants proposent une formule buffet tandis que d'autres offrent un service de style familial, où les différents aliments sont servis à même une grande poêle ou sur un plateau déposé au centre de la table. Peu de restaurants proposent des plats à la carte apportés à chaque convive par un serveur. Ces plats sont généralement plus frais que ceux réchauffés d'un buffet ou ceux desséchés servis dans une grande poêle à la table. Évidemment, il y a certaines exceptions. Dans notre tableau, pour vous guider, nous avons utilisé le système d'étoiles pour coter la nourriture.

5. Le programme. Certains grands restaurants présentent de brèves performances de personnages. Ces derniers circulent entre les tables en dansant la conga, entonnent des chansons et clament des vivats ! Certains convives adorent l'ambiance de ces célébrations tandis que d'autres détestent, estimant qu'elles transforment un repas déjà survolté en véritable chaos. De toute façon, ces bouffonneries empiètent sur le temps que vous pourriez passer en compagnie des personnages de façon individuelle.

6. Le bruit. Si vous désirez manger en paix, les repas en compagnie de personnages sont contre-indiqués. Cela dit, certains sont plus bruyants que d'autres. Ici encore, notre tableau vous donnera une idée du niveau sonore des repas.

7. Le repas. Bien que les déjeuners-personnages semblent être les plus populaires, les dîners et les soupers sont habituellement plus pratiques puisqu'ils n'entrent pas en conflit avec vos visites matinales. Par temps chaud, un dîner-personnages peut s'avérer divin.

8. Le prix. Les soupers coûtent plus chers que les dîners, et les dîners sont plus chers que les déjeuners. L'écart de prix entre le moins cher et le plus cher des restaurants n'est que de 3 $ environ. Les déjeuners vont de 17 $ à 20 $ par adulte, et de 9 $ à 10 $ par enfant de 3 à 9 ans. Pour les dîners-personnages, il en coûtera de 18 $ à 20 $ par adulte, et 10 $ par enfant. Le prix des soupers oscille entre 21 $ et 24 $ par adulte, et 10 $ et 11 $ par enfant. Les enfants de moins de deux ans mangent gratuitement.

9. Les réservations. Vous pouvez réserver vos places pour les repas en compagnie de personnages jusqu'à 60 jours à l'avance. Ces places sont assez faciles à obtenir, même si vous ne vous y prenez pas à quelques semaines d'avance. Il en va tout autrement du déjeuner de Cinderella's Royal Table. Pour réserver une table chez Cendrillon, vous devrez utiliser notre stratégie (présentée ultérieurement) et demander l'aide du gouvernement et du pape.

10. Les « sans réservation ». Les repas en compagnie de personnages du Gulliver's Grill de l'hôtel Swan ne participent pas au programme de réservations. Toute leur clientèle est spontanée (les groupes de dix ou plus devraient tout de même téléphoner avant). Le temps d'attente dépasse rarement plus d'une vingtaine de minutes, même en haute saison. Gulliver's Grill propose un buffet extraordinaire, mais il n'y a sur place qu'un personnage à la fois.

11. Les particularités. Les repas en compagnie de personnages sont particuliers. Un « repas-personnages » semble indiquer que les personnages sont au menu. Quoique nous ayons déjà vu des personnages se faire mordre, ils n'ont jamais été dévorés. Mais laissons de côté ces élucubrations sémantiques, car les particularités dont nous voulons parler sont celles qui risquent de vous décevoir ou de vous décourager. Côté déception, le Garden Grove Café du Swan devient le Gulliver's Grill à l'heure du souper. Si vous leur demandez, ils vous répondront que deux personnages prennent part à chaque repas. Par contre, ils omettent de spécifier que ces deux personnages alternent aux demi-heures ; il n'y a donc sur place qu'un personnage à la fois.

Nombreux sont ceux qui, faute d'avoir profité d'une place pour le déjeuner du Cinderella's Royal Table, réservent alors une table pour dîner ou pour souper. Malheureusement, ces repas ne sont pas pris en compagnie de personnages. Si Cendrillon et Blanche-Neige viennent parfois faire un tour, vous ne pouvez jamais en être certain. Finalement, le 1900 Park Fare du Grand Floridian compte cinq personnages au souper, mais seulement quatre au déjeuner. Aussi, le Crystal Palace invite quatre personnages au déjeuner, mais seulement trois pour le dîner ou le souper.

Le Cinderella's Royal Table

Le déjeuner-personnages du Cinderella's Royal Table est extrêmement populaire, comme a pu le constater, à sa grande déception, ce lecteur de Golden, au Colorado :

Je ne sais pas ce qu'il faut faire pour obtenir une place à la table de Cendrillon. J'appelais le centre de réservation Disney chaque matin à 7 h, ce qui équivalait à 5 h chez moi, et c'était comme téléphoner à une station radiophonique à l'occasion d'un concours. Finalement, chaque fois que je réussissais à avoir la ligne, il n'y avait plus aucune table disponible. Je suis frustré et déçu... Que faut-il faire pour réserver une table au Cinderella's Royal Table ?

Il est vrai que ce sont les billets les plus difficiles à obtenir à Walt Disney World. Pourquoi ? D'abord parce que ce petit restaurant ne peut accueillir qu'environ 130 convives à la fois. Ensuite, parce que le déjeuner-personnages est inclus dans certains forfaits-vacances Disney. Ainsi, le nombre de places restantes pour le grand public est plutôt restreint. Si vous pensez opter pour un forfait de toute façon, en choisir un qui comprend le déjeuner-personnages de Cendrillon reste le meilleur moyen de réserver une table au château. Toutefois, n'allez pas investir dans un forfait onéreux juste pour participer à ce déjeuner. Ce repas en compagnie de personnages est intéressant, mais pas à ce point.

Si vous ne profitez pas d'un forfait incluant ce déjeuner, la seule façon de réserver une table est de téléphoner au centre de réservations Disney. Plus précisément, vous devez téléphoner au (407) WDW-DINE à 7 h pile, exactement 60 jours avant la date désirée. Bon, il est 6 h 50 (heure de l'Est) et les réceptionnistes du centre allument leurs ordinateurs en attendant de prendre les réservations. À 7 h, une avalanche d'appels déferle sur le centre, alors que tout le monde tente d'obtenir une table pour déjeuner en compagnie des personnages au Cinderella's Royal Table. Il y a plus de 100 réceptionnistes en fonction, et les places disponibles sont régulièrement attribuées en moins de deux minutes. Voilà pourquoi les places s'envolent si rapidement. Souvent, c'est complet dès 7 h 05.

Pour compter au nombre des chanceux qui réussissent à retenir une table, suivez nos conseils. D'abord, assurez-vous d'appeler la bonne journée. Avec un calendrier, choisissez la date désirée et reculez d'exactement 60 jours (sans compter celui de la réservation). L'ordinateur ne tient pas compte des mois. Vous ne pouvez donc pas téléphoner le 1er février pour une réservation au 1er avril puisque cela fait moins de 60 jours. Si vous utilisez un calendrier, choisissez d'abord le jour du repas. Reculez ensuite de 60 cases en commençant par la journée précédente. Par exemple, si vous désirez prendre part à un souper le 2 mai, commencez le décompte au 1er mai. Si vous comptez correctement, vous constaterez que la date à laquelle vous devez faire la réservation est le 3 mars. Si vous n'avez pas envie de compter les jours, téléphonez au (407) WDW-DINE et un préposé le fera pour vous. Appelez en après-midi, lorsque le centre est moins occupé, et demandez à l'employé quel jour téléphoner pour obtenir une table à la date désirée.

Pour réserver une table, vous devez téléphoner à 7 h (heure de l'Est) précise. Par contre, l'heure Disney ne correspond pas nécessairement à l'heure exacte telle qu'indiquée par le US Naval Observatory ou le National Institute of Standards and Technology. Selon nos calculs, l'horloge du système de réservations est précise à trois secondes près. De nombreux sites Internet vous donneront l'heure exacte. Celui que nous préférons est le **www.atomictime.net**. Ce service affiche l'heure précise en continu. À la page d'accueil, cliquez sur « html multi-zone continuous » et consultez le fuseau horaire de l'Est (Eastern Time Zone). À l'aide de ce site ou en téléphonant à l'horloge parlante de votre région, synchronisez votre montre À LA SECONDE PRÈS. Environ 18 à 20 secondes avant 7 h, composez le (407) WDW-DIN ; attendez 7 secondes avant l'heure pour appuyer sur le « E » final.

Si le procédé ci-dessus vous semble trop complexe (pour ne pas dire un peu fou !), composez le (407) WDW-DINE environ 50 secondes avant l'heure. Si le centre de réservation n'est pas ouvert, un message vous l'indiquera. Dans ce cas, raccrochez et recomposez immédiatement. Si votre téléphone est muni de la recomposition automatique, activez-la, cela accélérera le processus. Raccrochez et recomposez le plus rapidement possible jusqu'à ce que vous entendiez un message à l'effet que tous les agents du centre sont présentement occupés. Ce message vous indique que votre appel est placé en attente. Si vous comptez parmi les premiers en file, une réceptionniste prendra votre appel dans les 3 à 20 secondes.

La suite dépend de votre position dans la file d'attente, mais les chances sont de votre côté. D'abord, parlez clairement, rapidement et brièvement. « Quatre personnes à

LE PALMARÈS DE REPAS EN COMPAGNIE DE PERSONNAGES

Restaurant	Lieu	Repas	Personnages
1. Cinderella's Royal Table	Magic Kingdom	Déjeuner	Cendrillon, Blanche-Neige, Belle, Jasmine et Aladin
2. Akershus	Epcot	Déjeuner	4 à 6 personnages parmi les suivan Belle, Jasmine, Blanche-Neige, la Belle au Bois Dormant, Esméralda Mary Poppins, Pocahontas et Mula
3. Chef Mickey's	Contemporary	Déjeuner	Minnie, Mickey, Chip, Pluto et Dingo
		Souper	Mickey, Pluto, Chip, Dale et Dinge
4. Crystal Palace	Magic Kingdom	Déjeuner	Winnie l'Ourson, Tigrou, Bourriqu et Porcinet
		Dîner, Souper	Winnie l'Ourson, Tigrou et Bourriquet
5. 1900 Park Fare	Grand Floridian	Déjeuner	Mary Poppins et ses amis
		Souper	Cendrillon et ses amis
6. Garden Grill	Epcot	Dîner, Souper	Chip, Dale, Mickey et Pluto
7. Liberty Tree Tavern	Magic Kingdom	Souper	Minnie, Pluto, Dingo et Chip ou D
8. Donald's Breakfastosaurus	Animal Kingdom	Déjeuner	Mickey, Donald, Pluto et Dingo
9. Cape May Cafe	Beach Club	Déjeuner	Dingo, Chip, Dale et Pluto
10. Ohana Polynesian	Polynesian Resort	Déjeuner	Mickey, Dingo, Chip et Dale
11. Gulliver's Grill	Swan		Dingo et Pluto ou Rafiki et Timon

8 h 30 pour le Cinderella's Table, s'il-vous-plaît », fera très bien l'affaire. N'oubliez pas que d'autres agents confirment des réservations au même moment, ne vous lancez donc pas dans des explications sans fin. Une certaine flexibilité peut également jouer en votre faveur. Par exemple, puisqu'il est beaucoup plus difficile d'obtenir une table pour un groupe, pensez à vous séparer en prenant des tables de quatre ou même de deux personnes. Dans la même veine, soyez conciliant quant à l'heure de la réservation. Si vous êtes prêts à prendre n'importe quelle disponibilité, dites-le tout

rvice	Ambiance	Type de service	Qualité de la nourriture	Niveau sonore	Ratio personnage – convives
otidien	★★★★★	Buffet	★★★	Calme	1/26
otidien	★★★★	Familial	★★★ ½	Calme	1/54
otidien	★★★	Buffet	★★★	Bruyant	1/56
otidien	★★★	Buffet	★★★ ½	Bruyant	1/56
otidien	★★★	Buffet	★★★ ½	Très bruyant	1/67
otidien	★★★	Buffet	★★★	Très bruyant	1/89
otidien	★★★	Buffet	★★★	Peu bruyant	1/54
otidien	★★★	Buffet	★★★ ½	Peu bruyant	1/44
otidien	★★★★ ½	Familial	★★ ½	Très calme	1/46
otidien	★★★ ½	Familial	★★★	Peu bruyant	1/47
otidien	★★★	Buffet	★★★	Très bruyant	1/112
otidien	★★★	Buffet	★★ ½	Peu bruyant	1/67
otidien	★★ ½	Familial	★★ ½	Peu bruyant	1/57
tidien	★★★	Buffet, menu	★★★ ½	Peu bruyant	1/198

de suite : « Quatre personnes, Cinderella's Table, de préférence à 9 h , s'il-vous-plaît ».

En conclusion, nous avons constaté qu'il était plus facile de joindre le centre de réservation le samedi ou le dimanche. Les gens sont sans doute moins réticents à téléphoner dès l'aube s'ils ont à se lever tôt pour le boulot que s'ils doivent interrompre leur grasse matinée de la fin de semaine.

Sans formule de priorité

Si vous insistez pour déjeuner au Cinderella's Royal Table, mais que vous n'avez pas de réservation, présentez-vous au restaurant le matin même et tentez d'obtenir une table sur place. C'est un coup de dé, mais c'est parfois possible en basse saison. On peut également réussir à avoir une table par une journée froide ou pluvieuse puisque les probabilités d'annulation sont plus élevées. Vos chances sont aussi meilleures durant la dernière heure de service du repas.

Si toutes ces tentatives s'avèrent vaines, suivez le conseil de cette mère de trois enfants de Providence, au Rhode Island :

> *Nous n'avons pas réussi à retenir une table pour le déjeuner du Cinderella's Royal Table. Nous avons donc réservé un déjeuner-personnages à notre hôtel et un dîner à la table de Cendrillon plus tard dans la semaine. Ainsi, nos enfants ont pu déjeuner avec Mickey et visiter l'intérieur du château quelques jours plus tard. Par ailleurs, réserver pour dîner au château a été très facile.*

Par contre, le dîner et le souper au château n'incluent pas la compagnie de personnages, et bien que Cendrillon et Blanche-Neige y soient parfois présentes, ce n'est pas la règle. Aussi, même sans personnage, un repas au château coûte une petite fortune, comme le souligne cette mère de Snellville en Georgie :

Nous avons mangé au château de Cendrillon pour réaliser mon rêve de jeunesse. Le menu était restreint et cher. Un repas pour trois personnes, sans entrée ni dessert, nous a coûté 130 $.

Au cas où cela vous intéresserait, ce repas ne comprenait pas d'alcool ; aucune boisson alcoolisée n'est vendue à Magic Kingdom.

Les feux de camp

Chaque soir à 19 h ou 20 h (selon la saison), il y a un feu de camp animé près du Meadow Trading Post de Bike Barn sur le site de camping de Fort Wilderness. Chip et Dale entonnent des chansons et un film de Disney est ensuite présenté. Cette activité est gratuite et tous les villégiateurs Disney y sont bienvenus. Pour connaître l'horaire, composez le (407) 824-2788.

Les poussettes

Des poussettes sont offertes en location pour la journée dans les quatre parcs thématiques. Si vous louez une poussette à Magic Kingdom et décidez de vous rendre à Epcot, à Animal Kingdom ou à Disney-MGM Studios, rendez votre poussette à Magic Kingdom, mais conservez le reçu que vous présenterez au prochain parc. On vous prêtera ainsi une nouvelle poussette sans frais supplémentaire.

Les poussettes de Magic Kingdom, d'Animal Kingdom et d'Epcot sont de grands et solides modèles équipés de capote pare-soleil. Nous avons déjà vu des familles y asseoir jusqu'à trois enfants d'un coup. Les poussettes de Disney-MGM Studios sont de type parapluie.

Le service de location est situé à droite de l'entrée de Magic Kingdom ; à gauche de l'entrée principale d'Epcot ; au Oscar's Super Service juste à l'entrée de Disney-MGM

Studios, tandis qu'à Animal Kingdom, il se trouve à l'entrée, à votre droite. Louer une poussette dans un des parcs est simple et facile, les retourner est tout aussi aisé. Même à Epcot, où près de 900 poussettes sont rendues après les feux d'artifice, l'attente est de courte durée et le processus, sans tracas. Si le fait de perdre votre dollar de dépôt ne vous dérange pas, vous pouvez abandonner la poussette où bon vous semble.

En pénétrant l'enceinte d'une présentation ou d'un manège, vous devrez garer votre poussette dans un enclos à ciel ouvert. En cas de pluie, vous aurez besoin d'une serviette pour la sécher.

Les poussettes sont indispensables si vous avez un nourrisson ou un bambin avec vous. Nous avons remarqué que de nombreux parents louent également des poussettes pour des enfants plus âgés (jusqu'aux environs de cinq ans). Elles évitent aux parents d'avoir à porter l'enfant en cas de fatigue et permet le transport de bouteilles d'eau et de collations.

Si vous rentrez à l'hôtel pour une pause de demi-journée et prévoyez retourner au parc plus tard, laissez votre poussette à côté d'un manège près de l'entrée en l'identifiant à l'aide d'un mouchoir ou d'un autre objet personnel. Elle vous y attendra à votre retour.

De plus, sachez que les poussettes sont trop grandes pour les nourrissons et pour certains bambins. Si vous prévoyez en louer une pour eux, munissez-vous d'oreillers, de coussins ou de serviettes roulées pour les caler confortablement.

Vous pouvez aussi utiliser votre propre poussette. Souvenez-vous, par contre, que seules les poussettes de type parapluie sont acceptées dans les autobus et le monorail. Il est peu probable qu'on vous la vole, mais identifiez-la tout de même clairement avec votre nom.

Parfois, les poussettes disparaissent pendant que vous profitez d'un manège ou que vous assistez à un spectacle. À l'occasion, les employés Disney déplacent les poussettes rangées près des attractions. Parfois il s'agit simplement de faire le ménage ; d'autres fois elles sont déplacées pour libérer le passage. Ne présumez pas que votre poussette a été volée si elle n'est pas exactement où vous l'avez garée. Elle pourrait fort bien se trouver à quelques mètres de là.

Les poussettes de location sont aussi parfois prises par erreur ou échangées par des gens qui n'ont pas voulu prendre le temps de remplacer celle qu'ils ont perdue. Ne vous affolez pas si la vôtre disparaît. Vous n'aurez pas à débourser pour la remplacer et on vous en prêtera une nouvelle pour poursuivre votre visite. À Magic Kingdom, des poussettes de remplacement sont disponibles à Tinker Bell's Treasures de Fantasyland, à Merchant of Venus de Tomorrowland et à l'endroit de location situé juste à l'entrée du parc. À Epcot, procurez-vous une poussette de remplacement à l'endroit de location situé près de l'entrée principale ou à l'entrée arrière, au World Showcase, entre le Royaume-Uni et la France. À Disney-MGM Studios, c'est au Oscar's Super Service et à Endor Vendors près de Star Tours que les poussettes peuvent être remplacées. À Animal Kingdom, il est possible d'obtenir une poussette de remplacement au Garden Gate Gifts et au marché de Mombasa.

Remplacer une poussette n'est pas compliqué, mais c'est tout de même désagréable. Une famille du Minnesota s'est plainte que leur poussette soit disparue à Epcot six fois en une seule journée et cinq fois à Disney-MGM Studios, toujours en une journée. Même si on peut les remplacer sans frais, être victime de ce type de larcin représente une sérieuse perte de temps. D'expérience, et suite à des suggestions de lecteurs, nous avons développé une technique d'identification de poussette : accrochez-y quelque chose de personnel, mais non de précieux. De toute évidence, la majorité des poussette sont volées par erreur (elles se ressemblent toutes) ou parce qu'il est plus facile de prendre la poussette de quelqu'un d'autre que de remplacer celle qui est disparue. Puisque la plupart des « vols » de poussettes résultent de confusion ou de paresse, la majorité des fraudeurs hésiteront à prendre une poussette identifiée.

Finalement, vous seriez étonné du nombre de personnes blessées par des poussettes conduites agressivement par des parents pressés ou lunatiques. Quoique vous soyez peut-être tenté de vous servir de votre poussette pour traverser la foule tel Moïse au passage de la Mer Rouge, pensez-y bien. Écraser d'autres visiteurs ne correspond pas tellement à l'esprit Disney.

Les enfants perdus

Si l'un de vos enfants s'est éloigné, ne paniquez pas. À bien y penser, Walt Disney World est peut-être l'endroit le plus sûr pour se perdre. Les membres de la distribution Disney surveillent les enfants qui semblent égarés. Puisqu'il est fréquent que des enfants se retrouvent séparés de leurs parents, les employés savent exactement ce qu'ils doivent faire.

Si votre enfant s'égare à Magic Kingdom, informez-en un préposé Disney et présentez-vous au centre de soins pour bébés et tout-petits qui tient à jour le registre des enfants perdus. À Epcot, informez un employé et présentez-vous au centre de soin près du Odyssey Center. À Disney-MGM Studios, présentez-vous à l'édifice des relations avec la clientèle au bout de Hollywood Boulevard. À Animal Kingdom, c'est au centre de soins de Discovery Island qu'il faut aller. Il n'y a pas de système d'interphone, mais en cas d'urgence un « bulletin tous azimuts » peut être transmis par le réseau de communication interne des parcs. Si un employé Disney croise un enfant égaré, il le conduira immédiatement au centre des relations avec la clientèle ou au centre de soin du parc.

Ces informations devraient vous rassurer un peu, même s'il peut être extrêmement affolant de perdre un enfant. Heureusement, les circonstances entourant l'égarement sont prévisibles et, du coup, peuvent être évitées.

Tout d'abord, remarquez combien les enfants se ressemblent et s'habillent de façon similaire, particulièrement par temps chaud tandis que les culottes courtes et les t-shirts volent la vedette. Laissez aller votre enfant dans ce bassin de 10 000 autres jeunes du même âge et cet ensemble se transforme tout à coup en vêtement de camouflage. Nous vous suggérons de vêtir les enfants de moins de huit ans d'un « uniforme de vacances » aux couleurs vives. Coudre des étiquettes d'identification (avec la ville d'origine et le lieu de séjour) aux vêtements des enfants est une autre bonne idée. Cela peut également être fait à l'aide de bandes de ruban-cache. Les professionnels de la sécurité hôtelière suggèrent que l'information soit inscrite en lettres minuscules et que la bande soit fixée à l'extérieur du chandail de l'enfant, 10 à 15 centimètres sous l'aisselle. Des porte-noms sont aussi disponibles dans la majorité des parcs thématiques.

En plus de se fondre à la foule, les enfants peuvent s'égarer dans différentes circonstances :

1. Le parent seul est occupé. L'unique parent du groupe peut être affairé à charger l'appareil photo, être occupé aux toilettes ou au comptoir de rafraîchissements, etc. Le petit est là un moment mais n'y est plus l'instant suivant.

2. La sortie du manège. Parfois, les parents attendent en bordure d'un manège que les jeunes enfants en reviennent. Ils s'attendent à les voir sortir par une issue alors que ceux-ci sortent plutôt par une autre sortie de certains manèges est parfois éloignée de l'entrée. Assurez-vous de repérer la sortie d'où les enfants surgiront avant de les laisser aller seuls.

3. La fin d'un spectacle. À la fin de nombreux spectacles et manèges, un employé Disney vous recommandera de « vérifier que vous avez bien tous vos objets personnels et de tenir la main des jeunes enfants ». Tandis que des douzaines, voire des centaines, de personnes quittent une attraction en même temps, il est facile d'égarer un petit à moins de lui tenir fermement la main.

4. Les toilettes publiques. Maman dit à son enfant de six ans : « Je t'attendrai sur ce banc quand tu sortiras des toilettes. » Il y a ici trois scénarios possibles. Tout d'abord, l'enfant sort par une autre porte et s'en trouve désorienté (maman ne savait peut-être pas qu'il y avait une autre sortie). Ensuite, maman décide d'aller aux toilettes elle aussi. Quand l'enfant en sort, maman n'est plus là. Ou encore, maman jette un œil à la boutique du coin en attendant, et manque la sortie de son enfant.

Si vous ne pouvez pas accompagner votre enfant aux toilettes, assurez-vous qu'il n'y ait qu'une sortie. Les toilettes situées dans le passage entre Frontierland et Adventureland à Magic Kingdom sont les pires de toutes. On peut y entrer par Adventureland et en ressortir dans Frontierland, ou vice-versa. Les adultes s'en rendent vite compte, mais les jeunes enfants, rarement. Choisissez un lieu de rencontre plus précis qu'un banc de parc et donnez des instructions claires : « Je t'attendrai près de ce mât de drapeau. Si tu as terminé le premier, attends-moi là. » et faites répéter la consigne à l'enfant.

5. Les défilés. Les spectateurs se tiennent debout pour assister à de nombreux défilés et spectacles. Les enfants cherchent à s'avancer pour mieux voir. En se faufilant ici et là, les enfants s'éloignent rapidement sans que vous ne vous en aperceviez.

6. Les déplacements de foule. Faites attention à la fin des feux d'artifice et des défilés ou à la fermeture des parcs tandis que la foule se disperse. Lorsqu'il y a de 20 000 à 40 000 personnes au même endroit, il est facile d'égarer un enfant ou tout autre membre du groupe. Soyez extrêmement prudent à la fin des défilés et des feux d'artifice en soirée au Magic Kingdom, ainsi qu'à la fin du spectacle *Fantasmic !* à Disney-MGM Studios ou d'*IllumiNations* à Epcot. Les familles devraient toujours se donner des points de ralliement en cas de séparation.

7. La rencontre de personnages. Quand les personnages sont présents, les environs bourdonnent d'activité. On perd facilement les enfants de vue. Consultez la rubrique « La confusion s'installe parfois » à la page 207.

8. À Animal Kingdom. Il est très facile de perdre un enfant à Animal Kingdom, particulièrement à l'entrée de l'Oasis, dans la Maharajah Jungle Trek ou dans Gorilla Falls Exploration Trail. Parfois, les parents s'arrêtent pour observer un animal. L'enfant peut patienter une minute ou deux puis, las d'attendre, s'en aller voir autre chose.

9. Les enfants perdus... dans l'espace. Plus souvent qu'autrement, les enfants ne se rendent pas compte qu'ils se sont éloignés. Ils sont si distraits qu'ils vagabondent parfois un bon moment avant de constater que leur famille est mystérieusement disparue. Heureusement, les employés Disney ont l'œil vif pour repérer un enfant égaré. Ils l'aideront à retrouver sa famille ou le mèneront au centre pour enfants perdus. Il arrive toutefois qu'entre-temps les parents paniquent. Si votre enfant est égaré et que vous ne le retrouvez pas au centre pour enfants perdus, respirez profondément. Il est probablement perdu… dans l'espace.

10. Les bons et les méchants. Dès votre arrivée au parc, expliquez à votre enfant comment reconnaître un employé Disney grâce aux porte-noms Disney qu'ils portent tous. Dites-lui d'aller voir une de ces personnes en cas de pépin.

Sixième partie

Magic Kingdom

À Magic Kingdom, les poussettes et les fauteuils roulants en location sont à droite de la gare, tandis que les casiers sont situés au rez-de-chaussée de cette dernière. À votre gauche en entrant dans Main Street se trouve City Hall, le centre d'information pour les objets perdus, les excursions guidées et les horaires d'événements.

Si vous n'avez pas déjà le plan du parc qui est distribué gratuitement, vous pouvez vous en procurer un au City Hall. Ce plan répertorie les attractions, boutiques et restaurants ; donne des renseignements utiles sur les premiers soins, les soins de bébé et l'assistance aux personnes à mobilité réduite, tout en donnant des trucs pour prendre de bonnes photos. Vous y trouverez également l'horaire des événements de la journée : spectacles sur scène, défilés de personnages, concerts et autres activités. De plus, il vous indique où et quand vous pouvez rencontrer les personnages.

Main Street mène au cœur du parc d'où l'on accède aux cinq contrées : Adventureland, Frontierland, Liberty Square, Fantasyland et Tomorrowland. Mickey's Toontown Fair s'étend pour sa part le long de Fantasyland et Tomorrowland.

Dans ce chapitre, ainsi que dans les trois suivants, nous avons classifié les attractions de chacun des quatre parcs thématiques. Vous y trouverez l'appréciation de l'auteur, de même qu'une appréciation en fonction de différents groupes d'âge, toutes données sous forme d'étoiles. (plus l'attraction a d'étoiles, meilleure elle est). Puisque l'auteur prend le point de vue d'un adulte, il pourrait évaluer un manège comme Dumbo beaucoup moins bien que le ferait le groupe d'âge visé par ce manège. L'échelle d'embouteillage est graduée de un à dix : plus le nombre est élevé, plus l'attraction est achalandée. En règle générale, nous vous recommandons de visiter les attractions à haut degré d'embouteillage tôt le matin (c'est-à-dire entre 8 h et 10 h), avant que le parc ne soit bondé ou encore tard dans la journée, tandis que la foule diminue.

Main Street, U.S.A.

Walt Disney World Railroad

Description : balade pittoresque autour de Magic Kingdom et moyen de transport vers Frontierland et Mickey's Toontown Fair
Catégorie : attraction secondaire
Facteur d'effroi : pas du tout
Échelle d'embouteillage : 6
Quand y aller : n'importe quand
Classification de l'auteur : beaucoup à voir ; ★★★
Groupes d'âge :
Préscolaire ★★★★   Primaire ★★★   Adolescents ★★
Jeunes adultes ★★ ½   Plus de 30 ans ★★★ Troisième âge ★★★
Durée : environ 19 minutes pour un circuit complet
Temps d'attente moyen (100 personnes devant vous) : 8 minutes

Adventureland

Première contrée à gauche de Main Street, Adventureland combine le safari africain à l'ambiance de la Nouvelle-Orléans et des Caraïbes.

Swiss Family Treehouse

Description : exploration d'une maisonnette dans un arbre
Catégorie : attraction secondaire
Facteur d'effroi : pas du tout
Échelle d'embouteillage : 6
Quand y aller : avant 11 h 30 ou après 17 h
Commentaire : beaucoup de marches d'escalier à gravir
Classification de l'auteur : superbe à voir ; ★★★
Groupes d'âges :
Préscolaire ★★★   **Primaire** ★★★ ½   **Adolescents** ★★★
Jeunes adultes ★★★   **Plus de 30 ans** ★★★   **Troisième âge** ★★★
Durée : de 10 à 15 minutes

Temps d'attente moyen (100 personnes devant vous) : 7 minutes

Jungle Cruise (option FASTPASS)

Description : excursion extérieure en bateau de type safari
Catégorie : attraction principale
Facteur d'effroi : modéré à intense ; quelques visions macabres ; bon test pour les petits
Échelle d'embouteillage : 10
Quand y aller : avant 10 h, dans les deux heures précédant la fermeture ou avec une carte FASTPASS
Classification de l'auteur : chef-d'œuvre ; ★★★
Groupes d'âges :
Préscolaire ★★★ ½   **Primaire** ★★★ ½   **Adolescents** ★★★ ½
Jeunes adultes ★★★   **Plus de 30 ans** ★★★   **Troisième âge** ★★★
Durée : de 8 à 9 minutes

Temps d'attente moyen (100 personnes devant vous) : 3,5 minutes

Pirates of the Caribbean

Description : excursion intérieure en bateau pirate
Catégorie : attraction principale
Facteur d'effroi : file d'attente intimidante ; excursion intense ; visions macabres (mais humoristiques) ; chute inattendue dans un canal
Échelle d'embouteillage : 7
Quand y aller : avant midi ou après 17 h
Classification de l'auteur : technologie Audio-Animatronics® à son meilleur ; à ne pas manquer ; ★★★★★

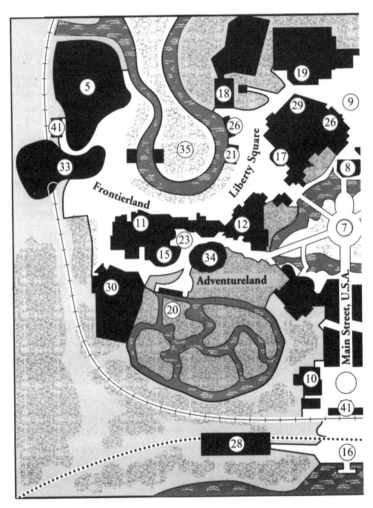

1. Alien Encounter
2. Ariel's Grotto
3. Astro Orbiter
4. Barnstormer
5. Big thunder Mountain
6. Buzz Lightyear's Space Ranger Spin
7. Coeur du parc
8. Cinderella Castle
9. Cinderella's Golden Carroussel
10. City Hall

11. Country Bear Jamboree
12. The Diamond Horseshoe Saloon
13. Donald's Boat
14. Dumbo the Flying Elephant
15. Enchanted Tiki Birds
16. Ferry dock
17. The Hall of Presidents
18. The Haunted Mansion
19. It's a Small World
20. Jungle Cruise
21. Liberty Belle Riverboat

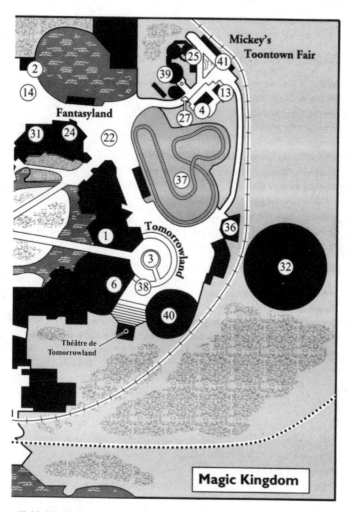

Magic Kingdom

Groupes d'âges :
Préscolaire ★★★   Primaire ★★★★★
Adolescents ★★★★   Jeunes adultes ★★★★
Plus de 30 ans ★★★★½   Troisième âge ★★★★½
Durée : 7,5 minutes
Temps d'attente moyen (100 personnes devant vous) : 3,5 minutes

Magic Carpets of Aladdin

Description : manège aérien élaboré
Catégorie : attraction secondaire
Facteur d'effroi : du même acabit que Dumbo ; un préféré des enfants
Échelle d'embouteillage : 10
Quand y aller : avant 10 h ou dans l'heure précédant la fermeture
Classification de l'auteur : belle attraction pour enfants ; ★★★
Groupes d'âges :
Préscolaire ★★★★½ Primaire ★★★★ Adolescents ★ ½
Jeunes adultes ★ ½   Plus de 30 ans ★ ½ Troisième âge ★ ½
Durée : 1,5 minute
Temps d'attente moyen (100 personnes devant vous) : 16 minutes

Tropical Serenade (Enchanted Tiki Birds)

Description : spectacle musical ayant pour thème les îles du Pacifique ; technologie Audio-Animatronics®
Catégorie : attraction secondaire
Facteur d'effroi : orage risquant d'effrayer les petits
Échelle d'embouteillage : 4
Quand y aller : avant 11 h ou après 15 h 30
Classification de l'auteur : revu et amélioré en 1998 ; ★★★ ½
Groupes d'âges :
Préscolaire ★★★★ Primaire ★★★ ½ Adolescents ★★★
Jeunes adultes ★★★ Plus de 30 ans ★★★ Troisième âge ★★★
Durée : 15,5 minutes
Avant-spectacle : oiseaux jaseurs
Temps d'attente moyen (100 personnes devant vous) : 15 minutes

Frontierland

Frontierland est adjacent à Adventureland en évoluant dans le sens horaire autour du Magic Kingdom. L'Ouest américain d'antan est à l'honneur avec ses palissades et ses trappeurs.

Splash Mountain (option FASTPASS)

Description : balade dans des canaux intérieurs et extérieurs
Catégorie : attraction vedette
Facteur d'effroi : visuellement intimidant de l'extérieur ; effets visuels parfois intenses ; balade culminant en une chute de près de 16 mètres ; peut faire dresser les cheveux sur la tête à tout âge
Échelle d'embouteillage : 10
Quand y aller : dès l'ouverture, durant les défilés, juste avant la fermeture ou avec une carte FASTPASS
Commentaire : restriction de taille : 1 mètre ; restriction d'âge : les enfants de moins de 7 ans doivent être accompagnés d'un adulte ; possibilité de transfert
Classification de l'auteur : balade éclaboussante géniale ; à ne pas manquer ; ★★★★★
Groupes d'âges :

Préscolaire †	Primaire ★★★★★
Adolescents ★★★★★	Jeunes adultes ★★★★★
Plus de 30 ans ★★★★★	Troisième âge ★★★½

† De nombreux enfants d'âge préscolaire n'ont pas la taille requise et d'autres pourraient être visuellement intimidés en observant le manège à partir de la file d'attente. Parmi les petits qui réussissent à monter, la majorité donne à l'attraction une bonne note (de trois à cinq étoiles).
Durée : environ 10 minutes
Temps d'attente moyen (100 personnes devant vous) : 3,5 minutes

Big Thunder Mountain Railroad (option FASTPASS)

Description : montagnes russes traversant une mine de l'Ouest
Catégorie : attraction vedette
Facteur d'effroi : visuellement intimidant ; effets visuels modérés à intenses ; suffisamment spectaculaire pour effrayer de nombreux adultes, notamment les personnes âgées
Échelle d'embouteillage : 9

Quand y aller : avant 10 h, dans l'heure précédant la fermeture ou avec une carte FASTPASS
Commentaire : restriction de taille : 1 mètre ; restriction d'âge : les enfants de moins de 7 ans doivent être accompagnés d'un adulte ; possibilité de transfert
Classification de l'auteur : superbes effets spéciaux ; manège plutôt calme ; à ne pas manquer ; ★★★★
Groupes d'âges :
Préscolaire ★★★   Primaire ★★★★   Adolescents ★★★★
Jeunes adultes ★★★★ Plus de 30 ans ★★★★ Troisième âge ★★★
Durée : 3,5 minutes
Temps d'attente moyen (100 personnes devant vous) : 2,5 minutes

Country Bear Jamboree

Description : spectacle de bal populaire rustique ; technologie Audio-Animatronics®
Catégorie : attraction principale
Facteur d'effroi : pas du tout
Échelle d'embouteillage : 8
Quand y aller : avant 11 h 30, pendant un défilé ou dans les deux heures précédant la fermeture
Commentaire : le spectacle change à Noël et durant l'été
Classification de l'auteur : classique Disney ; ★★★
Groupes d'âges :
Préscolaire ★★★ ½   Primaire ★★★   Adolescents ★★ ½
Jeunes adultes ★★★   Plus de 30 ans ★★★ Troisième âge ★★★
Durée : 15 minutes
Temps d'attente probable : attraction populaire de faible capacité ; entre midi et 17 h 30, par temps achalandé, l'attente est de 30 à 50 minutes

Tom Sawyer Island et Fort Sam Clemens

Description : exposition extérieure à parcourir et aire de jeu rustique
Catégorie : attraction secondaire
Facteur d'effroi : noirceur risquant d'effrayer les jeunes enfants ; possibilité d'éviter les tunnels
Échelle d'embouteillage : 4
Quand y aller : du milieu de l'avant-midi à la fin de l'après-midi

Commentaire : fermeture à la tombée du jour
Classification de l'auteur : idéal pour les enfants tapageurs ; ★★★
Groupes d'âges :
Préscolaire ★★★★★ **Primaire** ★★★★★ **Adolescents** ★★
Jeunes adultes ★★ **Plus de 30 ans** ★★ **Troisième âge** ★★
Temps d'attente probable : aucun

The Diamond Horseshoe Saloon Revue

Description : spectacle de danse interactif
Catégorie : attraction secondaire
Facteur d'effroi : parfois bruyant pour les nourrissons et les bambins
Échelle d'embouteillage : 6
Quand y aller : consulter l'horaire quotidien
Commentaire : participation de personnages Disney
Classification de l'auteur : endiablé et amusant ; ★★★
Groupes d'âges :
Préscolaire ★★★★ **Primaire** ★★★ ½ **Adolescents** ★★★
Jeunes adultes ★★★ ½ **Plus de 30 ans** ★★★ ½ **Troisième âge** ★★★ ½
Durée : environ 20 minutes
Temps d'attente probable : aucun

Liberty Square

Liberty Square recrée l'Amérique coloniale à l'époque de la Révolution.
L'architecture est de facture fédérale et coloniale. Un chêne de 130 ans
(nommé Liberty Tree) ajoute une touche de dignité et de grâce à
l'ensemble.

The Hall of Presidents

Description : spectacle historique ; technologie Audio-Animatronics®
Catégorie : attraction principale
Facteur d'effroi : pas du tout
Échelle d'embouteillage : 4
Quand y aller : n'importe quand
Classification de l'auteur : impressionnant et émouvant ; ★★★
Groupes d'âges :
Préscolaire ★ **Primaire** ★★ ½
Adolescents ★★★ **Jeunes adultes** ★★★ ½
Plus de 30 ans ★★★★ **Troisième âge** ★★★★

Durée : presque 23 minutes
Temps d'attente probable : file avançant rapidement aux changements d'assistance ; temps restant à la présentation en cours ; rarement plus de 30 minutes

Liberty Belle Riverboat

Description : balade pittoresque en bateau
Catégorie : attraction principale
Facteur d'effroi : pas du tout
Échelle d'embouteillage : 4
Quand y aller : n'importe quand
Commentaire : pas d'avant-spectacle
Classification de l'auteur : calme, relaxant et pittoresque ; ★★★
Groupes d'âges :

Préscolaire ★★★ ½	Primaire ★★★	Adolescents ★★ ½
Jeunes adultes ★★★	Plus de 30 ans ★★★	Troisième âge ★★★

Durée : environ 16 minutes
Temps d'attente probable : de 10 à 14 minutes

The Haunted Mansion (option FASTPASS)

Description : balade sur rail à travers une maison hantée
Catégorie : attraction principale
Facteur d'effroi : nom inquiétant, tout comme les bruits et les effets visuels de la file d'attente ; attraction intense mais humoristique ; visions macabres ; manège en lui-même plutôt calme
Échelle d'embouteillage : 8
Quand y aller : avant 11 h 30, après 20 h ou avec une carte FASTPASS
Commentaire : parfois effrayant pour certains jeunes enfants
Classification de l'auteur : à ne pas manquer ; ★★★★
Groupes d'âges :

Préscolaire †	Primaire ★★★★★
Adolescents ★★★★	Jeunes adultes ★★★★
Plus de 30 ans ★★★★	Troisième âge ★★★★

† échantillonnage trop aléatoire pour être concluant
Durée : manège de 7 minutes et avant-spectacle de 1,5 minute
Temps d'attente moyen (100 personnes devant vous) : 2,5 minutes

Fantasyland

Fantasyland est le cœur de Magic Kingdom. Le domaine enchanté d'un village alpin miniature s'étend au pied des tours majestueuses du château de Cendrillon.

It's a Small World

Description : excursion intérieure en bateau à la découverte du globe
Catégorie : attraction principale
Facteur d'effroi : pas du tout
Échelle d'embouteillage : 6
Quand y aller : n'importe quand
Classification de l'auteur : extrêmement mignon ; ★★★
Groupes d'âges :
Préscolaire ★★★   Primaire ★★★ ½   Adolescents ★★★
Jeunes adultes ★★★   Plus de 30 ans ★★★   Troisième âge ★★★
Durée : environ 11 minutes
Temps d'attente moyen (100 personnes devant vous) : 11 minutes

Peter Pan's Flight (option FASTPASS)

Description : balade intérieure sur rail
Catégorie : attraction secondaire
Facteur d'effroi : pas du tout
Échelle d'embouteillage : 8
Quand y aller : avant 10 h, après 18 h ou avec une carte FASTPASS
Classification de l'auteur : joyeux, calme et bien fait ; ★★★★
Groupes d'âges :
Préscolaire ★★★ ½   Primaire ★★★ ½   Adolescents ★★★ ½
Jeunes adultes ★★★ ½ Plus de 30 ans ★★★ ½
Troisième âge ★★★ ½
Durée : un peu plus de 3 minutes
Temps d'attente moyen (100 personnes devant vous) : 5,5 minutes

Cinderella's Golden Carrousel

Description : carrousel
Catégorie : attraction secondaire
Facteur d'effroi : pas du tout

Échelle d'embouteillage : 9
Quand y aller : avant 11 h ou après 20 h
Commentaire : beauté et nostalgie pour les adultes
Classification de l'auteur : superbe manège pour les enfants ; ★★★
Groupes d'âges :

Préscolaire ★★★★	Primaire ★★★★	Adolescents †
Jeunes adultes †	Plus de 30 ans †	Troisième âge †

† échantillonnage trop mince pour être concluant
Durée : environ 2 minutes
Temps d'attente moyen (100 personnes devant vous) : 5 minutes

The Many Adventures of Winnie the Pooh (option FASTPASS)

Description : balade intérieure sur rail
Catégorie : attraction secondaire
Facteur d'effroi : pas du tout
Échelle d'embouteillage : 8
Quand y aller : avant 10 h, dans les deux heures précédant la fermeture ou avec une carte FASTPASS
Commentaire : autre favori des adultes nostalgiques
Classification de l'auteur : nouvelle demeure d'un de nos personnages préférés ; ★★★ ½
Groupes d'âges :

Préscolaire ★★★★	Primaire ★★★★	Adolescents ★★★
Jeunes adultes ★★★	Plus de 30 ans ★★★	Troisième âge ★★★

Durée : environ 4 minutes
Temps d'attente moyen (100 personnes devant vous) : 5 minutes

Snow White's Adventures

Description : balade intérieure sur rail
Catégorie : attraction secondaire
Facteur d'effroi : modérément intense ; maison hantée ; quelques sombres personnages ; effrayant pour bon nombre de tout-petits
Échelle d'embouteillage : 8
Quand y aller : avant 11 h ou après 18 h
Commentaire : effrayant pour bon nombre d'enfants

Classification de l'auteur : à voir, même si le temps d'attente est long ; ★★ ½

Groupes d'âges :

Préscolaire ★	Primaire ★★ ½	Adolescents ★★
Jeunes adultes ★★ ½	Plus de 30 ans ★★ ½	Troisième âge ★★ ½

Durée : presque 2,5 minutes

Temps d'attente moyen (100 personnes devant vous) : 6,5 minutes

Ariel's Grotto

Description : fontaine interactive et lieu de rencontre de personnages

Catégorie : attraction secondaire

Facteur d'effroi : pas du tout

Échelle d'embouteillage : 9

Quand y aller : avant 10 h ou après 21 h

Classification de l'auteur : superbe lieu de rencontre de personnages ; ★★★

Groupes d'âges :

Préscolaire ★★★★★	Primaire ★★★ ½	Adolescents ★
Jeunes adultes ★	Plus de 30 ans ★	Troisième âge ★

Durée : presque 2,5 minutes

Temps d'attente moyen (100 personnes devant vous) : 30 minutes

Dumbo the Flying Elephant

Description : manège aérien

Catégorie : attraction secondaire

Facteur d'effroi : manège aérien calme ; un préféré des petits

Échelle d'embouteillage : 10

Quand y aller : avant 10 h ou après 21 h

Classification de l'auteur : superbe manège pour enfants ; ★★★

Groupes d'âges :

Préscolaire ★★★★★	Primaire ★★★★	Adolescents ★ ½
Jeunes adultes ★ ½	Plus de 30 ans ★ ½	Troisième âge ★ ½

Durée : 1,5 minute

Temps d'attente moyen (100 personnes devant vous) : 20 minutes

Mad Tea Party

Description : manège tournoyant
Catégorie : attraction secondaire
Facteur d'effroi : faible ; peut occasionner des nausées, des sueurs, etc.
Échelle d'embouteillage : 9
Quand y aller : avant 11 h ou après 17 h
Classification de l'auteur : amusant, sans plus ; ★★
Groupes d'âges :
Préscolaire ★★★★   Primaire ★★★★   Adolescents ★★★★
Jeunes adultes ★★★   Plus de 30 ans ★★ Troisième âge ★★
Durée : 1,5 minute
Temps d'attente moyen (100 personnes devant vous) : 7,5 minutes

Mickey's Toontown Fair

Mickey's Toontown Fair est la première nouvelle contrée à voir le jour à Magic Kingdom depuis son ouverture et la seule qui n'a pas d'accès direct à partir du centre du Royaume. On peut entre autres y rencontrer Mickey Mouse, visiter sa maison et celle de Minnie, en plus de profiter des montagnes russes pour enfants.

Mickey's Country House et Judge's Tent

Description : promenade dans la maison de Mickey et possibilité de le rencontrer
Catégorie : attraction secondaire
Facteur d'effroi : pas du tout
Échelle d'embouteillage : 9
Quand y aller : avant 11 h 30 ou après 16 h 30
Classification de l'auteur : bien fait ; ★★★
Groupes d'âges :
Préscolaire ★★★ ½   Primaire ★★★   Adolescents ★★ ½
Jeunes adultes ★★ ½   Plus de 30 ans ★★ ½ Troisième âge ★★ ½
Durée : de 15 à 30 minutes, selon l'achalandage
Temps d'attente moyen (100 personnes devant vous) : 20 minutes

Minnie's Country House

Description : promenade dans la maison de Minnie
Catégorie : attraction secondaire
Facteur d'effroi : pas du tout
Échelle d'embouteillage : 9
Quand y aller : avant 11 h 30 ou après 16 h 30
Classification de l'auteur : attention portée aux détails ; ★★
Groupes d'âges :
Préscolaire ★★★ **Primaire** ★★★ **Adolescents** ★★ ½
Jeunes adultes ★★ ½ **Plus de 30 ans** ★★ ½ **Troisième âge** ★★ ½
Durée : environ 10 minutes
Temps d'attente moyen (100 personnes devant vous) : 12 minutes

Toontown Hall of Fame

Description : lieu de rencontre de personnages
Catégorie : attraction secondaire
Facteur d'effroi : pas du tout
Échelle d'embouteillage : 10
Quand y aller : avant 10 h 30 ou après 17 h 30
Classification de l'auteur : des personnages à la tonne ; ★★
Groupes d'âges :
Préscolaire ★★★★ **Primaire** ★★★★ **Adolescents** ★★
Jeunes adultes ★★ **Plus de 30 ans** ★★ **Troisième âge** ★★
Durée : de 7 à 10 minutes
Temps d'attente moyen (100 personnes devant vous) : 35 minutes

The Barnstormer at Goofy's Wiseacres Farm

Description : montagnes russes pour enfants
Catégorie : attraction secondaire
Facteur d'effroi : effrayant pour certains enfants d'âge préscolaire
Échelle d'embouteillage : 9
Quand y aller : avant 10 h 30, durant les défilés ou juste avant la fermeture
Classification de l'auteur : génial pour les tout-petits ; bonne introduction aux manèges à sensations fortes ; ★★

Groupes d'âges :
Préscolaire ★★★★   Primaire ★★★   Adolescents ★ ½
Jeunes adultes ★★ ½   Plus de 30 ans ★★ ½   Troisième âge ★★
Durée : environ 53 secondes
Temps d'attente moyen (100 personnes devant vous) : 7 minutes

Donald's Boat

Description : aire de jeu
Catégorie : divertissement
Facteur d'effroi : pas du tout
Échelle d'embouteillage : 3
Quand y aller : n'importe quand
Commentaire : possibilité d'éclaboussement
Classification de l'auteur : amusant ; ★★ ½
Groupes d'âges :
Préscolaire ★★★★   Primaire ★★ ½   Adolescents ★
Jeunes adultes ★ ½   Plus de 30 ans ★ ½   Troisième âge ★ ½
Durée : environ 53 secondes
Temps d'attente moyen (100 personnes devant vous) : 7 minutes

Tomorrowland

Tomorrowland comprend des manèges et des attractions relatifs à l'avancement technologique de l'humanité et à son avenir. La rénovation de fond en comble de la contrée s'est terminée en l'an 2000.

Space Mountain (option FASTPASS)

Description : montagnes russes dans le noir
Catégorie : tête d'affiche
Facteur d'effroi : très intense ; le plus extrême des manèges de Magic Kingdom ; montagnes russes impressionnantes
Échelle d'embouteillage : 10
Quand y aller : dès l'ouverture du parc, entre 18 h et 19 h, dans l'heure précédant la fermeture ou avec une carte FASTPASS
Commentaire : excellent, beaucoup d'action ; bien plus impressionnant que Big Thunder Mountain Railroad ; restriction de

taille : 1 mètre ; restriction d'âge : enfants de moins de 7 ans doivent être accompagnés d'un adulte ; possibilité de transfert
Classification de l'auteur : excellentes montagnes russes et superbes effets spéciaux ; à ne pas manquer ; ★★★★
Groupes d'âges :

Préscolaire †	Primaire ★★★★★
Adolescents ★★★★★	Jeunes adultes ★★★★½
Plus de 30 ans ★★★★	Troisième âge †

† Certains enfants d'âge préscolaire adorent Space Mountain ; d'autres en ont peur. L'échantillonnage de personnes âgées était trop mince pour être concluant.
Durée : presque 3 minutes
Temps d'attente moyen (100 personnes devant vous) : 3 minutes

Tomorrowland Speedway

Description : voitures miniatures à conduire soi-même
Catégorie : attraction principale
Facteur d'effroi : pas du tout
Échelle d'embouteillage : 9
Quand y aller : avant 11 h ou après 17 h
Commentaire : restriction de taille pour conduire : 1,3 mètre ; possibilité d'installer l'enfant derrière le volant si l'adulte contrôle les pédales
Classification de l'auteur : ennuyant pour les adultes (★) ; génial pour les enfants d'âge préscolaire
Groupes d'âges :

Préscolaire ★★★★	Primaire ★★★	Adolescents ★
Jeunes adultes ½	Plus de 30 ans ½	Troisième âge ½

Durée : environ 4,25 minutes
Temps d'attente moyen (100 personnes devant vous) : 4,5 minutes

Astro Orbiter

Description : fusées tournoyant autour d'un axe central
Catégorie : attraction secondaire
Facteur d'effroi : file d'attente visuellement intimidante pour un manège si calme
Échelle d'embouteillage : 10
Quand y aller : avant 11 h ou après 17 h
Classification de l'auteur : n'en vaut pas l'attente ; ★★

Groupes d'âges :
Préscolaire ★★★★   Primaire ★★★   Adolescents ★★ ½
Jeunes adultes ★★ ½   Plus de 30 ans ★★   Troisième âge ★
Durée : 1,5 minute
Temps d'attente moyen (100 personnes devant vous) : 13,5 minutes

Tomorrowland Transit Authority

Description : balade pittoresque dans Tomorrowland
Catégorie : attraction secondaire
Facteur d'effroi : pas du tout
Échelle d'embouteillage : 3
Quand y aller : par période de grand achalandage et par temps chaud ;
de 11 h 30 à 16 h 30
Commentaire : bonne façon d'évaluer l'achalandage de Space
Mountain
Classification de l'auteur : pittoresque, relaxant et éducatif ; ★★★
Groupes d'âges :
Préscolaire ★★★ ½   Primaire ★★★   Adolescents ★★ ½
Jeunes adultes ★★ ½ Plus de 30 ans ★★ ½ Troisième âge ★★★
Durée : 10 minutes
Temps d'attente moyen (100 personnes devant vous) : 1,5 minutes

Walt Disney's Carousel of Progress (attraction saisonnière)

Description : présentation en salle ; technologie Audio-Animatronics®
Catégorie : attraction principale
Facteur d'effroi : pas du tout
Échelle d'embouteillage : 4
Quand y aller : n'importe quand
Classification de l'auteur : nostalgique, chaleureux et joyeux ; ★★★
Groupes d'âges :
Préscolaire ★★   Primaire ★★ ½   Adolescents ★★ ½
Jeunes adultes ★★★   Plus de 30 ans ★★★ Troisième âge ★★★ ½
Durée : 18 minutes
Avant-spectacle : documentaire sur l'attraction
Temps d'attente probable : moins de 10 minutes

Buzz Lightyear's Ranger Spin (option FASTPASS)

Description : manège intérieur sur le thème de l'espace
Catégorie : attraction secondaire
Facteur d'effroi : manège dans le noir avec des extra-terrestres
risquant d'effrayer certains enfants d'âge préscolaire
Échelle d'embouteillage : 5
Quand y aller : peu importe
Classification de l'auteur : léger et techno ; ★★★
Groupes d'âges :
Préscolaire ★★★★   **Primaire** ★★★★   **Adolescents** ★★★
Jeunes adultes ★★★   **Plus de 30 ans** ★★★ **Troisième âge** ★★★
Durée : environ 4,5 minutes
Temps d'attente moyen (100 personnes devant vous) : 3 minutes

Alien Encounter

Description : spectacle d'horreur et de science-fiction présenté dans un
théâtre circulaire
Catégorie : tête d'affiche
Facteur d'effroi : très intense ; effrayant pour tous les âges ; non
recommandé pour les tout-petits ; possibilité de transfert
Échelle d'embouteillage : 9
Quand y aller : avant 10 h, après 18 h ou durant les défilés
Commentaire : effrayant pour les enfants de tous âges
Classification de l'auteur : ★★★
Groupes d'âges :
Préscolaire †   **Primaire** ★★★★   **Adolescents** ★★★★
Jeunes adultes ★★★★ **Plus de 30 ans** ★★★★ **Troisième âge** ★★★
† échantillonnage trop mince pour être concluant
Durée : présentation d'environ 12 minutes et avant-spectacle de 6
minutes
Temps d'attente moyen (100 personnes devant vous) : de 12 à 40
minutes

Les défilés

Il y a toujours des défilés en après-midi. Quand le parc est ouvert après 20 h, il y a également des défilés et des feux d'artifice en soirée. Le meilleur endroit pour observer les défilés est le Liberty Square, tandis qu'il est préférable d'observer les feux d'artifice de la véranda du restaurant Plaza Pavilion de Tomorrowland. Vous trouverez les horaires des défilés et des feux d'artifice avec celui des événements à l'endos du plan du parc ou dans le guide des activités.

Septième partie

Epcot

Epcot est centré sur l'éducation, l'inspiration et l'imagination. C'est le plus « grand » des parcs thématiques de Walt Disney World. Ce qu'il gagne par son approche futuriste, visionnaire et technologique, lui fait perdre un peu en intensité, en enthousiasme et en enchantement. Certains considèrent cette tentative éducative un peu superficielle ; d'autres veulent s'amuser plutôt que s'informer. Toutefois, la majorité des visiteurs trouvent aisément un équilibre entre le plaisir et l'information.

Les zones d'Epcot sont thématiquement fort différentes. À Future World, Disney a misé sur ses ressources technologiques pour jeter un regard sur le passé et l'avenir de l'humanité. Au World Showcase, on découvre les paysages, l'art culinaire et la culture d'une douzaine de nations. Cette dernière contrée a souvent été qualifiée d'exposition universelle permanente.

La majorité des services d'Epcot sont regroupés à l'Entrance Plaza de Future World, près de l'entrée principale. Le centre de soins pour bébés et tout-petits se trouve du côté du World Showcase, près de l'Odyssey Center, entre les deux contrées.

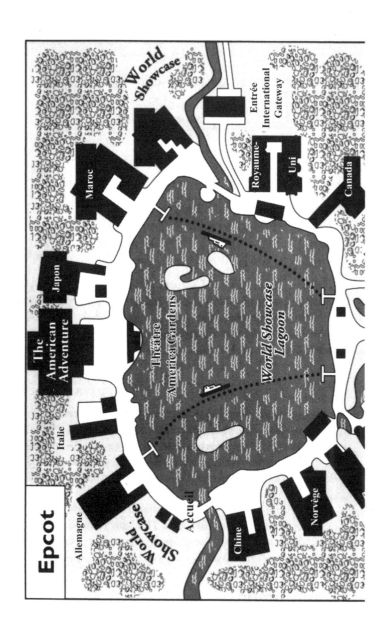

Epcot

World Showcase

World Showcase

Maroc

Japon

The American Adventure

Italie

Allemagne

Chine

Norvège

Accueil

Théâtre America Gardens

World Showcase Lagoon

Entrée International Gateway

Royaume Uni

Canada

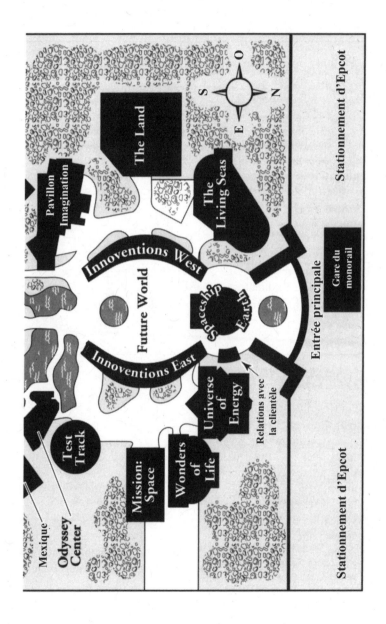

Stationnement d'Epcot

Stationnement d'Epcot

The Land

The Living Seas

Pavillon
Imagination

Innoventions West

Future World

Spaceship
Earth

Innoventions East

Gare du
monorail

Entrée principale

Relations avec
la clientèle

Universe
of
Energy

Wonders
of
Life

Mission:
Space

Test
Track

Odyssey
Center

Mexique

O

S

E

N

Future World

Spaceship Earth

Description : manège éducatif dans le noir ; voyage à travers le passé, le présent et l'avenir
Catégorie : tête d'affiche
Facteur d'effroi : présentation dans le noir ; impressionnant pour certains enfants d'âge préscolaire
Échelle d'embouteillage : 7
Quand y aller : avant 10 h ou après 16 h
Commentaire : préférablement après 16 h en période d'achalandage
Classification de l'auteur : classique d'Epcot ; à ne pas manquer ;
★★★★
Groupes d'âges :

Préscolaire ★★★	Primaire ★★★★
Adolescents ★★★ ½	Jeunes adultes ★★★★
Plus de 30 ans ★★★★	Troisième âge ★★★★

Durée : environ 16 minutes
Temps d'attente moyen (100 personnes devant vous) : 3 minutes

Innoventions

Description : présentations statiques et interactives sur la technologie d'avenir
Catégorie : divertissement
Facteur d'effroi : pas du tout
Échelle d'embouteillage : 8
Quand y aller : à votre deuxième jour de visite à Epcot ou après avoir vu toutes les attractions principales
Commentaire : investissement de temps et participation requise ; prendre son temps
Classification de l'auteur : présentations améliorées ; ★★★ ½
Groupes d'âges :

Préscolaire ★ ½	Primaire ★★★ ½	Adolescents ★★★★
Jeunes adultes ★★★ ½	Plus de 30 ans ★★★	Troisième âge ★★★

Durée : variable
Temps d'attente probable : aucun

The living Seas

Description : balade dans un immense aquarium d'eau salée ;
exposition sur l'océanographie, l'écologie et la vie marine
Catégorie : attraction principale
Facteur d'effroi : pas du tout
Échelle d'embouteillage : 7
Quand y aller : avant 10 h ou après 15 h
Commentaire : bien plus qu'un simple manège sous-marin
Classification de l'auteur : superbe exposition marine ; ★★★ ½
Groupes d'âges :
Préscolaire ★★★   **Primaire** ★★★   **Adolescents** ★★★
Jeunes adultes ★★★ **Plus de 30 ans** ★★★★ **Troisième âge** ★★★★
Durée : 3 minutes
Temps d'attente moyen (100 personnes devant vous) : 3,5 minutes

Le pavillon Land

L'immense pavillon Land comprend trois attractions et de
nombreux restaurants. Il a été rénové de fond en comble
dans les années 1990 et ses attractions ont été améliorées. À
l'origine, on mettait l'emphase sur l'agriculture, tandis
qu'aujourd'hui, il est plutôt question d'environnement.

Living with the Land (option FASTPASS)

Description : excursion intérieure en bateau à travers le passé, le
présent et l'avenir de l'industrie fermière et de l'agriculture
américaines
Catégorie : attraction principale
Facteur d'effroi : pas du tout
Échelle d'embouteillage : 9
Quand y aller : avant 10 h 30, après 19 h 30 ou avec une carte
FASTPASS
Commentaire : visite de cette attraction du rez-de-chaussée en
matinée ; voir les autres plus tard
Classification de l'auteur : intéressant et amusant ; à ne pas manquer ;
★★★★

Groupes d'âges :
Préscolaire ★★ ½   Primaire ★★★
Adolescents ★★★ ½   Jeunes adultes ★★★★
Plus de 30 ans ★★★★   Troisième âge ★★★★
Durée : environ 12 minutes
Temps d'attente moyen (100 personnes devant vous) : 3 minutes

Food Rocks

Description : spectacle sur les aliments et la nutrition, technologie Audio-Animatronics®
Catégorie : attraction secondaire
Facteur d'effroi : pas du tout, mais bruyant
Échelle d'embouteillage : 5
Quand y aller : avant 11 h ou après 14 h
Commentaire : au rez-de-chaussée du pavillon
Classification de l'auteur : leçon amusante ; ★★★
Groupes d'âges :
Préscolaire ★★★   Primaire ★★★   Adolescents ★★ ½
Jeunes adultes ★★★ Plus de 30 ans ★★★ Troisième âge ★★★
Durée : environ 13 minutes
Temps d'attente probable : moins de 10 minutes

Circle of Life Theater

Description : projection explorant la relation de l'être l'humain à son environnement
Catégorie : attraction secondaire
Facteur d'effroi : pas du tout
Échelle d'embouteillage : 5
Quand y aller : avant 11 h ou après 14 h
Classification de l'auteur : très intéressant et éducatif ; ★★★ ½
Groupes d'âges :
Préscolaire ★★ ½   Primaire ★★★   Adolescents ★★ ½
Jeunes adultes ★★★ Plus de 30 ans ★★★ Troisième âge ★★★
Durée : environ 12,5 minutes
Temps d'attente probable : de 10 à 15 minutes

Le pavillon Imagination

Ce pavillon à attractions multiples est situé à l'ouest de Innoventions West, en arrivant du pavillon Land. À l'extérieur, il y a une chute d'eau inversée et l'une de nos curiosités préférées de Future World, l'eau bondissante, une fontaine sautillant au-dessus de la tête des passants surpris. L'édifice abrite trois attractions.

Journey into Your Imagination Ride

Description : manège d'aventure fantastique dans le noir
Catégorie : attraction principale
Facteur d'effroi : manège dans le noir risquant d'effrayer les tout-petits
Échelle d'embouteillage : 6
Quand y aller : avant 10 h 30 ou après 18 h
Classification de l'auteur : ★★ ½
Groupes d'âges :
Préscolaire ★★   Primaire ★★   Adolescents ★★
Jeunes adultes ★★★ Plus de 30 ans ★★★ Troisième âge ★★★ ½
Durée : environ 6 minutes
Temps d'attente moyen (100 personnes devant vous) : 2 minutes

Honey, I Shrunk the Audience (option FASTPASS)

Description : projection 3D avec effets spéciaux
Catégorie : tête d'affiche
Facteur d'effroi : effets visuels très intenses ; bruyant ; effrayant pour certains jeunes enfants
Échelle d'embouteillage : 10
Quand y aller : avant 10 h, juste avant la fermeture ou avec une carte FASTPASS
Commentaire : bien plus que de la science-fiction ; spectacle bruyant et intense ; effets tactiles ; inquiétant pour les tout-petits
Classification de l'auteur : un régal à ne pas manquer ! ; ★★★★ ½
Groupes d'âges :
Préscolaire ★★★   Primaire ★★★★ ½
Adolescents ★★★★ ½   Jeunes adultes ★★★★ ½
Plus de 30 ans ★★★★ ½   Troisième âge ★★★★

Durée : spectacle de 17 minutes et avant-spectacle de 8 minutes

Temps d'attente probable : 12 minutes (aux heures suggérées)

Mission : Space (option FASTPASS)

Description : manège à sensations fortes simulant un voyage dans l'espace

Catégorie : attraction vedette

Facteur d'effroi : manège à sensations fortes risquant d'effrayer les petits et les grands ; possibilité de transfert

Échelle d'embouteillage : 10

Quand y aller : durant les 15 premières minutes d'ouverture ou avec une carte FASTPASS

Classification de l'auteur : à ne pas manquer ; ★★★★½

Groupes d'âges :

Préscolaire †	**Primaire** ★★★★★
Adolescents ★★★★★	**Jeunes adultes** ★★★★★
Plus de 30 ans ★★★★★	**Troisième âge** †

† échantillonnage trop mince pour être concluant

Durée : 5 minutes plus l'avant-spectacle

Temps d'attente moyen (100 personnes devant vous) : 4 minutes

Test Track (option FASTPASS)

Description : manège simulant un parcours automobile

Catégorie : attraction vedette

Facteur d'effroi : manège à sensations fortes risquant d'effrayer les petits et les grands ; possibilité de transfert

Échelle d'embouteillage : 10

Quand y aller : avant 9 h 15, juste avant la fermeture ou avec une carte FASTPASS

Classification de l'auteur : à ne pas manquer ; ★★★★

Groupes d'âges :

Préscolaire ★★★	**Primaire** ★★★★
Adolescents ★★★★	**Jeunes adultes** ★★★★
Plus de 30 ans ★★★★	**Troisième âge** ★★★★

Durée : environ 4 minutes

Temps d'attente moyen (100 personnes devant vous) : 4,5 minutes

Le pavillon Wonders of Life

Ce pavillon multifacette traite du corps humain, de la santé et de la médecine. Abrité sous un dôme doré de plus de 9 000 mètres carrés, Wonders of Life met l'accent sur le potentiel du corps humain et sur l'importance de se maintenir en forme.

Body Wars

Description : manège simulateur de vol à travers le corps humain
Catégorie : tête d'affiche
Facteur d'effroi : très intense ; effets visuels impressionnants ; manège pouvant causer la nausée ; possibilité de transfert
Échelle d'embouteillage : 9
Quand y aller : avant 10 h ou après 18 h
Commentaire : déconseillé aux femmes enceintes et aux personnes sensibles
Classification de l'auteur : l'anatomie présentée de façon amusante ; à ne pas manquer ; ★★★★
Groupes d'âges :

Préscolaire ★★★	**Primaire** ★★★★
Adolescents ★★★★	**Jeunes adultes** ★★★★
Plus de 30 ans ★★★★½	**Troisième âge** ★★ ½

Durée : 5 minutes
Temps d'attente moyen (100 personnes devant vous) : 4 minutes

Cranium Command

Description : spectacle sur le cerveau ; technologie Audio-Animatronics®
Catégorie : attraction principale
Facteur d'effroi : pas du tout
Échelle d'embouteillage : 5
Quand y aller : avant 11 h ou après 15 h
Classification de l'auteur : amusant, extravagant et éducatif ; à ne pas manquer ; ★★★★½
Groupes d'âges :

Préscolaire ★★	**Primaire** ★★★★
Adolescents ★★★★	**Jeunes adultes** ★★★★½
Plus de 30 ans ★★★★½	**Troisième âge** ★★★★½

Durée : environ 20 minutes

Avant-spectacle : explications en vue du spectacle
Temps d'attente probable : moins de 10 minutes (aux heures suggérées)

The Making of Me

Description : projection amusante sur la conception et la naissance d'un enfant
Catégorie : attraction secondaire
Facteur d'effroi : pas du tout
Échelle d'embouteillage : 10
Quand y aller : tôt en matinée ou après 16 h 30
Classification de l'auteur : éducation sexuelle aseptisée ; ★★★
Groupes d'âges :
Préscolaire ★ ½   Primaire ★★★ ½   Adolescents ★★ ½
Jeunes adultes ★★★   Plus de 30 ans ★★★ Troisième âge ★★★
Durée : 14 minutes
Temps d'attente probable : au moins 25 minutes (sauf aux heures suggérées)

Universe of Energy : Ellen's Energy Adventure

Description : manège et spectacle sur l'énergie
Catégorie : attraction principale
Facteur d'effroi : dinosaures parfois effrayants pour les tout-petits ; intensité visuelle ; effets spéciaux intimidants
Échelle d'embouteillage : 8
Quand y aller : avant 11 h 15 ou après 16 h 30
Commentaire : file d'attente intimidante mais peut accueillir 580 personnes
Classification de l'auteur : amélioration exceptionnelle ; ★★★★
Groupes d'âges :
Préscolaire ★★★   Primaire ★★★★ Adolescents ★★★ ½
Jeunes adultes ★★★★ Plus de 30 ans ★★★★
Troisième âge ★★★★
Durée : présentation d'environ 26,5 minutes et avant-spectacle de 8 minutes
Temps d'attente probable : de 20 à 40 minutes

World Showcase

World Showcase, la seconde contrée du parc, est une exposition universelle permanente entourant un superbe lagon d'environ 16 hectares. L'art culinaire, la culture, l'histoire et l'architecture de près d'une douzaine de pays sont en exposition permanente dans des pavillons situés le long d'une promenade de près de deux kilomètres. Les pavillons reproduisent les points d'intérêts et les scènes de rues familières des pays à l'honneur.

IllumiNations

Description : feux d'artifice en soirée et spectacle laser au lagon du World Showcase
Catégorie : attraction vedette
Facteur d'effroi : pas du tout
Quand y aller : Trouvez un point d'observation 20 à 40 minutes avant le spectacle
Commentaire : horaire des événements quotidiens à l'endos du plan du parc ; spectateurs debout
Classification de l'auteur : l'événement le plus impressionnant d'Epcot ; ★★★★
Groupes d'âges :
Préscolaire ★★★   **Primaire** ★★★★ **Adolescents** ★★★★
Jeunes adultes ★★★★ **Plus de 30 ans** ★★★★
Troisième âge ★★★★
Durée : environ 14 minutes

Le pavillon du Mexique

El Rio del Tiempo

Description : excursion intérieure pittoresque en bateau
Catégorie : attraction secondaire
Facteur d'effroi : pas du tout
Échelle d'embouteillage : 5
Quand y aller : avant 11 h ou après 15 h

Classification de l'auteur : léger et relaxant ; ★★
Groupes d'âges :
Préscolaire ★★★   Primaire ★★   Adolescents ★ ½
Jeunes adultes ★★   Plus de 30 ans ★★ Troisième âge ★★ ½
Durée : environ 7 minutes
Temps d'attente moyen (100 personnes devant vous) : 4,5 minutes

Le pavillon de la Norvège

Maelstrom (option FASTPASS)

Description : excursion intérieure en bateau
Catégorie : attraction principale
Facteur d'effroi : dans le noir ; intensité visuelle ; culminant en une chute dans un canal d'environ six mètres de long
Échelle d'embouteillage : 9
Quand y aller : avant midi, après 16 h 30 ou avec une carte FASTPASS
Classification de l'auteur : trop court, mais intéressant ; ★★★
Groupes d'âges :
Préscolaire ★★★ ½   Primaire ★★★ ½   Adolescents ★★★
Jeunes adultes ★★★   Plus de 30 ans ★★★ Troisième âge ★★★
Durée : 4,5 minutes plus une projection de 5 minutes après à l'excursion (court intervalle de temps entre les deux) ; environ 14 minutes en tout
Temps d'attente moyen (100 personnes devant vous) : 4 minutes

Le pavillon de la Chine

Reflections of China

Description : documentaire sur le peuple chinois et son pays
Catégorie : attraction principale
Facteur d'effroi : pas du tout
Échelle d'embouteillage : 5
Quand y aller : n'importe quand
Commentaire : spectateurs debout ; projection actuelle datant de 2003

Classification de l'auteur : bien fait, mais survol trop rapide de certaines problématiques politiques délicates ; ★★★

Groupes d'âges :

Préscolaire ★★   **Primaire** ★★ ½   **Adolescents** ★★★

Jeunes adultes ★★★ ½ **Plus de 30 ans** ★★★★

Troisième âge ★★★★

Durée : environ 19 minutes

Temps d'attente probable : 10 minutes

Le pavillon de l'Allemagne

Le pavillon de l'Allemagne ne contient aucune attraction. Son principal attrait est le Biergarten, un restaurant à service complet (réservation obligatoire) proposant des spécialités et des bières allemandes. Les chants à la tyrolienne, les danses folkloriques et la musique énergique d'un groupe sont fréquents à l'heure des repas. Ce qu'il y a de nouveau, c'est cet impressionnant chemin de fer miniature situé juste au-delà des toilettes publiques en chemin vers l'Italie.

Le pavillon de l'Italie

Il n'y a pas d'attraction dans ce pavillon non plus, bien qu'il soit voisin du American Adventure. L'entrée du pavillon est marquée par un campanile (clocher) de 32 mètres de haut rappelant celui de la Place Saint-Marc à Venise. À sa gauche, se trouve une réplique du Palais des Doges du 14ᵉ siècle.

The American Adventure

Description : spectacle multimédia sur l'histoire américaine ; technologie Audio-Animatronics®

Catégorie : tête d'affiche

Facteur d'effroi : pas du tout

Échelle d'embouteillage : 6

Quand y aller : n'importe quand

Classification de l'auteur : meilleure attraction historique et patriotique de Disney, à ne pas manquer ; ★★★★

Groupes d'âges :
Préscolaire ★★ **Primaire** ★★★ **Adolescents** ★★★
Jeunes adultes ★★★★ **Plus de 30 ans** ★★★★ ½
Troisième âge ★★★★★
Durée : environ 29 minutes
Avant-spectacle : chants de la chorale Liberty
Temps d'attente moyen (100 personnes devant vous) : 16 minutes

Le pavillon du Japon

Cette pagode de cinq étages au toit bleu, inspirée d'un sanctuaire de Nara datant du VIIe siècle, se distingue des autres pavillons. Au jardin en vallon à l'arrière, on retrouve des chutes d'eau, des rocailles, des fleurs, des lanternes, des sentiers et des ponts rustiques. Il n'y a pas d'attraction.

Le pavillon du Maroc

Le marché animé, les rues sinueuses, les minarets imposants et les passages voûtés évoquent le romantisme et le mystère de Marrakech et de Casablanca. L'attention aux détails fait de ce pavillon l'un des plus fascinants du World Showcase, mais il n'y a pas d'attraction.

Le pavillon de la France

Impressions de France

Description : documentaire sur le peuple français et son pays
Catégorie : attraction principale
Facteur d'effroi : pas du tout
Échelle d'embouteillage : 8
Quand y aller : avant midi ou après 16 h
Classification de l'auteur : film remarquable ; à ne pas manquer ;
★★★ ½
Groupes d'âges :
Préscolaire ★ ½ **Primaire** ★★ ½ **Adolescents** ★★★
Jeunes adultes ★★★★ **Plus de 30 ans** ★★★★
Troisième âge ★★★★
Durée : environ 18 minutes
Temps d'attente probable : 12 minutes (aux heures suggérées)

Le pavillon du Royaume-Uni

Une fusion architecturale tente de reproduire l'ambiance des villes, des villages et des campagnes anglaises. En une seule rue, on trouve un cottage anglais au toit de chaume, une construction en bois et en plâtre de quatre étages, un édifice en plâtre datant d'avant l'époque 1720, un édifice en pierres taillées du 18e siècle et un petit jardin public présentant un kiosque à musique rappelant Hyde Park (ouf !). Il n'y a pas d'attraction.

Le pavillon du Canada

O Canada !

Description : documentaire sur le peuple canadien et son pays
Catégorie : attraction principale
Facteur d'effroi : pas du tout
Échelle d'embouteillage : 6
Quand y aller : n'importe quand
Commentaire : spectateurs debout
Classification de l'auteur : donne envie de s'envoler vers le Canada ;
★★★ ½
Groupes d'âges :
Préscolaire ★★   **Primaire** ★★ ½   **Adolescents** ★★★
Jeunes adultes ★★★ ½ **Plus de 30 ans** ★★★★
Troisième âge ★★★★
Durée : environ 18 minutes
Temps d'attente probable : 10 minutes

Huitième partie
Animal Kingdom

Avec sa flore luxuriante, ses ruisseaux sinueux, ses sentiers en lacets et ses décors exotiques, Animal Kingdom est un magnifique parc thématique. L'aménagement paysager à lui seul évoque à merveille la forêt équatoriale, la steppe africaine et les jardins français. Ajoutez à ce décor enchanteur une population de plus de 1 000 animaux, des répliques architecturales spectaculaires de l'Asie et de l'Afrique, ainsi qu'un éventail d'attractions des plus originales et vous obtiendrez le plus singulier des parcs thématiques de Walt Disney World. Les six contrées d'Animal Kingdom sont l'Oasis, Discovery Island, DinoLand U.S.A., le Camp Minnie-Mickey, Africa et Asia.

À l'entrée principale, il y a la billetterie. À droite avant les tourniquets, se trouvent le chenil et le guichet automatique bancaire. En traversant les tourniquets, vous trouverez poussettes et fauteuils à votre droite. Le centre des relations avec la clientèle, le centre névralgique du parc. Les plans du parc et les horaires des événements, de même que les services pour personnes égarées et objets perdus sont l'affaire du centre de services (Guest Relations) à votre gauche.

La structure du parc est similaire à celle du Magic Kingdom. L'Oasis tropical, à l'instar de Main Street, entraîne les visiteurs vers le cœur du parc, Discovery Island, où se trouvent les boutiques et les restaurants. De là, les visiteurs peuvent accéder aux autres contrées : Africa, le Camp Minnie-Mickey, Asia et DinoLand U.S.A.

Discovery Island

Discovery Island est une île de verdure tropicale où l'on retrouve d'étranges architectures africaines dans de vibrantes teintes de vert sarcelle, de jaune, de rouge et de bleu. Reliée par des ponts aux autres contrées, elle est le cœur du parc d'où les visiteurs accèdent aux différentes zones thématiques. En plus des nombreuses expositions de l'île sur la vie animale, le Tree of Life présente le film *It's Tough to Be a Bug.*

The Tree of Life et It's Tough to Be a Bug ! (option FASTPASS)

Description : spectacle 3D
Catégorie : attraction principale
Facteur d'effroi : très intense ; bruyant ; effets spéciaux risquant de surprendre les grands et les petits et d'effrayer les jeunes enfants
Échelle d'embouteillage : 9
Quand y aller : avant 10 h, après 16 h ou avec une carte FASTPASS
Commentaire : théâtre au cœur d'un arbre
Classification de l'auteur : loufoque et frénétique ; ★★★★
Groupes d'âges :

Préscolaire ★★ ½	**Primaire** ★★★★★
Adolescents ★★★★★	**Jeunes adultes** ★★★★
Plus de 30 ans ★★★★	**Troisième âge** ★★★★

Durée : environ 7,5 minutes
Temps d'attente moyen (100 personnes devant vous) : de 12 à 30 minutes

Camp Minnie-Mickey

Cette toute petite contrée sert de quartier général aux personnages à Animal Kingdom. Le Camp Minnie-Mickey est de la taille de Mickey's Toontown Fair, mais sa thématique est plus rustique, évoquant un camp de vacances estivales. En plus des lieux de rencontre des personnages, le Camp Minnie-Mickey présente deux spectacles sur scène mettant en vedette les personnages Disney.

Character Trails

Les personnages se trouvent au bout de chacun des quatre sentiers. Chaque sentier a sa propre zone d'accueil et, bien sûr, sa propre file d'attente.

Festival of the Lion King

Description : spectacle dans un théâtre circulaire
Catégorie : attraction principale
Facteur d'effroi : un peu bruyant, mais pas effrayant
Échelle d'embouteillage : 9
Quand y aller : avant 11 h ou après 16 h
Commentaire : horaire des spectacles à l'endos du plan du parc
Classification de l'auteur : vivant et spectaculaire ; ★★★★
Groupes d'âges :

Préscolaire ★★★★	**Primaire** ★★★★½
Adolescents ★★★★	**Jeunes adultes** ★★★★
Plus de 30 ans ★★★★	**Troisième âge** ★★★★

Durée : 25 minutes
Temps d'attente moyen (100 personnes devant vous) : de 20 à 35 minutes

Pocahontas and Her Forest Friends

Description : spectacle ayant pour thème la conservation de la nature
Catégorie : attraction principale
Facteur d'effroi : pas du tout
Échelle d'embouteillage : 7

Animal Kingdom

N

1. The Boneyard
2. Zone d'accueil des personnages
3. Conservation Station
4. Dinosaur
5. Festival of the Lion King
6. Flights of Wonder
7. Gibbon Pool
8. Relations avec la clientèle
9. Village d'Harambe
10. Kali River Rapids
11. Kilimanjaro Safaris
12. Mahajara Jungle Trek
13. Entrée principale
14. Pangani Forest Exploration Trail
15. Pocahontas and Her Forest Friends
16. Primeval Whirl
17. Rafiki's Planet Watch
18. Rainforest Cafe
19. Theater in the Wild
20. Billetterie
21. Tree of Life/It's Tough to Be a Bug !
22. TriceraTop Spin
23. Wildlife Express (Train)

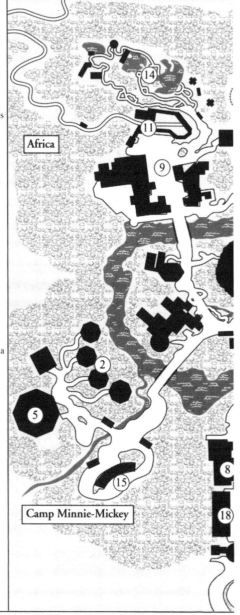

Africa

Camp Minnie-Mickey

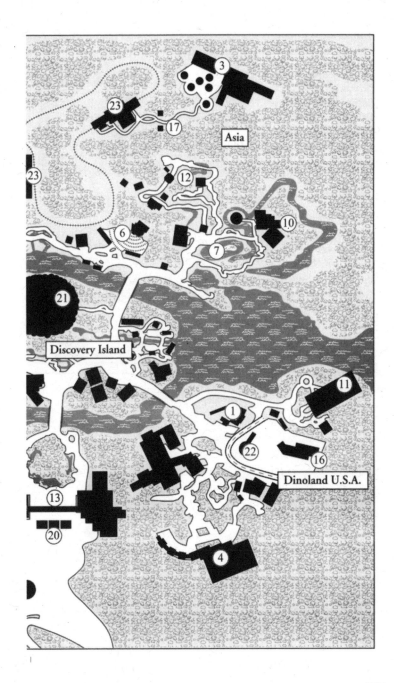

Asia

Discovery Island

Dinoland U.S.A.

Quand y aller : avant 11 h ou après 16 h
Commentaire : horaire des spectacles à l'endos du plan du parc
Classification de l'auteur : un peu mièvre ; ★★ ½
Groupes d'âges :
Préscolaire ★★★ ½   **Primaire** ★★★ ½   **Adolescents** ★★★
Jeunes adultes ★★★ ½ **Plus de 30 ans** ★★★
Troisième âge ★★★
Durée : 15 minutes
Temps d'attente moyen (100 personnes devant vous) : de 20 à 30 minutes

Africa

Les visiteurs pénètrent dans la plus vaste contrée d'Animal Kingdom par le village de Harambe, une version Disney idéalisée et aseptisée d'un village de l'Afrique rurale. On y trouve un marché équipé de caisses enregistreuses modernes et des comptoirs alimentaires.

Kilimanjaro Safaris (option FASTPASS)

Description : excursion en camion à travers une réserve africaine
Catégorie : attraction vedette
Facteur d'effroi : effondrement de pont et proximité des animaux risquant d'effrayer les tout-petits
Échelle d'embouteillage : 10
Quand y aller : avant 9 h 30, dans les deux heures précédant la fermeture ou avec une carte FASTPASS
Classification de l'auteur : absolument exceptionnel ; ★★★★★
Groupes d'âges :
Préscolaire ★★★★   **Primaire** ★★★★★
Adolescents ★★★★ ½   **Jeunes adultes** ★★★★ ½
Plus de 30 ans ★★★★ ½   **Troisième âge** ★★★★★
Durée : environ 20 minutes
Temps d'attente probable : 4 minutes

Pangani Forest Exploration Trail

Description : balade à travers une exposition zoologique
Catégorie : attraction principale

Facteur d'effroi : pas du tout
Échelle d'embouteillage : 9
Quand y aller : avant 9 h 30 ou dans les deux heures précédant la fermeture
Classification de l'auteur : ★★★
Groupes d'âges :
Préscolaire ★★ ½   Primaire ★★★   Adolescents ★★ ½
Jeunes adultes ★★★   Plus de 30 ans ★★★ Troisième âge ★★★
Durée : de 20 à 25 minutes
Temps d'attente probable : aucun

Rafiki's Planet Watch

Rafiki's Planet Watch a fait son apparition en 2001. Ce n'est ni une contrée, ni une attraction. Disney utilise ce nom pour abriter Conservation Station, le zoo et les expositions sur l'environnement que l'on peut découvrir à partir de Harambe à bord du train Wildlife Express. On semble évoquer le nom de Rafiki (un personnage adoré du *Roi Lion*) pour inciter les visiteurs à y faire un saut. Si vos enfants souhaitent y rencontrer Rafiki, ils seront déçus. Nous n'y avons aperçu qu'une version en bois bidimensionnelle.

Wildlife Express

Description : promenade pittoresque en train vers Conservation Station
Catégorie : attraction principale
Facteur d'effroi : pas du tout
Échelle d'embouteillage : 7
Quand y aller : avant 10 h 30 ou après 16 h
Commentaire : trajet habituel de retour de Kilimanjaro Safari vers Harambe
Classification de l'auteur : bof ; ★★
Groupes d'âges :
Préscolaire ★★★   Primaire ★★★   Adolescents ★ ½
Jeunes adultes ★★ ½ Plus de 30 ans ★★ ½ Troisième âge ★★ ½
Durée : de 5 à 7 minutes pour un aller simple
Temps d'attente moyen (100 personnes devant vous) : 9 minutes

Conservation Station

Description : promenade derrière les décors d'une exposition éducative
Catégorie : attraction secondaire
Facteur d'effroi : pas du tout
Échelle d'embouteillage : 6
Quand y aller : avant 11 h ou après 15 h
Classification de l'auteur : en évolution ; ★★★
Groupes d'âges :
Préscolaire ★★ ½   Primaire ★★   Adolescents ★ ½
Jeunes adultes ★★ ½   Plus de 30 ans ★★ ½ Troisième âge ★★ ½
Durée : de 20 à 40 minutes
Temps d'attente probable : aucun

Asia

En traversant le pont à partir de Discovery Island, vous pénétrez dans Asia par le village de Anandapur, un collage de thèmes asiatiques inspirés de ruines indiennes, thaïlandaises, indonésiennes et népalaises.

Kali River Rapids (option FASTPASS)

Description : descente de radeau en eaux vives
Catégorie : tête d'affiche
Facteur d'effroi : potentiel d'effroi ; risque d'être détrempé ; restriction de taille : 1,1 mètre
Échelle d'embouteillage : 9
Quand y aller : avant 10 h 30, après 16 h 30 ou avec une carte FASTPASS
Commentaire : humidité assurée
Classification de l'auteur : ★★★ ½
Groupes d'âges :
Préscolaire ★★★★   Primaire ★★★★
Adolescents ★★★★   Jeunes adultes ★★★ ½
Plus de 30 ans ★★★ ½   Troisième âge ★★★
Durée : environ 5 minutes
Temps d'attente moyen (100 personnes devant vous) : 5 minutes

Maharajah Jungle Trek

Description : balade à travers une exposition zoologique
Catégorie : tête d'affiche
Facteur d'effroi : chauves-souris inquiétantes pour certains enfants
Échelle d'embouteillage : 5
Quand y aller : n'importe quand
Classification de l'auteur : bon exemple d'habitat naturel ; ★★★★
Groupes d'âges :
Préscolaire ★★★   **Primaire** ★★★ ½   **Adolescents** ★★★
Jeunes adultes ★★★ ½ **Plus de 30 ans** ★★★★
Troisième âge ★★★★
Durée : de 20 à 30 minutes
Temps d'attente probable : de 12 à 30 minutes

Flights of Wonder at the Caravan Stage

Description : spectacle de démonstration aviaire
Catégorie : attraction principale
Facteur d'effroi : vol en piqué risquant d'effrayer les tout-petits
Échelle d'embouteillage : 6
Quand y aller : n'importe quand
Commentaire : horaire des spectacles à l'endos du plan du parc
Classification de l'auteur : unique ; ★★★★
Groupes d'âges :
Préscolaire ★★★★   **Primaire** ★★★★
Adolescents ★★★ ½   **Jeunes adultes** ★★★★
Plus de 30 ans ★★★★   **Troisième âge** ★★★★
Durée : 30 minutes
Temps d'attente probable : temps restant à la présentation en cours

DinoLand U.S.A.

Cette contrée d'Animal Kingdom est typique de Disney. Il s'agit d'un croisement entre des fouilles archéologiques et une attraction un peu kitsch en bordure de l'autoroute. On y accède en traversant le pont depuis Discovery Island. DinoLand U.S.A. abrite une aire de jeu, un sentier de la nature, un amphithéâtre de 1 500 places, des expositions d'histoire naturelle et l'attraction Dinosaur, l'un des deux manèges à sensations fortes d'Animal Kingdom.

Dinosaur (option FASTPASS)

Description : manège simulateur de mouvement dans le noir
Catégorie : attraction vedette
Facteur d'effroi : manège techno à sensations fortes risquant d'effrayer les petits et les grands
Échelle d'embouteillage : 8
Quand y aller : avant 10 h, durant l'heure précédant la fermeture ou avec une carte FASTPASS
Commentaire : restriction de taille : 1 mètre ; possibilité de transfert
Classification de l'auteur : bien mieux qu'avant ; ★★★★½
Groupes d'âges :

Préscolaire †	**Primaire** ★★★★½
Adolescents ★★★★½	**Jeunes adultes** ★★★★½
Plus de 30 ans ★★★★½	**Troisième âge** ★★★½

† échantillonnage trop mince pour être concluant
Durée : 3,3 minutes
Temps d'attente moyen (100 personnes devant vous) : 3 minutes

Theater in the Wild

Description : scène de spectacle en plein air
Catégorie : attraction principale
Facteur d'effroi : pas du tout
Échelle d'embouteillage : 6
Quand y aller : n'importe quand
Commentaire : horaire des spectacles à l'endos du plan du parc
Classification de l'auteur : spectacle actuel (*Tarzan Rocks*) plutôt ordinaire ; ★½
Groupes d'âges :

Préscolaire ★★★	**Primaire** ★★★½	**Adolescents** ★★★
Jeunes adultes ★★★	**Plus de 30 ans** ★★★	**Troisième âge** ★★★

Durée : de 25 à 35 minutes
Temps d'attente probable : de 20 à 30 minutes

The Boneyard

Description : aire de jeu élaborée
Catégorie : divertissement
Facteur d'effroi : pas du tout
Échelle d'embouteillage : 5
Quand y aller : peu importe
Classification de l'auteur : fort amusant pour les petits ; ★★★ ½
Groupes d'âges :
Préscolaire ★★★★ ½ Primaire ★★★★ ½   Adolescents †
Jeunes adultes †   Plus de 30 ans †   Troisième âge †
† échantillonnage trop mince pour être concluant
Durée : variable
Temps d'attente probable : aucun

Triceratop Spin

Description : manège aérien en forme d'étoile
Catégorie : attraction secondaire
Facteur d'effroi : potentiellement inquiétant pour les tout-petits
Échelle d'embouteillage : 9
Quand y aller : dans la première heure et demie d'ouverture ou dans l'heure précédant la fermeture
Classification de l'auteur : ancêtre préhistorique de Dumbo ; ★★
Groupes d'âges :
Préscolaire ★★★★ Primaire ★★★   Adolescents ★★
Jeunes adultes ★★   Plus de 30 ans ★★ Troisième âge ★★
Durée : 1,5 minute
Temps d'attente moyen (100 personnes devant vous) : 16 minutes

Primeval Whirl

Description : petites montagnes russes
Catégorie : attraction secondaire
Facteur d'effroi : plus effrayant qu'il ne semble ; restriction de taille : 1,2 mètre
Échelle d'embouteillage : 9
Quand y aller : dans la première d'ouverture ou l'heure précédant la fermeture

Classification de l'auteur : promenade sur le dos d'une souris exaltée ; ★★★
Groupes d'âges :
Préscolaire ★★★   **Primaire** ★★★★½   **Adolescents** ★★★½
Jeunes adultes ★★★   **Plus de 30 ans** ★★★   **Troisième âge** ★★
Durée : environ 1 minute
Temps d'attente moyen (100 personnes devant vous) : 15 minutes

Les défilés

Animal Kingdom offre maintenant un vrai défilé d'après-midi (le parc ferme ses portes trop tôt pour un défilé de fin de soirée). Celui-ci met en vedette les personnages Disney sur le thème du safari.

Neuvième partie

Disney-MGM Studios

Le parc thématique couvre la moitié du territoire de Disney-MGM Studios. L'autre secteur, interdit aux visiteurs sauf à l'occasion de visites guidées, est un studio de production télévisuel et cinématographique. Bien que modeste par sa taille, la disposition de la zone accessible au public est légèrement chaotique (résultat de l'agrandissement hâtif du parc dans les années 1990). Comme à Magic Kingdom, l'entrée du parc se fait par une artère principale. Cette fois-ci, la rue évoque le Hollywood des années 1920 et 1930. Puisqu'il n'y a pas de contrées, la meilleure façon de s'y retrouver est de suivre les points de repère et les attractions à l'aide du plan du parc.

L'édifice des relations avec la clientèle, à la gauche de l'entrée, sert de quartier général, à l'instar de City Hall à Magic Kingdom. Vous y trouverez l'horaire des spectacles, le centre pour enfants perdus, la cueillette des colis, les objets perdus, le centre d'information et celui des urgences. Si vous n'avez pas de plan des studios, vous pourrez vous en procurer à cet endroit. À la droite de l'entrée, vous trouverez les casiers, les poussettes et les fauteuils roulants en location.

Les attractions de Disney-MGM Studios

The Twilight Zone Tower of Terror (option FASTPASS)

Description : manège intérieur à sensations fortes de type science-fiction

Catégorie : attraction vedette

Facteur d'effroi : visuellement intimidant pour les jeunes enfants ; effets spéciaux réalistes et intenses ; chute d'ascenseur risquant d'effrayer même les adultes ; possibilité de transfert

Échelle d'embouteillage : 10

Quand y aller : avant 9 h 30, après 18 h ou avec une carte FASTPASS

Classification de l'auteur : meilleure attraction de Walt Disney World ; à ne pas manquer ; ★★★★★

Groupes d'âges :

Préscolaire ★★★	Primaire ★★★★★
Adolescents ★★★★★	Jeunes adultes ★★★★★
Plus de 30 ans ★★★★★	Troisième âge ★★★★½

Durée : manège environ 4 minutes et avant-spectacle

Temps d'attente moyen (100 personnes devant vous) : 4 minutes

The Great Movie Ride

Description : manège d'aventure intérieur traversant l'histoire du cinéma

Catégorie : tête d'affiche

Facteur d'effroi : parfois intense ; effets spéciaux réalistes ; visuellement intimidant

Échelle d'embouteillage : 8

Quand y aller : avant 10 h ou après 17 h

Commentaire : élaboré et surprenant

Classification de l'auteur : unique ; ★★★½

Groupes d'âges :

Préscolaire ★★½   Primaire ★★★½ Adolescents ★★★½
Jeunes adultes ★★★★ Plus de 30 ans ★★★★
Troisième âge ★★★★

Durée : environ 19 minutes

Temps d'attente moyen (100 personnes devant vous) : 2 minutes

Star Tours (option FASTPASS)

Description : manège intérieur simulateur de vol dans l'espace
Catégorie : tête d'affiche
Facteur d'effroi : visuellement très intense ; un des manèges les plus extravagants de Disney ; risque de nausée ; possibilité de transfert ; restriction de taille : 1 mètre
Échelle d'embouteillage : 8
Quand y aller : dans la première heure et demie d'ouverture ou avec une carte FASTPASS
Commentaire : déconseillé aux femmes enceintes et aux personnes sensibles ; manège trop intense pour bon nombre d'enfants de moins de 8 ans
Classification de l'auteur : à ne pas manquer ; ★★★★
Groupes d'âges :

Préscolaire ★★★★	Primaire ★★★★
Adolescents ★★★★	Jeunes adultes ★★★★
Plus de 30 ans ★★★★	Troisième âge ★★★★

Durée : environ 7 minutes
Temps d'attente moyen (100 personnes devant vous) : 5 minutes

Rock'n'Roller Coaster (option FASTPASS)

Description : meilleures montagnes russes de Walt Disney World
Catégorie : tête d'affiche
Facteur d'effroi : très intense ; un des manèges les plus extravagants de Walt Disney World ; restriction de taille : 1 mètre ; possibilité de transfert
Échelle d'embouteillage : 9
Quand y aller : dans la première heure et demie d'ouverture ou avec une carte FASTPASS
Commentaire : déconseillé aux femmes enceintes et aux gens sensibles ; manège trop intense pour bon nombre d'enfants de moins de 8 ans
Classification de l'auteur : à ne pas manquer ; ★★★★
Groupes d'âges :

Préscolaire ★★★	Primaire ★★★★ ½
Adolescents ★★★★ ½	Jeunes adultes ★★★★ ½
Plus de 30 ans ★★★★ ½	Troisième âge ★ ½

Durée : environ 3 minutes
Temps d'attente moyen (100 personnes devant vous) : 7 minutes

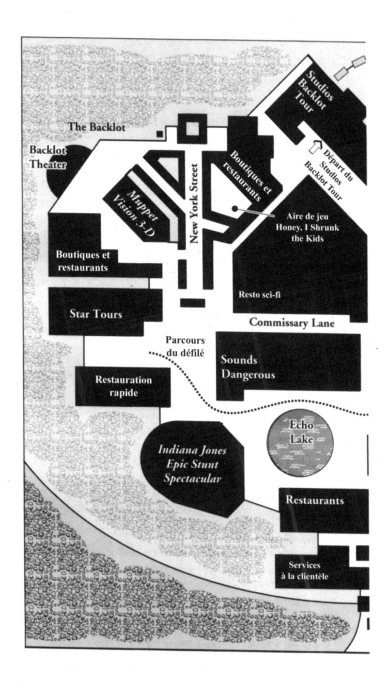

The Backlot

Backlot Theater

Muppet Vision 3-D

Studios Backlot Tour

Départ du Studios Backlot Tour

Boutiques et restaurants

New York Street

Aire de jeu Honey, I Shrunk the Kids

Boutiques et restaurants

Star Tours

Resto sci-fi

Commissary Lane

Parcours du défilé

Sounds Dangerous

Restauration rapide

Echo Lake

Indiana Jones Epic Stunt Spectacular

Restaurants

Services à la clientèle

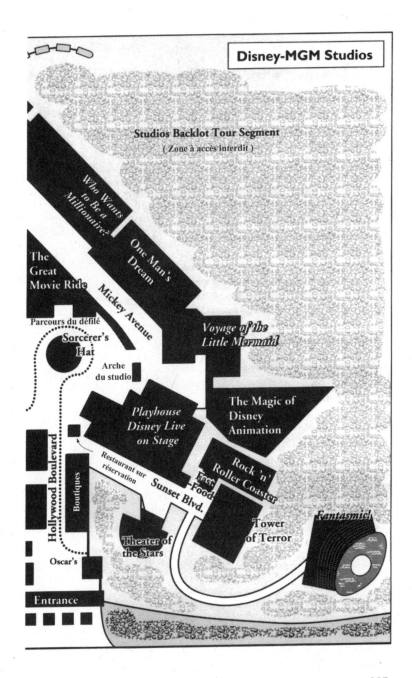

Disney-MGM Studios

Studios Backlot Tour Segment
(Zone à accès interdit)

Who Wants to Be a Millionaire?

One Man's Dream

The Great Movie Ride

Mickey Avenue

Parcours du défilé

Sorcerer's Hat

Arche du studio

Voyage of the Little Mermaid

The Magic of Disney Animation

Playhouse Disney Live on Stage

Rock 'n' Roller Coaster

Hollywood Boulevard

Restaurant sur réservation

Boutiques

Sunset Blvd.

Fast Food

Tower of Terror

Fantasmic!

Theater of the Stars

Oscar's

Entrance

287

Sounds Dangerous

Description : spectacle d'effets sonores
Catégorie : attraction secondaire
Facteur d'effroi : bruits et noirceur risquant d'effrayer les tout-petits
Échelle d'embouteillage : 6
Quand y aller : avant 11 h ou après 17 h
Classification de l'auteur : amusant et éducatif ; ★★★
Groupes d'âges :

Préscolaire ★★ ½   **Primaire ★★★** ½   Adolescents ★★★
Jeunes adultes ★★★   **Plus de 30 ans** ★★★   Troisième âge ★★★
Durée : 12 minutes
Avant-spectacle : vidéo sur les effets sonores
Temps d'attente moyen (100 personnes devant vous) : de 15 à 30 minutes

Indiana Jones Epic Stunt Spectacular (option FASTPASS)

Description : spectacle d'action et de démonstration de cascades
Catégorie : tête d'affiche
Facteur d'effroi : spectacle intense ; effets spéciaux puissants (explosions) ; présentation éducative appréciée des enfants
Échelle d'embouteillage : 8
Quand y aller : aux trois premières représentations de la journée, à la dernière du soir ou avec une carte FASTPASS
Commentaire : horaire affiché à l'entrée
Classification de l'auteur : grandiose ; ★★★★
Groupes d'âges :

Préscolaire ★★★   Primaire ★★★★
Adolescents ★★★★   Jeunes adultes ★★★★
Plus de 30 ans ★★★★   Troisième âge ★★★★
Durée : 30 minutes
Avant-spectacle : choix des « figurants » parmi les spectateurs
Temps d'attente probable : aucun

Theater of the Stars

Description : spectacle musical de style hollywoodien mettant habituellement en vedette les personnages Disney

Catégorie : attraction principale
Facteur d'effroi : pas du tout
Échelle d'embouteillage : 5
Quand y aller : en soirée
Commentaire : horaire des spectacles à l'endos du plan du parc
Classification de l'auteur : excellent ; ★★★★
Groupes d'âges :
Préscolaire ★★★★   Primaire ★★★★   Adolescents ★★★
Jeunes adultes ★★★★ Plus de 30 ans ★★★★
Troisième âge ★★★★
Durée : 25 minutes
Temps d'attente probable : de 20 à 30 minutes

Fantasmic !

Description : spectacle multimédia nocturne
Catégorie : attraction vedette
Facteur d'effroi : bruyant et intense ; feux d'artifices et personnages vilains ; apprécié des enfants
Échelle d'embouteillage : 9
Quand y aller : présenté seulement en soirée
Commentaire : meilleur spectacle nocturne de Walt Disney World ; arrivez au moins une heure à l'avance
Classification de l'auteur : à ne pas manquer ; ★★★★★
Groupes d'âges :
Préscolaire ★★★★   Primaire ★★★★★
Adolescents ★★★★½   Jeunes adultes ★★★★½
Plus de 30 ans ★★★★½   Troisième âge ★★★★½
Durée : 25 minutes
Temps d'attente probable : 60 minutes pour une place assise ; 30 minutes pour rester debout

Voyage of the Little Mermaid (option FASTPASS)

Description : spectacle musical mettant en vedette les personnages de *La Petite Sirène*
Catégorie : attraction principale
Facteur d'effroi : pas du tout
Échelle d'embouteillage : 10
Quand y aller : avant 9 h 45, juste avant le fermeture ou avec une carte FASTPASS

Classification de l'auteur : romantique, adorable et humoristique ;
dans la plus pure tradition Disney ; ★★★★
Groupes d'âges :
Préscolaire ★★★★   Primaire ★★★★
Adolescents ★★★ ½   Jeunes adultes ★★★★
Plus de 30 ans ★★★★   Troisième âge ★★★★
Durée : 15 minutes
Avant-spectacle : vidéo décousu au sujet des décors
Temps d'attente probable : avant 9 h 30, de 10 à 30 minutes ; après
9 h 30, de 35 à 70 minutes

Who Wants to Be A Millionaire (option FASTPASS)

Description : réplique du jeu télévisé
Catégorie : attraction principale
Facteur d'effroi : pas du tout
Échelle d'embouteillage : 6
Quand y aller : avant 11 h, après 17 h ou avec une carte FASTPASS
Commentaire : système de points à gagner
Classification de l'auteur : amusant, même sans Regis ; ★★★★
Groupes d'âges :
Préscolaire ★★   Primaire ★★★★
Adolescents ★★★★   Jeunes adultes ★★★★
Plus de 30 ans ★★★★   Troisième âge ★★★★
Durée : 25 minutes
Avant-spectacle : vidéo de Regis
Temps d'attente probable : 20 minutes

Jim Henson's MuppetVision 3-D (option FASTPASS)

Description : projection en trois dimensions mettant en vedettes les
célèbres marionnettes
Catégorie : attraction principale
Facteur d'effroi : intense et bruyant, sans être effrayant
Échelle d'embouteillage : 8
Quand y aller : avant 11 h, après 16 h ou avec une carte FASTPASS
Classification de l'auteur : tapageur ; à ne pas manquer ; ★★★★ ½
Groupes d'âges :
Préscolaire ★★★★ ½   Primaire ★★★★ ½
Adolescents ★★★★ ½   Jeunes adultes ★★★★ ½
Plus de 30 ans ★★★★ ½   Troisième âge ★★★★ ½

Durée : 17 minutes
Avant-spectacle : projection télévisuelle des célèbres marionnettes
Temps d'attente probable : 12 minutes

Honey, I Shrunk the Kids Movie Set Adventure

Description : petite aire de jeu ; bien fait
Catégorie : divertissement
Facteur d'effroi : démesuré sans être effrayant
Échelle d'embouteillage : 7
Quand y aller : avant 10 h ou après le coucher du soleil
Classification de l'auteur : génial pour les enfants ; facultatif pour les adultes ; ★★ ½
Groupes d'âges :
Préscolaire ★★★★ ½   **Primaire** ★★★ ½   **Adolescents** ★★
Jeunes adultes ★★ ½   **Plus de 30 ans** ★★★ **Troisième âge** ★★ ½
Durée : variable
Temps d'attente moyen (100 personnes devant vous) : 20 minutes

New York Street Backlot

Description : balade dans les décors du cinéma
Catégorie : divertissement
Facteur d'effroi : pas du tout
Échelle d'embouteillage : 1
Quand y aller : n'importe quand
Classification de l'auteur : intéressant et détaillé ; ★★★
Groupes d'âges :
Préscolaire ★ ½   **Primaire** ★★★   **Adolescents** ★★★
Jeunes adultes ★★★   **Plus de 30 ans** ★★★ **Troisième âge** ★★★
Durée : variable
Temps d'attente moyen (100 personnes devant vous) : aucun

Backlot Theater

Description : spectacle mettant en vedettes les personnages Disney
Catégorie : attraction principale
Facteur d'effroi : pas du tout
Échelle d'embouteillage : 7
Quand y aller : première représentation de la journée ou en soirée

Commentaire : horaire des représentations à l'endos du plan du parc
Classification de l'auteur : excellent ; ★★★★
Groupes d'âges :
Préscolaire ★★★   Primaire ★★★ ½   Adolescents ★★★
Jeunes adultes ★★★★   Plus de 30 ans ★★★★
Troisième âge ★★★★
Durée : de 25 à 35 minutes
Temps d'attente probable : de 20 à 30 minutes

The Magic of Disney Animation

Description : visite à pied des studios d'animation Disney
Catégorie : attraction principale
Facteur d'effroi : pas du tout
Échelle d'embouteillage : 7
Quand y aller : avant 11 h ou après 15 h
Classification de l'auteur : moitié visite ; moitié publicité ; ★★★
Groupes d'âges :
Préscolaire ★★★   Primaire ★★★   Adolescents ★★★
Jeunes adultes ★★★★   Plus de 30 ans ★★★★
Troisième âge ★★★★
Durée : 36 minutes
Temps d'attente moyen (100 personnes devant vous) : 7 minutes

Disney-MGM Studios Backlot Tour

Description : visite à pied et en tramway des studios de production modernes de films et de vidéos
Catégorie : tête d'affiche
Facteur d'effroi : calme et paisible, sauf pour « Catastrophe Canyon » où il y a une simulation de tremblement de terre et d'inondation ; prévenir les jeunes enfants
Échelle d'embouteillage : 6
Quand y aller : n'importe quand
Commentaire : à joindre au Backstage Pass (voir ci-dessous)
Classification de l'auteur : éducatif et amusant ; à ne pas manquer ; ★★★★
Groupes d'âges :
Préscolaire ★★★   Primaire ★★★★
Adolescents ★★★★   Jeunes adultes ★★★★
Plus de 30 ans ★★★★   Troisième âge ★★★★

Durée : environ 25 minutes
Avant-spectacle : présentation vidéo précédant le segment sur les effets spéciaux ; une autre dans la zone d'embarquement du tramway
Temps d'attente moyen (100 personnes devant vous) : 2 minutes

Backstage Pass

Description : visite des studios de production modernes de films et de vidéos
Catégorie : attraction secondaire
Facteur d'effroi : pas du tout
Échelle d'embouteillage : 6
Quand y aller : n'importe quand
Commentaire : à joindre au Disney-MGM Studios Backlot Tour (voir ci-dessus)
Classification de l'auteur : dernière version décevante ; éducatif ; ★★★
Groupes d'âges :
Préscolaire ★ ½   **Primaire** ★★   **Adolescents** ★★
Jeunes adultes ★★★   **Plus de 30 ans** ★★★ **Troisième âge** ★★★
Durée : environ 25 minutes
Temps d'attente probable : 10 minutes

One Man's Dream

Description : projection à la mémoire de Walt Disney
Catégorie : attraction secondaire
Facteur d'effroi : pas du tout
Échelle d'embouteillage : 2
Quand y aller : n'importe quand
Commentaire : datant de 2001, coïncidant avec les célébrations entourant l'anniversaire de Walt Disney
Classification de l'auteur : excellent ; enfin ! ; ★★★
Groupes d'âges :
Préscolaire ★   **Primaire** ★★ ½   **Adolescents** ★★★
Jeunes adultes ★★★ ½ **Plus de 30 ans** ★★★★
Troisième âge ★★★★
Durée : 25 minutes
Avant-spectacle : souvenirs Disney
Temps d'attente probable : 10 minutes

Playhouse Disney Live on Stage

Description : spectacle mettant en vedette les personnages Disney
Catégorie : attraction principale
Facteur d'effroi : pas du tout
Échelle d'embouteillage : 8
Quand y aller : selon l'horaire des représentations ; arriver 30 minutes à l'avance
Classification de l'auteur : meilleure attraction du parc pour les enfants d'âge préscolaire et leurs parents ; ★★★★
Groupes d'âges :

Préscolaire ★★★★★	**Primaire** ★★★★★	Adolescents †
Jeunes adultes †	**Plus de 30 ans** †	Troisième âge †

† échantillonnage trop mince pour être concluant
Durée : environ 20 minutes
Temps d'attente probable : 25 minutes

Les spectacles

En plus de *Fantasmatic !* (voir ci-dessus), Disney-MGM Studios propose un défilé en après-midi.

Le reste de l'univers Disney

Les parcs aquatiques

Walt Disney World compte deux parcs aquatiques. Typhoon Lagoon est le plus diversifié des deux, tandis que Blizzard Beach remporte la palme de la plus grande quantité de glissades d'eau et des thèmes les plus extravagants (tel un centre de ski à la fonte des neiges). Blizzard Beach compte les meilleures glissades, mais Typhoon Lagoon a une piscine à vagues où l'on peut faire du surf sans planche. Chaque parc possède des aires thématiques élaborées pour les tout-petits et les enfants d'âge préscolaire.

Les parcs aquatiques Disney autorisent les familles et les groupes à apporter une glacière, mais aucun contenant de verre, ni boisson alcoolisée n'est toléré sur place. Voici les frais de location pour chacun des parcs : serviette, 1 $; casier, 3 $ (en plus d'un dépôt remboursable de 2 $) et vestes de sécurité 25 $ de dépôt remboursable. Le coût d'entrée pour chacun des parcs sont de 33 $ par jour pour un adulte et de 27 $ par jour pour un enfant entre 3 et 9 ans.

La meilleure façon d'éviter les files d'attente est de visiter les parcs en périodes creuses. Puisque les parcs sont populaires auprès des habitants de la région, il est préférable d'oublier les fins de semaine. Nous vous suggérons d'y aller le lundi ou le mardi, tandis que les gens du coin sont au travail ou en classe et que la majorité des autres touristes visitent Magic Kingdom, Epcot, Animal Kingdom ou Disney-MGM Studios. Le vendredi est aussi intéressant puisque c'est le jour du retour à la maison de bon nombre de personnes voyageant en voiture. L'achalandage est également moindre le dimanche matin. En été et durant les fêtes, Typhoon Lagoon et Blizzard Beach sont pleins à craquer et doivent souvent fermer leurs portes aux nouveaux arrivants dès 11 h.

Si vous allez à Blizzard Beach ou à Typhoon Lagoon, levez-vous tôt, déjeunez et arrivez au parc une quarantaine de minutes avant l'ouverture. Si vous disposez d'une voiture, utilisez-la plutôt que de prendre l'autobus. Portez votre maillot de bain sous vos culottes courtes et votre chandail, ainsi vous n'aurez pas besoin d'une cabine pour vous changer, ni d'un casier. Portez des chaussures. Les sentiers sont praticables pieds nus, mais il y a de longues distances à parcourir. Si un membre de votre groupe a les pieds sensibles, gardez vos chaussures pour vous déplacer ; ne les enlevez que pour aller en radeau, glisser ou pénétrer dans la piscine. Les boutiques des parcs vendent des sandales ainsi que d'autres types de chaussures de protection qui peuvent être portées sur la terre ferme aussi bien que dans l'eau.

Vous aurez besoin d'une serviette, d'écran solaire et d'un peu d'argent. Les portefeuilles et les sacs à main sont encombrants, laissez-les donc dans le coffre de la voiture ou à l'hôtel. Transportez l'argent de la journée ainsi que votre carte d'identification Disney (si vous en avez une) dans un sachet en plastique ou dans un récipient en plastique fermant hermétiquement. Bien qu'aucun endroit ne soit totalement sûr, nous étions bien aise de cacher notre sachet de plastique dans la glacière. Personne n'a touché à nos objets personnels et notre argent était accessible en tout temps. Toutefois, si vous avez beaucoup d'argent avec vous ou que vous êtes anxieux de nature, il est préférable de louer un casier.

Tout équipement de natation personnel (palmes, masques, matelas gonflable, etc.) est interdit. Tout ce dont vous avez besoin est fourni ou offert en location. Si vous avez oublié votre serviette, vous pouvez en louer une à prix modique. Si vous avez oublié votre maillot ou votre écran solaire, vous pouvez en acheter. Les gilets de flottaison (vestes de sécurité) sont prêtés, mas vous devez laissez un dépôt de 25 $, une carte de crédit ou un permis de conduire.

Repérez votre camp de base pour la journée. Dans les deux parcs aquatiques, il y a de nombreux endroits où s'installer, à l'ombre ou en plein soleil. Arrivez tôt pour avoir le choix de l'emplacement. La brise est plus agréable le long des plages du lagon de Blizzard Beach et en bordure de la piscine à vagues de Typhoon Lagoon. À Typhoon Lagoon, si vous êtes accompagné d'enfants d'âge préscolaire, installez-vous à la gauche du Mount Mayday (celui avec le bateau tout en haut), près de la zone de baignade pour les enfants.

Bien que Typhoon Lagoon et Blizzard Beach soient de vastes parcs aquatiques équipés de nombreuses glissades d'eau, ils sont quotidiennement envahis par des hordes de visiteurs. Si le but principal de votre visite est d'expérimenter les glissades et que vous détestez attendre en file, soyez parmi les premiers visiteurs à franchir le seuil. Dirigez-vous ensuite directement vers les glissades et lancez-vous aussi souvent que possible avant que le parc ne soit bondé. Quand les files d'attente s'étirent interminablement, optez pour les piscines à vagues et les torrents à dévaler sur des chambres à air.

Les deux parcs aquatiques sont vastes et couvrent environ le même territoire que les parcs thématiques. Ajoutons à cela le surf, la baignade et les marches d'escaliers à gravir pour atteindre les glissades et vous serez épuisé à la fin de la journée. Prévoyez une activité relaxante en soirée.

Aux parcs aquatiques comme aux parcs thématiques, il est facile de perdre un enfant de vue et d'en être séparé. Dès l'arrivée, soyez prévoyant et choisissez un lieu de rencontre précis en cas de besoin. Si vous scindez volontairement le groupe, déterminez d'une heure de regroupement. Les centres d'enfants perdus des parcs aquatiques sont si éloignés que ni vous ni votre enfant ne les trouverez sans l'aide d'un employé Disney. Apprenez à vos enfants à les reconnaître à leur porte-nom et comment demander de l'aide.

Downtown Disney

Downtown Disney comprend Disney Village Marketplace, Pleasure Island et Disney's West Side. Tous trois sont des complexes de boutiques, de restaurants et de divertissements. Il y a un droit d'entrée en soirée pour Pleasure Island ainsi que dans les boîtes de nuit et les salles de spectacle de Disney's West Side. Autrement, vous pouvez vous balader allègrement, visiter les boutiques et aller manger sans débourser de coût d'accès.

Pleasure Island. Pleasure Island compte huit boîtes de nuit qui présentent un éventail de spectacles et de divertissements allant du jazz au rock. Une fois les frais d'entrée réglés et les tourniquets franchis, vous pouvez aller de boîte en boîte sans débourser un sou de plus. Vous prendrez un verre dans un club ou vous vous laisserez simplement baigner dans l'ambiance. À Pleasure Island, les enfants accompagnés de leurs parents sont les bienvenus dans presque tous les bars (à l'exception de deux). Pour la majorité des enfants, avoir accès aux boîtes de nuit et pouvoir danser aux sons d'un groupe en spectacle en compagnie de papa et de maman est tout à fait génial. C'est une expérience qu'ils ne sont pas prêts d'oublier, pas plus que leurs parents si l'on en croit cette mère de Somerset, au Kentucky :

Au Beach Club, j'ai dansé avec mon jeune de 10 ans pour le voir, en un instant, se retrouver sur le dos ou sur la tête à effectuer des mouvements de break dancing à tout casser ! Qui aurait cru ? J'aurais bien aimé avoir un caméscope.

À Pleasure Island, les jeunes de moins de 21 ans reçoivent un bracelet indiquant qu'ils sont trop jeunes pour consommer de l'alcool. Ainsi, si vous permettez plus de liberté à vos ados, vous ne serez pas inquiet. Pleasure Island est de plus en plus achalandé vers 21 h ou 22 h. Un coût d'entrée de 21 $ est exigé après 19 h.

DisneyQuest. Si vos jeunes sont âgés de 11 ans et plus, le DisneyQuest de Disney's West Side serait sûrement une récompense fort appréciée. DisneyQuest est le prototype du parc thématique mis en boîte ou, plus précisément, installé dans un petit édifice de cinq étages.

DisneyQuest, qui a ouvert ses portes en 1998, comprend tous les éléments des grands parcs thématiques Disney. Il y a une zone d'accueil facilitant la transition et menant aux quatre portails d'accès des différentes contrées connues ici sous le nom de « zones ». À l'instar des autres parcs, tout est inclus dans le prix d'entrée.

La visite complète de DisneyQuest prend deux à trois heures. Disney limite le nombre de visiteurs admis afin de mieux gérer les files d'attente et de maximiser l'expérience de chacun. DisneyQuest est moins achalandé sur semaine avant 16 h.

DisneyQuest vise une clientèle plus jeune, entre 8 et 35 ans, bien que les visiteurs plus âgés s'y amuseront tout autant. L'ambiance est dynamique, exaltée et bruyante. Ceux qui hantent les salles de jeux électroniques des centres commerciaux s'y sentiront comme des poissons dans l'eau.

En franchissant les tourniquets, vous accéderez au hall d'entrée où un « cybercenseur », une sorte d'attraction transitoire (lire : ascenseur) conduit par le génie d'*Aladin,* vous entraînera vers la grande place, le Ventureport. De là, vous aurez accès aux quatre zones. À l'instar des contrées des grands parcs, ces zones sont thématiques et certaines couvrent plus d'un étage. En regardant tout autour, vous verrez qu'il y a de l'action de toutes parts, autant au-dessus qu'au-dessous de vous. Les quatre zones, sans ordre précis, sont Explore, Score, Create et Replay. De plus, DisneyQuest abrite deux restaurants et une inévitable boutique de cadeaux.

Chaque zone propose diverses attractions, la majorité étant des simulateurs technologiques, idéaux dans de petits espaces. La zone Explore est représentative de DisneyQuest. Pour y accéder, vous traverserez une reproduction de la caverne d'*Aladin.* L'attraction vedette de cette zone est le Virtual Jungle Cruise où vous pagayerez à six sur un radeau. Le radeau est un simulateur de mouvement perché au sommet d'un coussin d'air bleu reproduisant les remous de la rivière à l'écran devant vous. Vous pourrez suivre différents tracés pour franchir les rapides. Le simulateur de mouvement est sensible aux capteurs fixés à votre pagaie. Puisque naviguer la rivière n'est pas suffisant, il vous faudra aussi prendre garde aux dinosaures affamés et aux comètes qui volent de toutes parts.

Certaines attractions de DisneyQuest stimulent l'imagination. Par exemple, dans la zone Create, vous pourrez concevoir vos propres montagnes russes par ordinateur, sans oublier les boucles de 360 degrés, que vous testerez virtuellement. Sid's Make-a-Toy vous permettra de concevoir un jouet et de recevoir ultérieurement les pièces à la maison pour le fabriquer. D'autres attractions de ce genre comprennent un salon de beauté pour des métamorphoses virtuelles et de la peinture sur canevas électronique.

Comme tout à Disney, le coût d'entrée de DisneyQuest est élevé. Par contre, pour les ados et les technos, ce sera une expérience inoubliable.

Le meilleur d'ailleurs

À moins d'être fervent de casino ou adepte du nudisme, vous trouverez sûrement chaussure à votre pied à Walt Disney World. Vous pourrez aller à la pêche, faire du canoë, de la bicyclette, du bateau, jouer au tennis et au golf, faire de l'équitation, vous entraîner, prendre des cours de cuisine et même conduire une vraie voiture de course ou visiter le camp d'entraînement des Braves d'Atlanta. Il y a de tout pour tous, en plus des innombrables divertissements à l'extérieur de l'univers Disney, comme SeaWorld, Busch Gardens et les parcs de Universal. Vous vous retrouverez peut-être sans le sou, mais vous ne vous ennuierez jamais. Et, bien que nous couvrions tout ce que nous venons d'énumérer dans notre série de guides non officiels de Walt Disney World et du centre de la Floride, il y a beaucoup trop de choses à traiter pour un simple petit guide comme celui-ci. Toutefois, nous avons un dernier conseil à vous offrir : visitez l'hôtel de villégiature Wilderness Lodge. Vos enfants

Dixième partie **Le reste de l'univers Disney**

s'y éclateront tout autant que vous. Sur place, dégustez un repas familial au restaurant Whispering Canyon et louez des vélos pour une excursion par les sentiers pavés du site de camping adjacent. Cette sortie vous changera de l'ordinaire. Le seul inconvénient, c'est que vos enfants ne voudront plus rentrer à l'hôtel.

Index

Le sondage des lecteurs

Pour exprimer votre opinion au sujet de Walt Disney World ou de ce guide, veuillez remplir le questionnaire ci-dessous et le retourner à l'adresse suivante :

Unofficial Guide – Sondage des lecteurs
C.P. 43673
Birmingham, AL 35243

Les dates de visite étaient du _____ au _____, inclusivement.

Les membres du groupe :

	1re personne	2e personne	3e personne	4e personne	5e personne
Sexe (M ou F)	_____	_____	_____	_____	_____
Âge	_____	_____	_____	_____	_____

Combien de fois avez-vous visité Walt Disney World ? _____
Au cours de votre plus récente visite, où avez-vous séjourné ? _____

Au sujet de l'hébergement, sur une échelle de 0 à 100, où 100 est le pointage maximum, comment évaluez-vous :
la qualité de la chambre : _____   le rapport qualité-prix : _____
la tranquillité de la chambre : _____   la réception et le départ : _____
le service de navette : _____   le complexe aquatique : _____

Avez-vous loué une voiture ? _____   Si oui, où ? _____

Au sujet de la location de voiture, sur une échelle de 0 à 100, où 100 est le pointage maximum, comment évaluez-vous :
le processus de cueillette : _____   le processus de retour : _____
l'état de la voiture : _____   la propreté de la voiture : _____
l'efficacité de la navette : _____

Au sujet de votre visite :
Qui était principalement responsable de la planification de votre itinéraire ? _____
À quelle heure débutiez-vous habituellement vos journées ? _____
Arriviez-vous habituellement au parc avant l'heure d'ouverture ? _____
Retourniez-vous à l'hôtel pour une pause de demi-journée ? _____
À quelle heure vous couchiez-vous en général ? _____
Si vous étiez un villégiateur Disney, avez-vous profité d'une entrée anticipée ? _____

Sur une échelle de 0 à 100, où 100 est le pointage maximum, comment évaluez-vous la réussite de votre plan de visite :

Le parc	Le plan	L'évaluation
Magic Kingdom	_____	_____
Epcot	_____	_____

Disney-MGM Studios
Animal Kingdom

Au sujet de vos repas :
Combien avez-vous pris de repas au restaurant (incluant les comptoirs de restauration rapide) en
moyenne par jour ? _____
Approximativement, combien avez-vous dépensé d'argent par jour pour les repas ? _____
Quel est votre restaurant préféré à l'extérieur de Walt Disney World ? _____

Quand vous êtes-vous procuré ce guide ?
avant le départ _____   en cours de voyage _____

Comment avez-vous découvert ce guide ?
par un ami _____   à la radio ou à la télévision _____
dans les journaux ou les magazines _____   chez mon libraire _____
par moi-même _____   à la bibliothèque _____
sur Internet _____

Quels autres guides de voyage avez-vous consultés au cours de ce voyage ? _____

Sur une échelle de 0 à 100, où 100 est le pointage maximum, comment les évaluez-vous ? _____

Sur cette même échelle, comment évaluez-vous ce *Guide non officiel* ? _____

Les *Guides non officiels* sont-ils disponibles dans les librairies près de chez vous ? _____
Avez-vous consulté d'autres *Guides non officiels* ? _____   Lesquels ? _____

Vos commentaires au sujet de Walt Disney World ou du *Guide non officiel* :

éditions

Pour obtenir une copie
de notre catalogue,
veuillez nous contacter :

Par téléphone au **(450) 929-0296**
Par télécopieur au **(450) 929-0220**
ou via courriel à
info@ada-inc.com

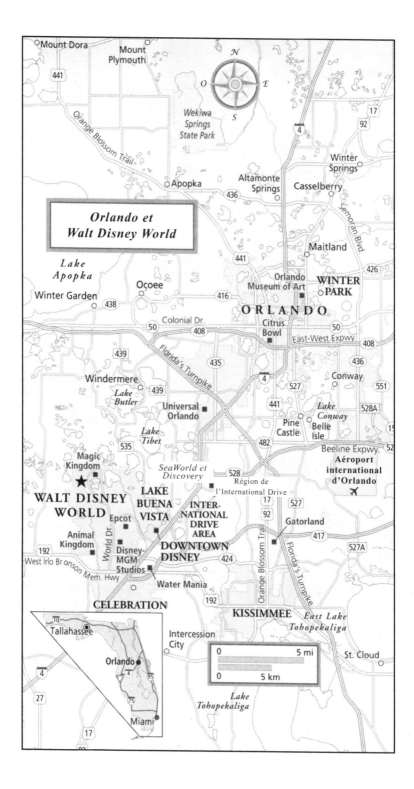

Orlando et Walt Disney World